民事裁判実務の基礎
渡辺 弘○谷口安史○中村 心○髙原知明

刑事裁判実務の基礎
下津健司○江口和伸

有斐閣

総 目 次

著者紹介　(ii)

民事裁判実務の基礎 ―――――――――――――――――1

　はしがき　(3)
　目　　次　(5)
　凡　　例　(10)
　索　　引　(119)

刑事裁判実務の基礎 ―――――――――――――――――123

　はしがき　(125)
　目　　次　(127)
　凡　　例　(134)
　索　　引　(245)

著者紹介

民事裁判実務の基礎

渡辺 弘（わたなべ ひろし）　公証人

谷口 安史（たにぐち やすし）　東京地方・家庭裁判所立川支部長

中村 心（なかむら こころ）　東京地方裁判所判事（部総括）

髙原 知明（たかはら ともあき）　大阪大学大学院高等司法研究科教授（前大阪地方裁判所判事）

刑事裁判実務の基礎

下津 健司（しもつ けんじ）　東京地方裁判所判事（部総括）

江口 和伸（えぐち かずのぶ）　東京高等裁判所判事

民事裁判実務の基礎

はしがき

1 本書の「民事裁判実務の基礎」は、法学教室誌に5回にわたりオムニバス連載された「民事裁判実務講座」（法教381号～389号）に執筆者らにおいて加筆をしたものに、「民事裁判の流れ」（法教381号）という論稿を冒頭に加えたもので構成されている。すなわち、「民事裁判の流れ」（**講義1**）、「要件事実」（**講義2、講義3**）、「争点整理」（**講義4、講義5**）及び「事実認定の基礎」（**講義6**）の4つのオムニバス講義を一冊にまとめた構成になっている。

2 法学教室誌でのオムニバス連載は、各筆者における個人的理解に基づき、テーマごとに一応完結したものとして執筆したものであり、同じ事項であっても、筆者により切り口や説明振りが変わり得るものであることを前提に、重要なものであれば重複等をいとわずに解説を加えたものである。単行本化に当たって上記「民事裁判の流れ」を加えたことによっても、このオムニバス連載の性格は維持されていると考えられる。

筆者らは、いずれも法科大学院に派遣裁判官として派遣され、民事裁判の実務に従事しながら、法科大学院で法律実務基礎科目の授業を担当した経験を有する点において共通しているが、派遣された時期や派遣先法科大学院の違いなどにより、筆者ごとに解説の重点の置き方や検討の視角を微妙に異にする結果となった。上記のオムニバス連載を通読した読者に一定の負担を掛けたことは否めないが、他方で、複数の筆者の個性が前面に出た解説に取り組んだことは、標準的な民事訴訟実務や法律基本科目との関係を複眼的、多角的に考える機会となったであろうし、筆者を異にしても繰り返し解説される事項やその思考過程は、標準的な民事訴訟実務に携わる者らにおける共通了解として、少なくとも連載に加わった派遣裁判官らにおいて、実務家を目指す学生に確実な理解を得させる必要があると考えていることが一層明瞭になったのではないかと考えられる。

3　本書を「刑事裁判実務の基礎」と一体の単行本として公刊する話が持ち上がるに当たり，筆者ら間において，各執筆部分における解説内容の整理調整をするかどうかについて検討したが，結論として，単行本化に当たっても，類書にない特色でもあると考えられる上記のオムニバス連載の性格は基本的に維持することとし，筆者ら各自において，自己の執筆部分に一定の加筆をすることとした。

　このような経緯で，本書の「民事裁判実務の基礎」は，4つのオムニバス講義のどこからでも読むことができるものとなっている。「民事裁判の流れ」（**講義 1**）と「要件事実の基礎」（**講義 2，講義 3**）は，法律実務基礎科目における必修の「民事訴訟実務の基礎」の授業をこれから受ける学生を主たる読者と想定した導入的な講義であり，「争点整理」（**講義 4，講義 5**），「事実認定の基礎」（**講義 6**）は上記の授業を受講中又は履修済みの学生を主たる読者と想定した講義である。本書を使用するに当たり，適宜参考にしていただきたい。

　最後に，『法学教室』誌での連載企画段階から本書の出版までの間，多大なご支援を賜った渡辺真紀前編集長，五島圭司現編集長，大原正樹さんを始めとする有斐閣雑誌編集部の皆様に，厚く御礼を申し上げる。

　平成 26 年 4 月

渡　辺　　　弘
谷　口　安　史
中　村　　　心
髙　原　知　明

目　次

はしがき　(3)
凡　例　(10)

講義1　民事裁判の流れ　　11
[渡辺　弘]

- I　民事事件 ――――――――――――――――――――― 11
- II　民事訴訟の目的 ―――――――――――――――――― 12
- III　訴状の提出 ―――――――――――――――――――― 13
  - COLUMN 1　(16)
- IV　訴訟係属 ――――――――――――――――――――― 17
- V　答弁書の提出 ――――――――――――――――――― 18
  - COLUMN 2　(19)
- VI　攻撃防御方法 ――――――――――――――――――― 19
  - COLUMN 3　(21)
- VII　第1回口頭弁論期日 ―――――――――――――――― 22
- VIII　争点等整理手続 ―――――――――――――――――― 23
- IX　和解勧試 ――――――――――――――――――――― 24
- X　証拠調べの口頭弁論 ―――――――――――――――― 27
  - COLUMN 4　(28)
- XI　口頭弁論終結期日と判決言渡しの口頭弁論 ―――――― 29

講義2　要件事実の基礎（その1） 39
[中村　心]

- I　はじめに──要件事実は適正迅速な民事訴訟を実現するためのツール── 39
- II　要件事実の基本的な考え方 ── 40
  - 1　訴訟物 …… 40
  - 2　請求原因 …… 41
  - 3　必要最小限の要件事実 …… 44
  - 4　抗弁と否認──主張立証責任とは何か …… 45
    - (1) 原則例外思考　(45)　(2) 抗弁　(45)　(3) 否認と抗弁の違い──主張立証責任　(47)　(4) 法律要件分類説　(48)　(5) 否認と抗弁──法律要件分類説の具体的な検討　(49)
- III　主張立証責任を意識して条文や判例を見てみると ── 50
- IV　実務的な主張立証責任の分配 ── 52

講義3　要件事実の基礎（その2） 54
[中村　心]

- V　所有権の事例 ── 54
  - 1　基本設例──Xの主張 …… 54
  - 2　請求原因事実──「もと所有」とは何か？ …… 54
  - 3　もと所有の3つの類型 …… 56
    - (1) 第1類型　(57)　(2) 第2類型　(58)　(3) 第3類型　(60)
    - (4) 3つの類型に整理する時期　(61)
  - 4　対抗要件具備による所有権喪失の抗弁 …… 61
  - 5　再抗弁──背信的悪意者排除理論 …… 62
  - 6　規範的要件事実 …… 63
- VI　終わりに ── 66

講義4　争点整理（その1）
——請求（訴訟物），主要事実レベルの争点整理　67
[髙原　知明]

事例1　(67)　　課題1　(70)

- I　講義の目的 ——————————————————— 70
- II　請求（訴訟物）レベルの争点整理 ——————————— 71
  - 1　訴訟物の意義 ………………………………………………… 71
  - 2　訴状「請求の趣旨」欄の記載（問1）……………………… 71
  - 3　訴訟物及びその個数等（問2）……………………………… 72
  - 補論1　請求（訴訟物）の把握と争点整理との関係　(73)
- III　主要事実レベルの争点整理 ——————————————— 74
  - 1　実体法の構造を踏まえた攻撃防御の構造 ………………… 74
  - 補論2　実体法規の分析の一端——民法587条を素材として　(75)
  - 2　物権的登記請求権を発生させるための要件 ……………… 76
  - 3　物権的登記請求権を発生させる要件に該当する
    具体的事実（問3）……………………………………………… 76
    - (1)　「所有」要件に関するもの　(76)　　(2)　相手方名義の登記存在の要件に関するもの　(80)　　(3)　問3に対する解答の一例（請求を理由づける事実に対する認否を含む）　(80)
  - 補論3　権利自白の成立時期に関する2つのアプローチについて　(79)
  - 4　物権的登記請求権の発生を障害するための要件 ………… 81
    - (1)　いわゆる登記保持権原の位置付け　(81)　　(2)　登記保持権原の要件　(81)　　(3)　被告に対する求釈明及びその理由（問4）　(82)
  - 5　登記保持権原の要件に該当する具体的事実（問5）……… 83
    - (1)　総　説　(83)　　(2)　抗弁事実の記載例　(84)　　(3)　抗弁事実に対する認否　(85)
  - 補論4　解釈論・立法論の変化に伴う主要事実の変容　(85)
- IV　一応のまとめ ——————————————————— 87

講義5　争点整理（その2）
――間接事実・補助事実レベルの争点及び証拠の整理　89

[髙原　知明]

事例2（89）　課題2（92）

- V　間接事実・補助事実レベルの争点及び証拠の整理が必要となる理由 ― 93
- VI　前提となる事実認定の構造 ― 94
- VII　文書の成立の申請（補助事実）をめぐる争点及び証拠の整理 ― 95
  - 1　文書及びその成立の真正が問題となる理由（問6） ― 95
    - (1) 文書の成立が問題となる理由等（95）　(2)「二段の推定」及びその構造（95）
  - 2　甲野弁護士の認否の在り方等（問7） ― 97
    - (1) 前提問題――作成者は誰か（97）　(2) 甲野弁護士の認否（97）
- VIII　間接事実レベルの争点及び証拠の整理の一端 ― 99
  - (1) 平成16年10月5日の原告に対する500万円の貸付け（本件貸付け）の存在を支える方向の間接事実の例（問8）（99）　(2) 本件貸付けの存在を疑わせる方向の間接事実の例（問9）（100）
- IX　人証で立証すべき点（問10） ― 101
  - 1　補助事実レベルの争点及び証拠の整理の結果を踏まえて ― 102
  - 2　間接事実レベルの争点及び証拠の整理の結果を踏まえて ― 103
- X　終わりに――学修上のアドバイス ― 104

講義6　事実認定の基礎　105

[谷口　安史]

- I　事実認定とは ― 105
- II　事実認定の対象 ― 105
- III　事実認定の構造 ― 106
- IV　証拠について ― 107
  - 1　証拠力と証拠能力 ― 107

2 直接証拠と間接証拠 ……………………………………… 108
  3 処分証書と報告文書 ……………………………………… 108
  4 書証に関する民事訴訟法のルール ……………………… 109
   (1) 形式的証拠力と実質的証拠力 (109) (2) 二段の推定 (110)
  5 人証調べ ………………………………………………… 112
 V 事実認定の方法 ──────────────────── 113
  1 直接証拠による認定 ……………………………………… 113
  2 間接事実による推認 ……………………………………… 114
  3 総合判断 ………………………………………………… 116
 VI 最後に ─────────────────────── 118

  索　引 (119)

凡　例

■法令名の略称

　　法　　　民事訴訟法（平成 8 年法律第 109 号）
　　規則　　民事訴訟規則（平成 8 年最高裁判所規則第 5 号）
　　民　　　民法（明治 29 年法律第 89 号）
　　民執　　民事執行法（昭和 54 年法律第 4 号）

以上のほか，有斐閣版『六法全書』の略称を用いた。

■判例集・文献の略語

　　民集　　　　最高裁判所民事判例集

　　『一審解説』　　司法研修所監修『4 訂 民事訴訟第一審手続の解説——事件記録に基づいて』（法曹会，2001 年）
　　『新問題研究』　司法研修所編『新問題研究 要件事実』（法曹会，2011 年）

■判例の表示

　〔例〕　最判昭和 43・2・16 民集 22 巻 2 号 217 頁

民事裁判実務の基礎

民事裁判の流れ

I　民事事件

　それまで勤めていた会社から，納得のいかない理由によって解雇通告されたとか，猛スピードで走行させていた自転車に後ろから追突されて，肋骨骨折の重傷を負ったとか，老衰で亡くなった父の相続財産の範囲について，きょうだいの間で争いが生じたとか，私たちが社会的活動を送る過程では，様々なトラブルが生じ得る。上記の3つの例は，いずれも，紛争が生じた当事者（最初の例だと労働者と使用者である会社，第2の例だと自転車運転者と負傷者，第3の例だと紛争が生じたきょうだい）間での権利義務に関係する紛争である。このような権利義務に関する当事者間の紛争については，裁判所法3条1項の「法律上の争訟」である民事事件として，民事訴訟の対象となる。一方，例えば，朝，挨拶をしたのに挨拶を返さなかったというだけで立腹する人もいるが，それが単なる社会儀礼上の問題にとどまっている限りは，民事訴訟の対象とはならないし，例えば，宗教の教義の解釈に関して紛争が生じても，教義そのものに関する紛争は，民事訴訟の対象にはならない。当事者間で，権利義務に関する紛争が発生し，法律を適用することによって解決することのできる紛争が，司法機関である裁判所で解決可能な民事訴訟の対象になるのである。

　当事者間での権利義務関係は，契約関係から生じる場合が多い。上記の例のうち第1の例でいうなら，労働者と使用者である会社との間には労働契約関係があり，労働契約法には，「解雇は，客観的に合理的な理由を欠き，社会通念上相当であると認められない場合は，その権利を濫用したものとして，無効」（16条）との規定があるから，労働契約上の使用者による解雇権濫用の有無が

問題となる。また，第2の自転車による交通事故の例でいうなら，自転車の運転者と負傷者との間には契約関係はないが，「故意又は過失によって他人の権利又は法律上保護される利益を侵害した者」は，損害賠償義務を負う（民709条）ことから，自転車の運転者に不法行為の要件である過失が認められるかが議論されることになる。そして，第3の相続の例でいうなら，「相続は，死亡によって開始」（民882条）し，「相続人は，相続開始の時から，被相続人の財産に属した一切の権利義務を承継する」（民896条）から，被相続人の死亡によって，相続による法律上の権利義務関係が発生し，積極財産であれ，消極財産（借金による債務等）であれ，相続財産の範囲について紛争が生じたら，民事訴訟の対象となる民事事件となるのである。

Ⅱ　民事訴訟の目的

　後で説明するが，権利を有すると主張する原告と被告との間で訴訟係属と呼ばれる法律状態が生じると，私人間の権利義務関係をめぐる紛争について，裁判所が強制的に紛争を解決するという役割を担うことになる。

　通常，私人間で，権利義務関係に関して紛争が生じた場合に，当事者間で任意に紛争解決のための和解契約がまとまれば，その紛争は一応は解決するが，当事者間で和解がまとまるとは限らないし，仮に和解契約が成立しても，債務者がこれに従わず，定められた法的義務を任意に履行しない場合，何の手続もとらないで，強制的にその権利を実現しようとすると，いわゆる自力救済となって，法治国家では許されない行為となる。行為の態様によっては，権利を有する者の行為が，犯罪を構成して処罰される場合もあり得る。一方，裁判所に民事訴訟を提起して，最終的に裁判所から権利が存在するとの判決が出された場合には，強制的にその権利を実現することの「お墨付き」（このお墨付きを民事執行法上，「債務名義」という）が与えられたことになる。憲法32条が，国民に裁判を受ける権利を基本的人権として保障していることの意味は，このような権利義務関係をめぐって紛争が生じた場合，最終的には，その権利義務関係が，裁判所の訴訟手続の中で確定し，必要に応じて，強制力を行使できることにあるのである。

サンプル訴状に即して説明をしよう（後掲31頁）。この事例は，原告が被告に対し，一定の金銭の給付請求権があると主張して提起した訴訟（「給付訴訟」と呼ばれる）であり，訴状で主張している請求権を認容する判決が出れば，その判決によって，被告に帰属する財産（例えば，土地，建物や銀行預金）を差し押さえて，強制的に換価して取り立てる権限（執行力）が原告に与えられる。一方，例えば，離婚に応じない夫に対し，妻が離婚をするとの判決を求める訴訟を提起し，これを認容する判決が出れば，強制的に離婚という法律状態（形成力）が形成される（判決によって法律効果が形成される類型の訴訟は，「形成訴訟」と呼ばれる）。また，判決が出ると，その判決の口頭弁論終結時での原告・被告間の権利義務関係が，公的な判決の結論によって確定し，それ以降の紛争の蒸し返しは許されないという，既判力と呼ばれる法律効果が生じる。もしサンプル訴状の事例で，裁判所が，原告の請求権を認めることができないという結論に達して請求棄却の判決が確定すると，原告・被告間の，平成13年6月1日締結の消費貸借契約に基づく貸金返還請求権が，訴訟の口頭弁論終結時には存在していなかったことが既判力によって公的に確定する。逆に，認容判決が出れば，口頭弁論終結時に，判決で認容された権利が存在することが公的に確定することになる。口頭弁論終結後に，その債務を支払う等の権利が消滅する新たな事実が発生したら，その権利はその時点で消滅するのであるが，口頭弁論終結時よりも前にその権利が消滅したことを，後で蒸し返して主張することはできないことになる。例えば，冒頭に挙げた解雇の事例で，原告（労働者）と被告（使用者）との間で，両者間の現在又は将来発生する複数の法的紛争の前提となる法律関係（解雇が無効で現在も原告が被告の労働者の立場であること）を確定する必要があるという場合には，「原告が，被告との間で，労働契約上の地位が存在することを確認する」という主文の判決を求めることになる。このように，現在又は将来の法的紛争の前提となる法律関係を確認するという，既判力を取得することを目的とする訴訟類型（「確認訴訟」と呼ばれる）も存在する。

Ⅲ　訴状の提出

　地方裁判所で民事訴訟事件を提起するためには，訴状を裁判所に提出するこ

とが必要になる（法133条1項）。そして、訴状を、被告に送達する（法138条1項）ことによって、訴訟係属が生じることになる。この状態は、訴訟法律関係と呼ばれ、今後、原告と被告とが、それぞれに裁判所に対して訴訟行為を行うことにより、訴訟の手続が進んでいくことになる。

　具体的に、訴状とはどのようなものであるかを、サンプルとなる貸金返還請求訴訟の訴状を例にとって説明しよう。法律上、訴状にどのような事項を記載しなければならないか（必要的記載事項）は、法133条2項が規定している。それは、「当事者及び法定代理人」（1号）と「請求の趣旨及び原因」（2号）である。

　前述のとおり、民事事件の請求権は、その当事者間に生じているものであり、民事訴訟は、その当事者間の権利義務関係を明らかにして最終的に確定するものであるから、まず、「当事者及び法定代理人」を特定して表記することが必要になる。なお、必要的記載事項としての「法定代理人」は、会社の代表者や、未成年の親権者等の法定代理人であり、弁護士等の訴訟活動を行うことを目的とする「訴訟代理人」（法54条以下参照）とは異なる。訴訟代理人については、規則53条4項で、訴訟代理人の郵便番号、電話番号、ファクシミリ番号も記載されることが要請されている。

　「請求の趣旨」というのは、訴状の結論にあたる部分で、どのような判決を求めるかを表すものである。サンプル訴状でいうなら、「被告は、原告に対し、250万円及びこれに対する平成13年10月1日から支払済みまで年12％の割合による金員を支払え。」という部分であり、原告が勝訴すれば、裁判所が出す判決の主文にあたるものである。

　次に、請求の原因を記載する必要がある。この請求の原因は、原告が有する具体的な権利内容を特定する必要があるという要請から、訴状の必要的記載事項になっている。サンプル訴状の例だと、原告・被告間の250万円の支払請求権といっても、論理的には、貸金に基づくものとか、特定物の売買代金とか、委任契約の報酬請求権とか、無限の可能性がある。それを、「請求の原因」欄に記載されている事実によって、この民事訴訟で原告が求めているのは、原告・被告間の平成13年6月1日付けで締結された消費貸借契約に基づく250万円の貸金返還請求権であることが特定される。このように、当該民事訴訟で

請求されている対象（講学上、「訴訟物」と呼ばれている）を特定するために、請求の原因を記載することが必要になる。なお、サンプル訴状の請求の趣旨のうちの附帯請求（法9条2項）、つまり「これに対する平成13年10月1日から支払済みまで年12％の割合による金員」に対応する訴訟物は、請求の原因の記載によれば、上記の消費貸借契約による貸金返還債務の履行遅滞に基づく損害賠償請求権（遅延損害金）であることが分かり、請求の原因の記載によって特定されているということができる。

以上が、訴状の必要的記載事項になるが、それ以外に、訴状に記載しておくべき内容について、規則53条が規定している。同条1項は、請求を特定するという意味での請求原因のほかに、「請求を理由づける事実」という表現で、原告の攻撃防御方法としての請求原因を記載すべきであることを規定している。攻撃防御方法としての請求原因というのは、訴訟物である請求権を直接根拠付けるための具体的な事実（講学上、「主要事実」とか、「要件事実」と呼ばれている）を、原告側の言い分として明らかにするものである。このサンプル訴状の事例は、比較的単純な事件であるため、訴訟物を特定するための請求原因、つまり、消費貸借契約を締結したこと（消費貸借契約は、要物契約である〔民587条〕から、金員を交付したことが消費貸借契約成立の要件となる）を明らかにすることで、攻撃防御方法としての請求原因の主張として十分な事実が明らかにされたことになる。そして、附帯請求については、民法419条1項によれば、金銭給付を目的とする債務不履行の場合の損害賠償（遅延損害金）の額は、民法の法定利率である年5分（民404条）の割合によるが、約定利率（利息）があるときは、それによるというのであるから、攻撃防御方法としての請求原因としては、貸金の弁済期限の約定と利息の約定を記載すれば、攻撃防御方法としての請求原因が記載されていることになる。

それから、規則53条1項・2項には、「請求を理由づける事実」のほかに、請求を理由づける事実に関連する事実を記載することを求めている。これは、攻撃防御方法としての請求原因を構成する具体的な事実について争われることが予想される事件では、当該事実について、直接証拠は存在するか、又は当該事実を具体的に根拠付ける間接事実が存在するか否かで、勝敗の帰趨が決することになるからである。そこで、早い段階で、裁判所が具体的な紛争内容を把

握する（当事者の立場からいえば，早い段階に裁判所を自分の味方に引き入れる）という目的で，自分が主張する要件事実に関する証拠関係や，具体的な間接事実の有無を，関連事実の中で記載するのである。そして，要件事実とこれらの関連事実とは，できる限り「区別して記載しなければならない」（規則53条2項）のである。

なお，サンプル訴状の請求の趣旨には，訴訟費用と仮執行宣言についても記載されている。訴訟費用については，法67条1項で，判決をするときには，訴訟費用の負担に関する裁判をしなければならないと規定されていることから，裁判所の職権行使を促す趣旨で請求の趣旨に記載されている。また，第1審判決で原告勝訴の判決が出て控訴された場合に，判決に仮執行宣言が付されていると，判決確定前でも，仮執行宣言を債務名義（民執22条2号）にして，被告の財産に強制執行をすることができることから，請求の趣旨には，判決に仮執行宣言を付することの申立て（法259条）が記載されているのである。

COLUMN 1

　現行法は，弁護士強制を取っておらず，訴訟代理人を選任するか否かは，当事者本人の判断に委ねられている。民事訴訟では，基本的に勝訴，敗訴は，すべて「自己責任」によって決せられるのであり，法律の専門家である弁護士による助力を必要とするか否かも，当事者の自己責任によって決することになる。そうはいっても，訴訟代理人である弁護士の助力を必要としないでも十分に訴訟追行できるのは，複雑な争点のない貸金請求とか，賃貸借契約の賃料請求のようなごく単純な事件くらいであり，ある程度，当事者間で争われることが予想される事件であれば，法律の専門家である弁護士による助力なしに十分な訴訟追行をするのは，困難である。もっとも，筆者は以前，20歳代半ばの女性の原告が，解雇予告手当と残業代の請求事件を起こし，簡易裁判所で全面勝訴した後，被告である会社が控訴した事件を担当した。通常，解雇予告手当のもととなる労働基準法上の平均賃金（同12条）も，割増賃金の計算（同37条，細則は労働基準法施行規則に規定されている）も，非常に複雑な計算が必要となり，弁護士が作成した訴状でも，単純なミスはいうに及ばず，基本的考え方の間違いを犯しているものが非常に多いのに，その原告の訴状は，事実主張の内容，計算方法ともに完璧なものであった。原告の言によれば，労働基準監督署で説明を受けて訴状を作成したとのことであったが，説明を聞いただけで，ここまで完璧に書けるとはただ者ではないと

思ったものである。筆者は，簡易裁判所での勝訴判決はあっても，これを現実に債権回収するのは決して容易ではないから，例えば遅延損害金を譲歩するなどして任意に被告である会社に支払わせるという裁判上の和解をしてはどうかと聞いたところ，原告は，簡易裁判所の完全勝訴判決の仮執行宣言で，使用者の取引銀行の銀行預金口座を差し押さえて，債権を全額回収済みであるとの返事であった。筆者が，債権差押えの手続は，誰から教わったのかと質問すると，その原告は，裁判所の書記官に手続の方法を教わったとのこと。まだ若いこの原告の能力の高さと実行力に筆者としても舌を巻く思いであった。それにしても，こんな有能な女性を解雇するなんて，どんな使用者かと思って，弁護士に帯同されて来た使用者を見ると，その女性との能力差は歴然としていたし，控訴理由として言い募る（このような主張をまとめて書面化している弁護士は，大変だろうなと同情した）主張は，愚にも付かず，法律的にも意味のない主張であり，確かに，あの有能な原告の女性が，地位確認の訴訟ではなく，解雇を受け入れて解雇予告手当と未払残業代を受け取って，こんな使用者と早々に手を切ろうとしたのも肯けた。もっとも，このようなケースは，極め付きの例外ではあろう。

IV 訴訟係属

訴状が受理されると，裁判所書記官は，その訴訟提起が適法なものであるか（訴訟要件を満たしているか）などについて訴状審査を行う。その上で，裁判長は，第1回口頭弁論期日を指定し，当事者に対して呼出しを行う（法138条1項・139条）。通常，被告に対し，訴状と第1回口頭弁論期日の呼出状が送達され，訴訟係属という状態になる。

ここで注意を要するのは，訴訟係属の状態になると，私人間の紛争に，公的な裁判所という機関が介入しているということである。例えば，裁判手続とは別に，当事者間で和解交渉をするために，一方当事者が，紛争の相手方を呼び出した場合，仮に相手方がこれを無視しても，不誠実な相手方だと当事者の感情を逆撫ですることはあるにしても，それによって直ちに法的効果が生じるわけではない。しかし，訴訟係属が生じれば，裁判所からの呼出しに応じない場合，直ちに不利益が生じる可能性がある。被告が，訴状と第1回口頭弁論期日の呼出状が送達されたのに，答弁書等を提出することなく，第1回口頭弁論期日を欠席すると，裁判所は，被告が訴状に記載されていることを明らかに争わ

ないものとみなし（法159条1項。「擬制自白」と呼ばれている），原告の請求を認容するという欠席判決を出すことが多い。上記のとおり，判決が確定すると既判力が生じて，将来，訴状に記載されている権利が存在していないと争うことはできなくなるし，認容判決の送達を受けてから控訴しても，欠席判決に仮執行宣言が付されていると，原告は，被告に対して強制執行をすることができることになる。このように，「送達」という行為は，単なる連絡と異なり，裁判所による公権力の行使に該当する。外国に居住する被告の場合，「民事又は商事に関する裁判上及び裁判外の文書の外国における送達及び告知に関する条約」に定める手続に則って送達がなされる（当該国の承認を得て領事館の領事による送達〔法108条〕が行われる場合が多い）のは，送達が，各国の主権に留意して行われなければならない公権力の行使に該当するからである。

V 答弁書の提出

　被告は，訴状に記載されている原告の主張に対する被告の言い分を，答弁書に記載して裁判所に提出することになる。被告が，原告の請求権を争う場合には，その旨を記載した答弁書を提出しないと，上記のとおり欠席判決という不利益を受けることになる。もっとも，第1回口頭弁論期日は，被告の都合を聞くことなく一方的に定められることが多いため，答弁書を提出しておけば，最初の口頭弁論期日に限っては，答弁書に記載されている主張を陳述したと擬制される（法158条）。このように，答弁書を提出しておくことには，重要な意味がある。

　答弁書の記載事項については，規則80条に規定されているので，サンプル答弁書に沿って具体的に説明する（後掲34頁）。まず，結論部分について，「請求の趣旨に対する答弁」を記載する。これは，請求の趣旨に対するもので，被告が求める判決の主文（「原告の請求を棄却する。」）を掲げることになる。

　次に，原告の訴訟物である請求権を根拠付ける請求原因に対して，どの事実を認め，どの事実を否認するかを明白に記載するとともに，被告としての抗弁事実についての具体的な主張をする必要がある（規則80条1項）。被告の主張に関する要件事実のほかに，やはり「当該事実〔注：要件事実〕に関連する事

実で重要なもの」(同項)を記載することが要請されているのは、訴状における場合と同様である。民事訴訟における攻撃防御方法については、節を改めて説明する。

> ### COLUMN 2
>
> このように、裁判をめぐる書面というのは、まず結論部分を記載し、それから、どのような根拠でそのような結論に至るのかを説明するという体裁を取るのが原則になる。被告が原告の訴状に対して提出する「答弁書」でも、サンプル答弁書を見てもらえれば分かるように、冒頭に請求の趣旨に対する答弁として、「原告の請求を棄却する」と記載されるし、それをいうなら判決も、当事者の表記をした後に、本文部分の冒頭に、「主文」が記載される。
>
> 筆者が夫婦喧嘩をするときに、妻からそれまでの経緯やら前置きの話が長くなされると、つい、いつもの癖で、結論は何なのかと問うてしまい、妻の怒りに油を注ぐことが多い。まあ、夫婦喧嘩はともかくとして、少なくとも法曹実務家で議論する際には、思考の過程はどうあれ、まず自分はどの立場に立つのか、旗幟を鮮明にした上で堂々と論陣を張ることが、議論の仕方という意味でも、また、法曹実務家として、立場の違いはあれ、どのような紛争解決を図っているのかを明確にするという法曹としての責任という意味でも、求められていることを留意してほしい。

VI 攻撃防御方法

民事訴訟では弁論主義が適用され、訴訟資料、証拠資料を収集してそれを裁判所に提出する責任は、原則として当事者に委ねられている。弁論主義によれば、裁判上の自白が成立した事実関係は、立証する必要はなくなる（法179条）ばかりか、裁判所を拘束することになる。そこで、まず、原告と被告の主張をすり合わせることによって、その事件の争点が何であるかを確定し、その上で、争点について原告、被告が、どのような証拠や間接事実（要件事実を推認させる具体的な事実）を有するかを検討することになる。このような両当事者による主張、立証活動を総称して、攻撃防御方法と呼んでいる。

この攻撃防御方法の構造を理解するためには、客観的立証責任という考え方

を理解することが重要になる。客観的立証責任というのは，争点について双方が立証活動をした上で，裁判官がどちらとも判断がつかない（真偽不明，ノンリケットと称される）場合に，その争点となる事実について客観的立証責任を負う当事者が不利益を受けるということである。刑事裁判では，この意味での立証責任は，原則として検察官が負っているのに対し，民事事件では，原告と被告が分担して負うことになる。

　サンプル訴状とサンプル答弁書に沿って検討する。答弁書によれば，本件の訴訟物である貸金返還請求権を根拠付ける具体的な請求原因事実，つまり，返還することを約して250万円を交付した（消費貸借契約の成立）という事実（民587条）のうち，250万円の交付は認めるが，これが約定の期限に返還することを目的としてなされたものであること（つまり，消費貸借の趣旨であること）を否認するとした上で，ナイゼ株式会社の株式の売買代金として受領したと主張している。客観的立証責任の考え方に即して説明すると，原告が訴訟物としている貸金返還請求権が成立するためには，その根拠として消費貸借契約の成立が必要となる（講学上，「権利根拠規定」と称される）から，これらの事実については，原告に立証責任があり，今後，この訴訟では，原告が，この金員交付の趣旨は約定期限での返還約束によるものであることを立証することになる。

　次に，サンプル答弁書に記載されている被告の具体的主張を見てみよう（後掲35頁）。被告は，返還約束の趣旨を否認した上で，仮に消費貸借契約が成立したとしても，第1に消費貸借契約の成立は，外観を作出した通謀虚偽表示に該当して無効であること，第2に10年間原告が権利を行使していないから消滅時効によって返還債務は消滅していることを主張している。この主張は，「抗弁」と呼ばれる。つまり，仮に請求原因事実が認められたとしても，それが通謀虚偽表示（民94条1項）であれば，訴訟物である貸金返還請求権の成立が障害される（講学上，「権利障害規定」と称される）。また，消滅時効が成立（民167条1項）すれば，貸金返還請求権が消滅する（講学上，「権利消滅規定」と称される）。これらの権利障害規定や権利消滅規定の客観的立証責任は，被告に課される。このように，客観的立証責任の分配は，その要件事実が立証された場合の法律効果に照らして，権利根拠規定，権利障害規定，権利消滅規定（その他に，同時履行の抗弁権のように，権利の存在を前提としながら，それを阻止する法律

効果を有する権利阻止規定が存する）のどれに該当するかを検討することになる。このように，客観的立証責任は，実体法上の解釈論によって決せられるのである。

　ここで，翻って，サンプル訴状の「関連事実」欄を見てみよう（後掲32頁）。原告は，訴状の段階で，被告が消滅時効の主張をすることを予想し，仮に被告が消滅時効の援用をしても，被告は，消滅時効完成前である平成23年9月16日に詫び状（後掲38頁）を作成して原告に手渡すことによって，時効の中断事由である債務の承認（民147条3号）をしていることを主張している。この債務の承認の事実が認められれば，被告の主張する消滅時効による債務消滅の法律効果は発生せず，原告の主張する請求権が復活する関係になる。このように，被告の抗弁の成立を前提として，その法律効果を無意味にするような原告の主張は，「再抗弁」と呼ばれる。なお，一般論としていえば，再抗弁の成立を前提として，その法律効果を無意味にする被告の主張は「再々抗弁」と呼び，以下，「再々々抗弁」……と続くのであるが，この事例の攻撃防御方法は，再抗弁止まりである。

COLUMN 3

　客観的立証責任を負うということが，どのようなことなのか，弁護士として，又は最終的には判断を加える裁判官として，責任を持って事件を担当してみないと，なかなか実感として理解し難いかもしれない。筆者は，当事者本人に和解勧試をする際に，客観的立証責任を負う当事者に対して，立証には，本証と反証とがあり，立証責任を負う方の当事者は，本証を行う必要があると説明している。本証というのは，裁判官の首をしっかりと縦に振らせることで，裁判官が，その争点となっている事実があることを，第三者に十分に説明できる程度に納得させる必要がある。その一方で，立証責任を負わない当事者は，反証をすれば十分であるということになる。つまり，証拠を見た裁判官が，確かにそのような事実があったかもしれないが，そうじゃないかもしれないと，首を捻らせるだけで十分であるということになる。裁判所は，もちろん正しい者の味方なのであるが，厳密にいうと，正しいことを客観的に納得させられるだけの資料を持っている者の味方なのであると説明している。立証責任を負わない当事者は，要証事実が存在しないことを説得する必要はなく，存在することを疑わしくするだけで十分なのである。

サンプル訴状の事例でいうなら，請求の原因について，被告は，250万円が交付されたのは，株式の売買代金の趣旨であると理由を付して否認している（このような主張を「積極否認」と呼んでいる）が，一般論としていえば，250万円の交付が期限までに返還することを約束する趣旨であることを疑わしくすれば十分なのであり，250万円が株式の売買代金であることを立証する必要まではない。もっとも，この事例の場合には，消費貸借契約の成立という争点については，被告が作成したことが争いのない借用証書（甲第1号証，後掲37頁）という決定的な客観証拠があり，消費貸借契約は立証が成立しそうであるという事情がある。そのため，被告は，この借用証書は通謀虚偽表示であるという抗弁を主張しているのであり，抗弁は，被告が客観的立証責任を負うため，実際は株式の売買代金の決済という意味のある金員の交付を，原告と被告が通謀して，消費貸借契約という虚偽の外観を作出したことを，裁判官に対して納得させるだけの説明をする責任を負うことになっているのである。したがって，このような状況下の被告としては，そのような事実認定が，第三者に対しても十分に説得力をもって説明できるだけの証拠なり間接事実を用いて，訴訟追行をする必要があるのである。

VII 第1回口頭弁論期日

　口頭弁論というのは，公開の法廷で，裁判官が出席した上で，直接，当事者双方の口頭の主張を聴く手続である。この手続によって，憲法82条1項の公開主義の要請，民事訴訟法の双方審尋主義，口頭主義，直接主義の要請を満たすことができるのである。

　今日の訴訟運営にとって，第1回口頭弁論期日というのは，事件の選別を行う機能を営んでいるといってよい。民事訴訟事件は，実質的に争いのない事件（被告が事実を全く争わない事件，答弁書等も提出することなく欠席する事件等）と，実質的に争いがある事件とに大別される。実質的に争いのない事件については，被告が欠席していたら，口頭弁論を終結して欠席判決が出されることが多くなる。被告が出頭して請求原因事実について特に争わない場合には，その段階で，裁判上の和解が勧試され，支払期限の猶予，分割支払の許容，遅延損害金の（一部）カットなどの和解条件を協議して，当事者間に合意が成立すれば，裁判上の和解によって訴訟が完結する場合もある。

　サンプル訴状の事例の第1回口頭弁論期日で予想される手続は，原告が，主

張の具体的な内容は訴状記載のとおりであると口頭で主張し，次に被告が，その主張は答弁書のとおりであると主張し，その上で，書証の取調べをというように手続が進められることになる。

　前述したとおり，この事例では，原告が，被告の消滅時効の抗弁を予想して，再抗弁を訴状段階で主張していることにより，答弁書の主張を見れば，要件事実レベルの争点は，第1に，250万円の交付が返還約束の趣旨によるものか，第2に，借用証書の作成が通謀虚偽表示に該当するか，第3に，詫び状の作成が債務の承認に該当するかという3点であることが確定しているのであり，非常にスピーディな訴訟運営が可能になっている。

Ⅷ　争点等整理手続

　現在の民事訴訟手続の実際では，口頭弁論を経た上で，「争点及び証拠の整理手続」（通常，「争点等整理手続」と呼ばれる）が行われる。争点等整理手続は，法164条から178条までに規定されている。現行の民事訴訟法は，争点等整理手続として，準備的口頭弁論，弁論準備手続及び書面による準備手続の3種類の手続を用意して，それぞれの事案に応じた争点等整理手続を行うことを予定している。

　現在の実際の民事訴訟手続では，ほとんどが，弁論準備手続によって争点等整理手続が行われているため，これに沿って争点等整理手続の説明をする。

　弁論準備手続は，当事者双方が立ち会うことができる期日で行われると規定されており（法169条1項），通常は，裁判官室の近くにある準備室で行われる。これまでも繰り返し説明しているとおり，民事訴訟手続の概略を説明すると，まず，双方の主張をすり合わせて，訴訟物である請求権の成否を判断するのに必要な事実を，争いのない事実と争点とに選別し，争点について当事者双方にどのような証拠や間接事実があるかを提出し，その上で，裁判所が，立証責任を負っている当事者による，立証に成功しているかを判断するというプロセスである。そこで，争点等整理手続では，まず，要件事実レベルでの争点となる事実は何かを確定し（サンプルの事例では，要件事実レベルの争点は，第1回口頭弁論期日で確定している），その要件事実レベルの争点について，書証等の客

観的な証拠は何があるか，間接事実としては何があるかを，両当事者とすり合わせながら整理していくプロセスとなる。

サンプル訴状の事例で予想される争点等整理手続では，第1回口頭弁論期日で確定した要件事実レベルの争点に即して，弁論準備手続では，250万円の交付の趣旨を裏付ける具体的な事情，例えば，ナイゼ株式会社の株式の保有に関する原告と被告との関係等の事情に関する客観的な証拠や間接事実の有無，詫び状作成の経緯に関する客観的な証拠や間接事実の有無が，裁判所と当事者双方によって議論されることになるものと思われる。

民事訴訟事件では，争点や証拠関係を検討する中で，裁判官や双方の代理人弁護士の間で，次第に，その事件の解決についての大まかな見通しが立つ場合が少なくない。サンプル訴状の事例でも，消費貸借契約の成立は，被告が作成したことに争いのない借用証書という客観的証拠により，請求原因の成否についての勝敗の帰趨は概ね明らかになっている。もとより，この事例は，被告が立証責任を負う通謀虚偽表示の成否が問題になるから，訴訟の結果についての帰趨は，この段階では明らかではないが，例えば，重要な客観証拠の存在や，決定的な間接事実について争いがないような場合等，各争点についての勝敗の帰趨が次第に明らかになり，ひいては，訴訟の結果についても，法律の専門家であれば概ねの見通しがつくような場合が少なくない。そのため，非常に多くの民事訴訟事件は，その後に口頭弁論で，証人尋問や当事者尋問の手続を経ることなく，裁判上の和解の成立によって終結する場合が多いのである。

IX　和解勧試

現在の民事訴訟にとって，裁判上の和解（法89条・267条）の果たす役割は非常に大きい。サンプル訴状のような金銭給付を求める事件では，原告の目的は，返済しようとしない被告から，債権を回収することに尽きる。そして，原告にとって勝訴判決が確定しても，確定判決が自動的に金銭になるわけではなく，確定判決というお墨付きを用いて，債権回収のための手段を講じる必要がある。多くの事例では，敗訴した被告に対し，確定判決を持ち出して支払交渉をすることになるが，あくまで被告が支払わない場合には，この確定判決を債

務名義（民執22条1号）にして，被告の資産を差し押さえ，強制的に換価して債権を回収することになる。そうすると，民事執行手続を行うために一定のコスト（金銭面だけでなく，時間や手間という意味でも）が発生することになる。被告の資産を把握できない場合には，債権回収に失敗する場合も想定しておかなければならない。また，勝訴判決を得る前の段階だと，勝敗は帰趨がはっきりしないことから，当事者としては敗訴リスクを考慮せざるを得ないし，仮に勝訴が強く見込めたとしても，紛争解決が長引くことを懸念して一定のディスカウントに応じることも考えられる。更に，訴訟の帰趨もさることながら，紛争全体の解決という意味から，裁判上の和解によって解決を図るという場合もある。

　裁判上の和解を記載した裁判所書記官作成の和解調書には，確定判決と同一の効力が認められる（法267条）ため，執行力のある債務名義（民執22条7号）にもなるし，和解調書に既判力があるかについては学説上争いはあるが，実務上は，裁判上の和解によほど重大な瑕疵がない限り，その効力が覆ることはないから，権利関係は安定することになる。そして，裁判上の和解は，その成立によって，当該訴訟手続は完結するので，紛争の早期解決に資する手続である。以上のように，裁判上の和解は，当事者にとって，メリットの大きい訴訟完結方法であるということができる。

　そして，紛争全体の解決という側面を考えれば，裁判上の和解は，判決による解決よりも，紛争全体の解決にとって相応しい場合もあり得る。例えばサンプル訴状の事案のような金銭の消費貸借という比較的単純な紛争でも，関連事実を見ると，原告・被告間には，ナイゼ株式会社への出資という事情があったのであるし，更にその背景には，大学時代の運動部の先輩・後輩関係という共通の知人が多そうな人間関係も窺い知れるところである。判決を求める訴訟手続の中では，消費貸借契約，通謀虚偽表示の成否，消滅時効の中断事由としての承認の存否が争点であるが，この紛争の背景には，投資に絡む紛争，社会的な人間関係にも関連のある紛争であるということができる。このように，社会的紛争というのは，大きな広がりがあり得るものである。このような社会的広がりのある紛争と訴訟手続の関係を比喩的にいうなら，民事訴訟手続というのは，社会的広がりのある紛争の中で，実体法上の請求権としての訴訟物という

形で切り取られた部分の限度で，必要な要件事実の成否によって結論を出すものであるということになる。サンプル訴状の事例のような比較的単純な紛争であれば，判決が出れば，広がりがあり得る社会的紛争のかなりの部分が解決するかも知れないが，特に継続的な法律関係があるような事例では，訴訟物として切り取られた紛争のほかに，広がりのある紛争全体の解決を図るなり，今後の当事者間の権利関係等を合意によって規律して，将来の紛争を未然に防止しておく必要がある場合が多いのである。

　例えば，冒頭に挙げた解雇の成否の事例で，原告が解雇の無効を主張して，被告である会社との間の労働契約上の地位を確認し，判決確定時までの給与の支払をするという請求の趣旨を全面的に認める判決が確定したとしても，それだけで紛争全体が解決するわけではない。労働契約上の地位を確認するという結論の判決が確定すると，被告の会社のどのセクションで，どのような労働条件で職場復帰するかという問題が発生するのであり，時にはそれをめぐって第2の訴訟が提起されることも決して珍しくない。したがって，判決になる前の段階で，裁判所と両当事者の弁護士との間で，判決についての見通しをもとに，将来の紛争を未然に防ぐ趣旨で，復帰後の労働条件等を話し合いによって解決しておくことには，非常に重要な意味がある。一方，労働者の立場からすれば，仮に解雇が無効であったとしても，訴訟関係に立った元の職場に復帰して定年まで勤続するのは，実際上困難であると考えて，企業から一定の解決金を受け取るのと引き換えに任意での退職に応じるという裁判上の和解をする事例も，非常に多く見受けられる（解雇の有効性に関する勝訴の見込みを相対的に考えて解決金額を合意し，早期に退職するという紛争解決を図る労働者が圧倒的に多い）。そうすると，それまでの一定の期間の勤続関係の清算や，原告の再就職にとって障害が少ない退職条件を定めるなど，裁判所と双方の弁護士で十分に検討した上で，裁判上の和解をすることになる。このように，判決だけでは解決しない社会的紛争の全体を根本的に解決し，法律家が知恵を集めて将来の紛争を未然に防止するなり，双方当事者にとって，もっとも障害の少ない解決策を求めるという，より建設的な解決方法を探る機能が，裁判上の和解にはあるのである。それは，特に，労働契約関係のような継続的な法律関係をめぐる紛争，他にも，例えば離婚訴訟であるとか，一部の知的財産権をめぐる紛争の場合に，

特に要請されるものであるといって差し支えない。民事訴訟手続に携わる者は、この点も含めた見通しを持って、訴訟行為を行うことが、利用者である国民の信頼という観点からも望ましいことであることを強調しておきたい。

X　証拠調べの口頭弁論

　弁論準備手続等の争点等整理手続が終結した段階で、必要があれば、口頭弁論に戻って証人尋問や当事者尋問（実務的に、「人証調べ」と称される）といった証拠調べを行うことになる。前述したとおり、争点となる要件事実について、決定的な書証が存在するとか、決定的に重要な間接事実について当事者間に争いがないのであれば、特に人証調べを行うことなく後述の口頭弁論終結の手続をする場合もあるが、要件事実の認定を的確に行うために、証人等から話を聴く必要がある場合には、人証調べを行うことになる。

　口頭弁論では、まず、弁論準備手続の結果を陳述することになる（法173条）。前述したとおり、口頭弁論で双方当事者が主張することが、憲法の公開主義の要請、民事訴訟法の双方審尋主義、口頭主義、直接主義の要請を満たすことになるから、弁論準備手続で行った訴訟行為を裁判の資料にするためには、口頭弁論で、弁論準備手続の結果陳述の手続を行うことが必要になる。

　その上で、証人尋問、当事者尋問という人証調べが行われることになる。例えば、証人尋問の場合、人定質問をした後、証人が宣誓を行い（法201条1項）、その上で、交互尋問方式により、尋問の申出をした当事者による主尋問、相手方当事者による反対尋問、それから尋問の申出をした当事者による再主尋問を行い、裁判所は、必要に応じて補充尋問を行う（規則113条）。

　これらの人証調べについて、現行の民事訴訟法には、「証人及び当事者本人の尋問は、できる限り、争点及び証拠の整理が終了した後に集中して行わなければならない」（法182条）という集中証拠調べの原則が規定されている。現在の民事訴訟の運営の状況を見ると、そのほとんどが、1回の期日（午後一杯とか、場合によっては朝から晩まで）に集中証拠調べを行うか、人証の数が多い場合にも、一括して2〜3の期日を指定して、朝から晩までかけて、多人数の人証調べを継続的に行うという集中的証拠調べを行っている場合が多い。このよ

うな集中証拠調べの運用が定着したのは，最近10年のことであり，それが，スピーディで，充実した民事訴訟の運営を可能にしたといって差し支えない。このような集中証拠調べの運用が可能になったのは，次の要因が考えられる。

　第1は，これまでも繰り返して説明しているとおり，争点志向型の民事訴訟の運営を行うことが，民事訴訟の審理充実にとって重要であることが，次第に定着したことである。まず，要件事実レベルで，何が争点であるかを早い段階で確定し，その上で，書証等の客観的な証拠関係や，間接事実についても争点整理を行うことによって，人証調べを行わなければならない部分は，どの箇所であるかを，裁判所と双方当事者の間で詰めて考えることによって，争点が浮かび上がり，その点について，交互尋問によって，じっくりと関係者の供述を聴くことができるのである。その意味では，争点志向型民事訴訟の運営によって，単に事件の進行がスピーディになるだけではなく，必要な点に関する十分な供述を聴くことができるというように，充実した審理を行うことができるのである。

　第2に，この集中証拠調べを行うことが可能になったのには，人証調べの予定される者（証人や本人）の陳述書を作成するという運用が定着したことが大きく作用している。証人尋問の申出をする当事者には，主尋問で表れる事項を網羅する内容の，当該証人等の陳述書を，尋問に先立って作成することが要請される。実際上，集中証拠調べの局面では，反対尋問を行う当事者にとって，主尋問でどのような内容の尋問がなされるかが開示されていないと，反対尋問を十分に行うことができないのである。このように，争点志向型民事訴訟の運営というのは，両当事者と裁判所に，判決に向けた手続の準備を，全体として前倒しにすることを求めようという手続運営なのである。これを行うことによって，審理が格段にスピーディになるばかりでなく，必要な箇所をじっくりと議論し合った充実した審理を行うことが可能になるのである。

COLUMN　4

　集中証拠調べの運用が定着したのは，確かにここ10年くらいのことであり，筆者が司法修習生だった約30年前は，今では「五月雨式訴訟運営」と称せられる人証調べを行っていた。今にして思えば，一応の争点が整理された段階で，と

りあえず人証調べを行うのであるが，何が人証調べによって確定しなければならない争点であるかが，当事者双方及び裁判所にとって詰め切れていなかったことから，当事者の代理人である弁護士としても，その事件に少しでも関係することであれば，細大漏らさず尋問しておこうという意識が強かったように思われる。そして，多くの事件で，反対尋問は，主尋問の調書ができ上がってからでなければできないと，相手方の弁護士がいうことが多く，2か月くらい先の期日を指定して，その期日に反対尋問を行うというような運用がなされていた。その結果，年単位の時間をかけて尋問が終わり，その段階で，双方の当事者と裁判所が，その事件の証拠関係や客観的な事情を理解することになるのであるが，困ったことに，証人尋問を行った段階では，争点としてはっきり意識されていなかった点が，すべての人証調べが終わった段階で，実は重要な間接事実だったということも往々にして起こったのである。それなら，その点についての証人や当事者本人の言い分がどのようなものであるかを聴いてみようにも，もう尋問が終わっているので再度の尋問は困難だということになり，結局，事前にしっかりと間接事実レベルまで争点を詰めて検討していなかったために，無駄が多いだけで，充実したとはいい難い審理しかしていないという事例が少なくなかったように思われる。争点の検討を先送りしないで，前倒しで準備するというのは，裁判官にとっても，もちろん弁護士にとっても，大きな負担になるのであるが，煎じ詰めて考えると，これは，仕事のスタイルの問題であるように思われる。筆者は，現行の民事訴訟法が施行される前に，実験的に集中証拠調べをやってみたことがあるが，その際に，この民事訴訟の運営に協力してくれた若い弁護士が，五月雨式に尋問を行うと，そのたびに分厚い訴訟記録を何度も読み返す必要があって，却って大変であるが，集中証拠調べをすると，そのときはしんどいけれども，却って頭が整理できて，能率的に仕事をすることができる，そして，何よりも，クライアントにとっては，争点が何で，その争点について，自分の側と相手方が，どのような問題意識でやり取りをしているのかを明瞭に目の当たりにすることができ，裁判の結果に対する納得が得られやすいことが，一番大きいメリットであるといってくれた。要は，仕事のスタイルをどのようにするか，何を目指して民事訴訟を運営するかという問題であると認識した次第である。

XI　口頭弁論終結期日と判決言渡しの口頭弁論

　裁判所は，事件が裁判をするのに熟したとき，つまり，原告が訴訟物として提示した請求権の存否について，結論を出すことができる状態に達したときは，口頭弁論を終結して終局判決をする（法243条1項）。前述したとおり，判

決の効力の一つである既判力は，この口頭弁論終結時の，訴訟物の対象となっている請求権の存否について，公的に確定するものである。当然のことながら，判決を作成する裁判官は，口頭弁論終結時に担当した裁判官である（法249条1項）。口頭弁論終結時をいつにするかは，当該裁判官の裁量に委ねられているが，大規模な訴訟では，当事者が，従前の主張を取りまとめ，証拠調べの結果等も踏まえた最終準備書面を作成することを希望することが多く，人証調べの期日から，ある程度経過した期日に終結することもある。しかし，現在の多くの事件では，人証調べが終わった段階で，口頭弁論を終結する取扱いの方が多いと思われる。

なお，和解勧試はいつでもできるのである（法89条）が，証拠調べ期日を経た後はもちろん，口頭弁論終結後もすることができるし，実際に口頭弁論終結後に和解勧試をする事例も非常に多い。その場合は，裁判所としては，どの範囲で，そして，どのような言い方で説得するかには，十分に配慮する必要があるが，裁判所が有している心証を，合理的な根拠を示して開示することが多いのである。

判決は，言渡しによってその効力が発生する（法250条）。判決言渡しの口頭弁論期日は，原則としてあらかじめ裁判所書記官が当事者に通知しなければならない（規則156条）が，口頭弁論終結時に，裁判官が判決言渡しの口頭弁論期日を告知すれば，それで足り，判決言渡しの口頭弁論期日には，当事者の一方又は双方が不出頭でもすることができる（法251条2項）。

資料　サンプル訴状

印　紙
（1万8000円）　　　　訴　　状

平成24年1月10日

○○地方裁判所　御中

　　　　原告訴訟代理人弁護士　　甲　野　太　郎　㊞

〒641－○○○○　和歌山市紀住友寺152番地6
　　　　原　　　　告　　川　口　真　人
〒640－○○○○　和歌山市橘町8番10号　橘ビル（送達場所）
　　　　上記訴訟代理人弁護士　　甲　野　太　郎
　　　　　電　話　　　　073－422－○○○○
　　　　　FAX　　　　　073－442－○○○○
〒640－○○○○　和歌山市東高野19番地2
　　　　被　　　　告　　七　峰　信　弘

貸金請求事件
　　訴訟物の価額　　250万円
　　ちょう用印紙額　　1万8000円

第1　請求の趣旨
1　被告は，原告に対し，250万円及びこれに対する平成13年10月1日から支払済みまで年12％の割合による金員を支払え。
2　訴訟費用は被告の負担とする。
との判決及び仮執行宣言を求める。

第2　請求の原因
1　原告は，被告に対し，平成13年6月1日，250万円を次の約定で貸し付ける旨の契約書を取り交わし（甲1），同日，250万円を支払った（甲2）。
　　　弁済期日　平成13年9月末日
　　　利息　年12％

2 　被告は，原告に対して，平成13年6月から同年9月まで，各末日に利息金として，2万5000円ずつ返済した。そして，平成23年9月17日，「詫び状」と題する書面（甲3）を作成して返済を約したが，言を左右にして一切返済していない。

3 　よって，原告は，被告に対し，上記貸金元金250万円及びこれに対する弁済期の翌日である平成13年10月1日から支払済みまで約定による年12％の割合による遅延損害金の支払を求めて，本件訴訟に及んだ次第である。

第3 　関連事実

1 　被告は，原告の大学時代の運動部の先輩で，原告が就職する際，大変に世話になった間柄であった。平成9年春に被告が脱サラして，ゲームソフト事業を営むナイゼ株式会社を立ち上げた際に投資することを依頼され，マイホーム資金として貯金していた金員中，妻に内密に500万円をナイゼ株式会社に出資して株主となった。

2 　ナイゼ株式会社の事業は順調ではなく，原告は，ナイゼ株式会社に対し，時々，10万円～30万円程度の小口の事業資金の融通を依頼されるようになった。その貸付金（借用証書をとっていない。）の累計額は，平成9年～平成13年の間に200万円以上に及び，時折，返済されることはあったが，多くが焦げついていた。

3 　ナイゼ株式会社に多額の投資と融資をしたことは原告の妻の知るところとなり，夫婦仲は険悪になった。そこで，平成13年5月，原告は，被告に対し，これまでの出資金を返還するように交渉した。その際，被告は，ナイゼ株式会社は，6月にビジネスチャンスがあるから，あと250万円融資してもらえれば，大きな利益を得られる，焦げつかせた分や利益の配当も含めて，多額のキックバックが可能であると言われた。そこで，今回はきちんと借用証書を作成し，最後という趣旨で，しかも，ナイゼ株式会社では不安だから，被告個人への貸金ということで，250万円を貸し付けた。

4 　被告は，平成13年9月までは月末に，利息金として2万5000円ずつを現金で返済した。今から思えば，これで原告の信頼を取り繕おうとしたものと考えられる。ところが，同年10月12日，ナイゼ株式会社は，突然倒産し，被告は，行方をくらました。その間，全く被告の音信は途絶えたままであった。

5 平成23年8月，大学時代の知合いから，被告が和歌山に戻っていることを聞いた。同年9月16日，原告は，借用証書（甲1）を持って被告の許を訪れ，他にも焦げつかせた貸金はあるが，せめて借用証書を作成した250万円だけでも返済するように求めた。被告は，来月からでも少しずつでも返済する旨約束し，「詫び状」と題する書面（甲3）を作成した。「貴殿からは，約十年前に多額の出資をしてもらったのに，会社を倒産させてしまったことを幾重にもお詫び申し上げます。今後は，その穴埋めをしていきたいと思っています。」と記載されているのは，この席で持参していた借用証書の返済をするという趣旨であった。

6 ところが，平成23年10月26日，原告が被告に対して返済を求めたところ，詫び状の「出資」というのは，会社への出資であって貸金の趣旨ではない，そもそもこの借用証書は，ナイゼ株式会社への出資であったし，貸金だとしても，10年の消滅時効にかかっているから，返済する義務はないと開き直るに至った。原告は，被告の虚言に呆れ果て，裁判で決着を付けるほかはないと決意するに至ったものである。

証　拠　方　法

1　甲第1号証　　　金銭借用証書
2　甲第2号証　　　領収書
3　甲第3号証　　　「詫び状」と題する書面

附　属　書　類

1　訴状副本　　　　　　　　　　　　　　　1通
2　甲第1，2，3号証写し　　　　　　　　各1通
3　訴訟委任状　　　　　　　　　　　　　　1通

資料　サンプル答弁書

平成 24 年（ワ）第 11 号　貸金請求事件
原　　告　　川　口　真　人
被　　告　　七　峰　信　弘

答　弁　書

平成 24 年 2 月 6 日

○○地方裁判所民事部　御中

　〒640－○○○○　和歌山市五番丁 46 番地　天神ビル 4 階（送達場所）

　　　被告訴訟代理人弁護士　　　　乙　野　次　郎　㊞
　　　　　電　話　　　　　073－423－○○○○
　　　　　FAX　　　　　　073－423－○○○○

第 1　請求の趣旨に対する答弁
1　原告の請求を棄却する
2　訴訟費用は原告の負担とする
との判決を求める。

第 2　請求の原因等に対する認否
1　請求の原因 1 のうち，借用証書を作成したこと，250 万円を受領したことは認めるが，この 250 万円の性質が，貸金であることは否認する。
2　請求の原因 2 のうち，平成 13 年 6 月から同年 9 月まで各末日に，被告が原告に 2 万 5000 円ずつ支払ったことは認めるが，利息金の支払であることは否認する。被告が「詫び状」を作成したことは認めるが，貸金返済の約束をしたことは否認する。
3　請求の原因 3 は争う。
4　関連事実 1 のうち，「妻に内密に」の箇所は不知で，その余は認める。
5　関連事実 2 は，時々，10 万円～30 万円程度の小口の事業資金の融通を依頼したことは認めるが，その余は否認する。

6　関連事実3は，全体として否認する。
7　関連事実4のうち，ナイゼ株式会社の倒産と，被告の音信が途絶えたことは認めるが，その余は否認する。
8　関連事実5のうち，詫び状を作成したことは認めるが，その余は否認する。
9　関連事実6のうち，平成23年10月26日のやり取りは認めるが，その趣旨は争う。後述のとおり，被告は，自ら正しい主張をしたものである。

第3　被告の主張
1　甲1の借用証書を作成したのは，ナイゼ株式会社の株式の譲渡の趣旨であり，消費貸借の趣旨ではなかった。仮に消費貸借契約の成立が認められるとしても，それは，通謀虚偽表示（民法94条1項）によるものであって，無効である。

　　原告は，平成9年にナイゼ株式会社に500万円で株式100株分の投資をした。平成12年度まで，ナイゼ株式会社の業績は順調であり，原告には，毎年20万円ずつ配当していたし，事業資金のつなぎのため10万円〜30万円程度の資金を原告から一時的に借り入れたときは，いずれも謝礼金を付加して原告に返済している。

　　平成13年5月中旬，原告は，被告に対して，被告が所有しているナイゼ株式会社の株式を，さらに50株分（250万円）譲ってもらいたい，もっとも，この株式譲渡資金の250万円は，妻の実家から借り入れるため，妻に対する体裁を整えるため，借用証書を作成して，被告との貸借のように装って欲しい，そして，配当金は，年額30万円になるのを，250万円の消費貸借の利息年12％の利息というふうに装って，毎月2万5000円ずつ払って欲しいとの申し出を受けて，それを了承したものである。したがって，この250万円の金員のやり取りは，消費貸借ではなく，株式の譲渡代金であり，消費貸借契約は成立していない。借用証書によって消費貸借契約が成立していると解釈されたとしても，これは，通謀虚偽表示（民法94条1項）であって，無効である。

2　仮に被告が原告に対して，貸金債務を負っていたとしても，原告は，弁済期（平成13年9月末日）から10年間が経過した後に本件訴訟を提起しているから，被告は，消滅時効（民法167条1項）を

援用する（民法145条）。なお，被告は，平成23年9月16日に，詫び状（甲3）を作成して原告に手渡したが，その文言に照らせば，時効の中断事由である債務の承認（民法147条3号）には該当しない。

　平成13年9月中旬，ナイゼ株式会社の取引先が倒産したことから，ナイゼ株式会社の資金繰りは一気に悪化し，同年10月中旬には，事実上の倒産状態になり，被告は，債権者の追及をかわすために，所在を明らかにしない生活を余儀なくされた。被告を信用して750万円もの資金をナイゼ株式会社に出資してくれた原告に対しては，心から申し訳ない気持ちを有していた。被告が和歌山に戻った後に，原告が借用証書を持参して被告の許に現れたとき，被告は原告に対して心から謝罪した。しかし，750万円は，仮装の借用証書を差し入れた250万円も含めて，貸借ではなくてあくまで出資なのであり，ナイゼ株式会社が倒産した以上やむを得ないことは，控えめな表現ながら，原告に対して説明をしたものである。原告は，妻の実家に対して申し訳が立たないと言ったため，「約10年前の多額の出資」について，会社を倒産させてしまったことを謝罪し，「その穴埋め」をすることを表明したのであり，この文言のとおり，貸金債務の存在を認める表現になっていないのは，事柄の性質上当然のことを表記したものに過ぎない。原告は，この詫び状を作成したことを，時効の中断事由である債務の承認にあたると主張しているようであるが，上記の経緯に照らしても，また，この文言を見ても，詫び状の作成が，債務の承認に該当しないことは明らかである。

資料　甲第1号証

金銭借用証書

一　本日、債務者は、川口真人　殿より、金　弐百五拾萬円　を次の約定で借り受け、受領いたしました。

　　弁済期日　平成十三年九月末日
　　利　　息　年　十二パーセント（各月末払）

二　債務者が次の各号の一にでも該当したときは、債務者は何らの催告を要しないで期限の利益を失い、元利金を一時に支払わなければならない。
　1　第三者から仮差押え、仮処分又は強制執行を受けたとき
　2　支払を停止したとき
　3　手形交換所の取引停止処分があったとき
　4　利息の支払を一度でも怠ったとき

三　債務者は、以上の条項を誠実に履行する証しとして、本証書を差し入れます。

　　平成十三年六月一日

　　住　所　　和歌山市谷草十二番地六

　　　　　　　債務者　　七　峰　信　弘　㊞

和歌山市紀住友寺百五十二番地六

　川　口　真　人　殿

資料　甲第2号証

No. ＿＿＿＿＿＿

　　　　領　収　書

　　　　　　　　　　　　　　　　平成13年6月1日

川口真人様

　　　　　　　★ ￥2,500,000 —

但

上記正に領収いたしました。
和歌山市谷革十二番地六

　　　　　　　　　　　　　　七峰信弘　㊞七峰

資料　甲第3号証

　　　　詫び状

一　貴殿からは、約十年前に多額の出資をしてもらったのに、会社を倒産させてしまったことを幾重にもお詫び申し上げます。

二　今後は、その穴埋めをしていきたいと思っています。

平成二十三年九月十六日

和歌山市東高野十九番地二

七峰信弘　㊞七峰

川口真人　殿

民事裁判実務の基礎

講義 2 要件事実の基礎（その1）

I　はじめに
――要件事実は適正迅速な民事訴訟を実現するためのツール

　私が駆け出しの判事補だったころ，とある元最高裁判事を囲む飲み会に参加したことがあった。私は末席のあたりでおとなしく飲んでいたが，先輩から「せっかくの機会だから，先生のお話を聞いておきなさい」と，元判事の前に押し出された。元判事は，当時施行されたばかりの民事訴訟法について熱く論じておられたが，突然私に矛先が向いた。
　「おい，若いの。近ごろ誰もが適正迅速な民事訴訟っていうが，適正と迅速のどっちが大切と思うか？」
　「はいっ！　いずれも重要であると思います」
　当たり障りのない解答をしたつもりだった。が，甘かった。
　「馬鹿もん！　裁判の命は適正だ！　適正を欠く迅速は拙速という！　分かったか！」
　「は，はいっ！」
　「くわっ」という背景の描き文字が見えそうな元判事の迫力に押され，私は絶句するほかなかったが，ならば迅速を欠く適正は許されるのか，という疑問が脳裏をかすめた。
　思うに，適正を欠く迅速は論外であるとしても，迅速を欠く適正な裁判が許されるわけではない。いかに適正な裁判であっても，合理的な期間で紛争を処理できないのであれば，それは国民の期待に応える司法サービスではない。
　皆さんが学ぶ要件事実とは何か。一言でいえば，適正迅速な民事訴訟を実現

するためのツールである。

　訴訟の現場で，当事者から聞き取りをすると，「そもそも彼とはいつごろ知り合って……何々の取引ではお世話になり……何々の物件を世話してやったが……」という話がひとしきりあって，ようやく，「今回貸した金を返してほしい」と本題が出てくることがある。法律家の目からみれば，長い話の中で必要な情報は，最後の部分だけである。しかし，当事者の気持ちの中では，信頼して助け合ってきたのに裏切られたというこれまでの経緯が重要な要素になっていることもある。玉石混淆する無数の情報の中から，法的な結論を導くために必要なものを抽出し，攻撃防御の方法を明らかにするのは法律家の仕事であるが，要件事実はそのためのツールとして用いられる。民事訴訟に携わる裁判官や弁護士が共通言語としての要件事実論を身につけることで，錯綜した事実関係の中から迅速に訴訟の真の争点に到達し，適正な判断をすることができるのである。

　本稿は，要件事実を初めて学ぶ読者のために，初歩的な要件事実の考え方をまとめたものである。

Ⅱ　要件事実の基本的な考え方

1　訴訟物

　原告が裁判所に訴状を提出することによって民事訴訟が始まる。訴状には，裁判所にどのような判決をしてもらいたいのかを明記しなければならない。これを**請求の趣旨**といい，判決の主文に対応するものである。例えば，次のように書く。

> 被告は，原告に対し，100万円及びこれに対する平成24年4月1日から支払済みまで年5％の割合による金員を支払え。

> 被告は，原告に対し，別紙物件目録記載の建物を明け渡せ。

　請求の趣旨は，どのような判決を求めるのか結論だけを書く慣行になってい

るので，請求の趣旨だけを見ても，100万円の請求が売買代金請求なのか，それとも貸金返還請求なのかは分からない。請求の原因と合わせて見ることで，原告がどのような訴訟上の請求をしているのか特定される。この特定ができなければ，裁判所は審理の対象が何か分からないので，訴状には，当事者及び法定代理人のほか，請求の趣旨及び原因を記載しなければならない（法133条2項）。

　訴訟上の請求は，一定の権利又は法律関係の存否の主張の形をとる。その一定の権利又は法律関係を**訴訟物**という。学説上は新訴訟物理論と旧訴訟物理論の対立があるが，実務は旧訴訟物理論に基づく運用がされており，訴訟物とは実体法上の個別的・具体的な請求権の主張ということになるので，本稿では，「訴訟物である請求権」という表現をする。

　民事訴訟における判決とは，基準時（当該事実審の口頭弁論終結時）における訴訟物である請求権の存否についての判断にほかならない。

2　請求原因

(1)　訴訟物である請求権の存否を判断するといっても，目に見えない請求権の存在を，直接立証したり認定したりすることはできない。そこで，民法などの実体法は，「ある一定の要件が満たされれば，その効果として一定の権利が発生する」ということを規定している。そのため，訴訟物である請求権の存在を主張する者は，その発生要件の存在を主張し，立証すればよい。

　このような法律効果の発生要件に該当する具体的事実を，**要件事実**という[1]。**請求原因事実**とは，訴訟物である請求権を発生させるために必要な要件事実のことである[2]。

---

　1)　このように考えると，要件事実は主要事実と同義ということになる（『新問題研究』5頁）。学説上は議論があるところだが，以下ではこの定義に従って説明する。

　2)　請求原因には，「請求の特定方法としての請求原因」と，「攻撃防御方法としての請求原因」がある。前者は，訴訟物を特定するため，請求の趣旨とともに訴状の必要的記載事項とされているものであり（法133条2項2号），後者は，訴訟物を理由づける事実（規則53条1項）の主張としての請求原因である（『一審解説』4頁，7頁）。ここにいう請求原因事実とは後者の意味である。

```
            法律要件        法律効果
            （事実）  ────→  （権利）
```

　以上のような要件事実の考え方からして，ある法律的な主張をする場合には，法律効果そのものを主張するのではなく，その法律効果の発生を基礎づける要件に該当する具体的事実を主張することが基本となる[3]。

(2) 請求原因事実の具体的な例を挙げてみよう。

> **事例 1**
> 　Aは，Bに対し，平成24年4月1日に甲自動車を100万円で売ったが，Bが代金を支払ってくれないので，民事訴訟を起こした。
> 〔請求の趣旨〕被告は，原告に対し，100万円を支払え[4]。
> 〔訴訟物〕　売買契約に基づく代金請求権

　売買契約を規定する民法555条を見ると，「売買は，当事者の一方がある財産権を相手方に移転することを約し，相手方がこれに対してその代金を支払うことを約することによって，その効力を生ずる。」とある。そうすると，原告のAとしては，請求原因事実として「Aが甲自動車の所有権をBに移転することを約束したこと」及び「Bがその代金100万円をAに支払うことを約束したこと」を主張すれば，売買契約の成立，ひいては売買契約に基づく代金請求権の発生を主張したことになる。
　もっとも，実際には，わざわざ目的物の所有権移転の合意と代金支払の合意を別々に書かなくても，まとめてこのように書いておけば足りる。

> 　Aは，平成24年4月1日，Bに対し，甲自動車を代金100万円で売った。

---

[3] もっとも，実体法は，「重大な過失」（民95条）とか，「正当な理由」（民110条）などと，評価ないし価値判断を含む規定を置いている場合がある。この場合はどのように要件事実を主張すればよいか。このような要件事実を規範的要件事実といい，**講義3「要件事実の基礎（その2）」**で説明する。
[4] 実際の訴訟では遅延損害金や利息も請求することが多く，これらは附帯請求として主な訴訟物とは別個の訴訟物を形成するが，複雑になるのでここでは触れない。

もう一つ別の例を挙げてみよう。

> **事例 2**
> 　Cは，Dに対し，平成 24 年 2 月 1 日に，同年 3 月末日までに返すという約束で 100 万円を貸したと主張して，貸金返還を求める訴訟を起こした。
> 〔請求の趣旨〕被告は，原告に対し，100 万円を支払え。
> 〔訴訟物〕　　金銭消費貸借契約に基づく貸金返還請求権

　消費貸借を規定する民法 587 条は，「消費貸借は，当事者の一方が種類，品質及び数量の同じ物をもって返還をすることを約して相手方から金銭その他の物を受け取ることによって，その効力を生ずる。」とある。当事者間の合意が契約の成立要件になっているのは売買契約と同じであるが，目的物を受け取ることによってその効力を生ずる旨規定されていることからすれば，消費貸借契約は要物契約であると考えられる。そうすると，原告のCとしては，

> (ｱ)　CとDは，平成 24 年 2 月 1 日に，DがCに対して 100 万円を返還することを合意した。
> (ｲ)　CはDに対し，同日，100 万円を交付した。

というように，金銭返還の合意に加えて，金銭の交付を主張すれば，金銭消費貸借契約の成立の要件を主張したことになるはずである。
　しかし，消費貸借契約は，目的物（この場合は 100 万円）を一定期間借主に使用させるということに意味がある契約である。このような契約類型を貸借型契約といい，賃貸借契約や使用貸借契約もその仲間である。売買契約が成立すれば直ちに代金請求権が発生するのとは異なり，消費貸借契約が成立して直ちに返還請求権が発生するというのはおかしな話である。そこで，Cは，上記(ｱ)(ｲ)の事実に加えて，契約に定められた使用期間が終了したこと，すなわち次の(ｳ)(ｴ)の事実も主張する必要がある[5]。

> (ｳ)　CとDは，返還時期を平成 24 年 3 月 31 日とすることを合意した。
> (ｴ)　平成 24 年 3 月 31 日は到来した。

3 必要最小限の要件事実

前記のとおり，要件事実論は，適正迅速な民事訴訟の実現のためのツールである。本来の争点以外のところにエネルギーを費やして審理をすることは効率が悪いので，すべきではない[6]。

先ほどの売買の**事例1**を考えると，売主Aは，買主Bに対して売買契約に基づく代金請求をするために，Bに対して目的物を売ったことを請求原因事実として主張立証しなければならないが，それ以上に，Aが目的物の所有権を有していることまで主張立証する必要はない（過剰主張である）。なぜなら，他人物売買でも有効である（民560条）以上，Aが目的物の所有権を有しているか否かは売買契約成立の結論に影響しないからである。また，AがBに対して目的物を引き渡したことも売買契約成立の要件ではない。買主Bが同時履行の抗弁（民533条）を主張して代金支払いを拒絶した場合に，これに対する再抗弁（**講義3「要件事実の基礎（その2）」**で説明する）として，引渡し（正確には提供で足りる）の事実を主張すれば足りる。

売買契約に「代金は○年○月○日までに支払う」などと代金支払時期の合意が付されていることも多いが，売買契約においては契約と同時に履行するのが原則であるから（先ほど説明した貸借型契約と違うことに注意！），これも請求原因事実として主張する必要はない。

---

5) 貸借型契約において，返還時期の合意を契約の成立要件と考えるか，それとも契約の終了要件（返還請求権の発生要件）と考えるかという実体法上の理解のしかたの差により，(ウ)の要件の位置付けは異なる。司法研修所は，かつて，貸借型契約においては返還時期の合意も契約の成立要件であると説明しており（司法研修所編『改訂紛争類型別の要件事実』〔法曹会，2006年〕27頁），これによれば(ア)から(ウ)の要件が消費貸借契約の成立要件ということになるが，近年では契約の終了要件という説明をしている（『新問題研究』39頁）。

6) ただし，これは飽くまでも争点を抽出するという目的との関係である。事実経過の中にも，事実認定に重要な役割を果たす間接事実や補助事実（**講義5「争点整理（その2）」**以降で出てくる）も含まれているだろうし，和解をするために必要な情報もあるから，要件事実以外は無視してよいというわけでは決してない。裁判官は，事実経過に関する主張を読んでいるうちに，和解の構図が頭に浮かぶことがある。また，練達の弁護士は，主張の中にさりげなく和解に関するヒントを忍び込ませることがある。弁護士としては和解すべき事案と判断しているが当事者が強硬姿勢の場合に，自分から和解を提案すると依頼者との信頼関係にヒビが入りかねないので，裁判官から和解勧告をさせようという高等戦術である。

4　抗弁と否認——主張立証責任とは何か

(1) 原則例外思考

　君が彼女と待ち合わせる際に,「じゃあ午後6時に駅の改札で。バイトが長引いて遅れるときはメールするね」と言ったとする。君は,予定どおりの時刻にバイトが終われば,彼女にメールしなくても大丈夫。彼女は,君からの予定変更のメールが来ない限り,午後6時に待ち合わせ場所に来るはずだ。バイトが長引いてしまった場合だけ,予定変更のメールを送らなければならない。2人の待ち合わせは,例外（予定変更）がない限り,原則どおりに行動すればよいという,原則と例外の構造をとっている。

　実は,民事訴訟においても,原則と例外という思考方法を用いることが非常に多い。最高裁判例にも,しばしば,「甲は,乙などの特段の事情がない限り,丙というべきである」などという言い回しが出てくる。先ほどの待ち合わせを最高裁っぽく表現すると,「待ち合わせは,予定変更のメールなどの特段の事情がない限り,午後6時に駅の改札というべきである」ということになろうか。

　そして,例外というのはレアなものであるから,・例・外・の・事・情・が・発・生・し・た・と・主・張・す・る・者・は,・そ・の・こ・と・を・明・示・し・な・け・れ・ば・な・ら・な・い,というのが民事訴訟における原則・例外のルールである。

(2) 抗　　弁

　ここで,先ほどの金銭消費貸借の例（**事例2**）を考えてみる。

　被告Dが請求を争う方法はいくつかあるが,典型的な争い方として,(a)そもそも金銭の交付を受けたことはないという主張,(b)金銭の交付を受けたことはあるが,贈与されたものであって返還約束はしていないという主張,(c)金銭を借りたことは認めるが,既に返したという主張がある。結論からいうと,(a)と(b)は請求原因事実の**否認**,(c)は**抗弁**ということになる。

　これらは要件事実的にどう違うかを考えてみたいが,その前に,**基準時**の説明をしておかなければならない。

　民事訴訟の判決は,訴訟物である請求権の存否を判断するものであるが,そ

の基準時（t）は当該事実審の口頭弁論終結時である。しかし，先ほど説明した請求原因事実を見てほしいのだが，これは，基準時より前のある時点（t'）に訴訟物である請求権が発生したことの主張立証であり，ジャスト基準時に請求権が存在することの主張立証ではない。ジャスト基準時に請求権が存在することの主張立証をすることは難しそうだが，さてどうするか。

　ここで，原則と例外の考え方が出てくる。基準時より前のある時点（t'）において訴訟物である請求権が存在する場合は，その後に請求権が消滅したという特段の事情がない限り，原則として，基準時（t）においてもその請求権が存在するものと考えるのである。原告は，基準時より前のある時点（t'）における訴訟物である請求権の発生を基礎づける事実を，請求原因事実として主張すれば足りる。

$$
\begin{array}{ccc}
(t') & \longrightarrow & (t) \\
請求権の発生 & & 請求権の存在（原則）
\end{array}
$$

　これに対し，被告が，訴訟物である請求権が，発生時（t'）と基準時（t）との間に消滅したという特段の事情があると主張することができる。これを**抗弁**という。正確に定義すると，抗弁とは，請求原因と両立し，かつ，請求原因によって発生する法律効果（すなわち訴訟物である請求権）を覆す被告の主張である。

$$
\begin{array}{ccc}
(t') & \longrightarrow & (t) \\
請求権の発生 & \uparrow & 請求権の存在（原則） \\
& （例外）消滅の抗弁 &
\end{array}
$$

　「覆す」といってもいろいろある。弁済（民474条以下）や相殺（民505条）のようにいったん発生した権利を**消滅**させるものもあるが，その他にも実体法の規定を見ると，錯誤（民95条）のように権利の発生を**障害**したり，停止条件（民127条1項）や催告・検索の抗弁（民452条・453条）のように権利の行使を**一時阻止**する規定もある。これらも請求原因と両立し，かつ，請求原因によって発生する法律効果を覆す抗弁である。

なお，抗弁にも，請求原因と同様に，抗弁としての法律効果の発生を基礎づける要件事実があるのだが，「請求原因事実」のような呼び方はなく，単に抗弁の要件事実という。

　「請求原因と両立し」というのは初学者が見落としがちなポイントである。例えば，先ほどの売買の**事例1**で，被告Bから次のような答弁書が出てくることがある。

> 　Aが，平成24年4月1日，Bに対し，甲自動車を売ったことは認める。ただし，その代金は原告が主張する100万円ではなく，10万円であった。

　このような答弁書は実務の現場でも時折見かける。「認める」という言葉につられて，「被告は請求原因事実を認めたので裁判上の自白が成立した。被告は，代金10万円の売買の抗弁を主張している。」と誤解する人もいそうだが，被告Bの主張する売買は原告Aの主張する売買と同一性がないので，正しくは「Aが，平成24年4月1日，Bに対し，甲自動車を代金100万円で売ったことは否認する。同日成立したのは，代金を10万円とする売買であった。」というふうに，理由付否認（規則79条3項）と理解すべきなのである。

(3)　**否認と抗弁の違い**――**主張立証責任**

　これまで出てきた話を簡単にまとめてみる。
　原告は，訴訟物である請求権の存在を主張立証するために，その発生を基礎づける具体的事実（請求原因事実）を主張立証しなければならない。原告がその立証に失敗し，請求原因事実が認定できない場合は，その時点で勝負がつく。裁判所は，請求棄却判決をすることになる。なお，ここにいう「請求原因が認定できない場合」とは，「請求原因が認定できる場合以外全て」という意味であり，積極的に「請求原因が存在しないことが認定できる場合」のほか「請求原因が存在するかしないか分からない場合（真偽不明）」も含む。
　一方，原告の主張する請求原因事実が認定できる場合は，原則として，訴訟物である請求権は存在すると判断されるから，そのままでは請求認容判決がされることになる。被告は，そうならないために，例外事情として，訴訟物であ

る請求権が消滅したとか，その発生が障害されたとか，その権利行使を一時阻止すべき事情があるということを抗弁として主張立証し，請求棄却判決を求めるわけだが，例外事情は，例外であると主張する側，つまり被告がその主張立証をしなければならない。

そうすると，被告にとって，請求棄却判決を得るために，大きく分けて2つの手段があることが分かる。1つ目は，原告の請求原因事実の立証を失敗させること。これは，請求原因の**否認**である[7]。2つ目は，被告が抗弁の主張立証に成功すること，である。

抗弁と請求原因の否認との最大の違いは，**主張立証責任**の所在である。つまり，抗弁は，被告が主張立証責任を負うので，被告は抗弁の要件事実につき**本証**をしなければならないのに対し，請求原因の否認は，原告が主張立証責任を負う請求原因事実を争うものなので，被告としては**反証**をして真偽不明に持ち込めさえすれば勝てるのである。

(4) 法律要件分類説

ある要件事実の主張立証責任をどちらが負うのか。真偽不明の場合のリスクを負担することを考えれば，これは重要な問題である。被告としては，自分が主張立証責任を負う抗弁を主張するよりも，相手が主張立証責任を負う請求原因事実の否認をする方が有利である。

実務では法律要件分類説という考え方に従って主張立証責任の分配がされている。例えば，「各個の法規における構成要件の定め方を前提として，その要件の一般性・特別性，原則性・例外性，要件によって要証事実となるべきものの事実的態様とその立証の難易等を考慮して，主張立証責任の分配を考える立場である」と説明されている（『一審解説』8頁等）が，平たくいえば，**自分に**

---

7) 認否の機能　認否には，認める，否認，不知，沈黙（認否しない）の4つの態様がある。ある要件事実の主張について，相手方が「認める」と主張した場合は，裁判上の自白が成立する。その結果，その要件事実は立証がなくても当然に認定される（法179条）ので，その要件事実の存否は争点ではなくなる。これに対し，「否認する」と主張した場合は，その要件事実を主張する者は証拠により証明しなければならないから，その要件事実の存否が争点になる。相手方が主張する要件事実に対し的確な認否を行うことで，何が争点で何がそうでないのか明らかになるのである。不知と沈黙の場合の効果については，自分で民事訴訟法の条文に当たってみよう。

有利な法律効果を発生させる要件事実は自分で主張立証しろという，Do it yourself な説である。

(5) 否認と抗弁——法律要件分類説の具体的な検討

例えば，先ほどの売買の事案（**事例1**）で，原告Aは，実は被告Bと直接に売買契約を締結したのではなく，Bの代理人であるPとの間で売買契約が成立したと主張しているとする。原告Aが主張立証すべき請求原因事実は，民法99条の条文を見ると，①AはPに甲自動車を100万円で売ったこと（法律行為），②その際，PはBのためにすることを示したこと（顕名），③売買契約締結に先立ってBはPに代理権を授与したこと（代理権授与）である。

被告Bが，Pに代理権を授与していないから売買契約の効力はBに帰属しないと主張して争う場合，これは請求原因事実のうちの③代理権授与の事実に対する否認である。請求原因事実については原告Aが主張立証責任を負うから，Aは，代理権授与の事実を立証しなければならず，真偽不明になった場合は敗訴リスクを負う。

ところが，時々，被告Bの主張は「無権代理の抗弁」であると答える者がいる。これは誤りであるが，なぜ誤りなのか。

原告Aが請求原因事実として「代理権の授与」の主張立証をする一方で，被告Bが「無権代理の抗弁」の要件事実として「代理権の授与の不存在」を主張立証しなければならないとすれば，代理権授与の存否に関する主張立証責任が，原告被告のどちらにあるか分からず，真偽不明になった場合には結論が出せないからである。

しからば，原告Aは③代理権授与の事実の主張立証責任を負わず（請求原因事実として①法律行為と②顕名だけ主張立証すればよい），被告Bが「無権代理の抗弁」の主張立証責任を負うとすればよいのか。主張立証責任がどちらにあるか分からない事態よりはましであるが，このような主張立証責任の分配は，民法99条1項の文言や，「意思表示はこれを行った者についてその法律効果を生じる」という私法上の大原則とも整合しない（代理制度は大原則の例外だから，例外を主張する側が主張立証責任を負うのが自然な構造である）。また，実務的にも，ある事実の不存在の立証をさせることは非常に困難を強いることであり，妥当で

はない[8]。法律要件分類説の立場からは，このような主張立証責任の分配は適切でない，ということになろう。

III 主張立証責任を意識して条文や判例を見てみると

　代理の話が出たついでに，表見代理の規定の条文を見てみよう。

　民法109条本文は，「第三者に対して他人に代理権を与えた旨を表示した者は，その代理権の範囲内においてその他人が第三者との間でした行為について，その責任を負う。」と規定する。

　先ほどの売買の事案（**事例1**）で，原告Aが民法109条の表見代理を主張する場合は，①法律行為と②顕名を請求原因事実として主張すべきことは有権代理の主張の場合と同じであるが，③売買契約締結に先立ってBはPに代理権を授与したこと（代理権授与）に代えて，③′売買契約に先立ってBはPに代理権を授与する旨の表示をしたこと（代理権授与表示）を主張することになる[9]。

　そして，同条但書は，「ただし，第三者が，その他人が代理権を与えられていないことを知り，又は過失によって知らなかったときは，この限りでない。」と規定していることからすれば，被告Bは，Aが代理権が授与されていないことにつき悪意又は過失があることを抗弁として主張することができる。

　一方で，民法110条は，「前条本文の規定は，代理人がその権限外の行為を

---

8) 代理権の存在の証拠としては，委任状が用いられることが多い。実際に代理権が授与されていれば，通常，Bは委任状を作成して代理人Pに与えているであろうから，Pが契約時にAに対し委任状又はその写しを交付しておけば，Aは容易に代理権授与の事実を立証することができる。逆に，「代理権の不存在の証拠」を提出することは困難である。このような事実の不存在の証明の困難さを表すものとして，「悪魔の証明」という言葉が使われる。この言葉は格好良さがあるせいか（笑），試験やレポートで使いたがる学生が多い。

同じような理由で，債務不履行解除という法律効果を主張する債権者は，債務の発生原因事実，履行期の経過，催告及び解除の意思表示の各事実を要件事実として主張すれば足り，「債務者が債務を履行しなかったこと」を主張する必要はない。債務者において，「債務の履行をしたこと」を抗弁として主張すべきである。「債務を履行しなかったこと」を直接立証することは困難であるが，「債務の履行をしたこと」の証拠は，例えば債権者から受け取った領収証を提出するという方法がある。

9) 表見代理の主張は，有権代理とは別個の攻撃防御方法（この場合は請求原因）を構成すると解される。

した場合において，第三者が代理人の権限があると信ずべき正当な理由があるときについて準用する。」と規定している。

なぜ，民法110条は，民法109条のように，「前条本文の規定は，代理人がその権限外の行為をした場合にも準用する。ただし，第三者が権限外の行為であることを知り，又は過失によって知らなかったときは，この限りでない。」というふうに規定しなかったのだろうか。もちろん，立法者の気まぐれではなく，ちゃんとした理由があって書き分けたものである。

本人が代理権授与の表示をした場合には，通常，第三者は，素直に代理人には代理権があるのだろうと信じて，安心して取引をする。したがって，第三者は，悪意又は有過失であるという例外的な事情がない限り，保護されるべきである。また，真実は代理権が授与されていないのにまぎらわしい代理権授与表示をした本人は落ち度があるから，保護の必要性は低い。民法109条は，このような価値判断の下で，原則は表見代理成立としつつ，例外として第三者が悪意又は有過失の場合に限り表見代理不成立とする規定なのである[10]。繰返しになるが，例外はそれを主張する者が主張立証すべきであるから，表見代理不成立を主張する本人の側が，第三者の悪意又は有過失であることを抗弁として主張立証しなければならない。

これに対し，代理人が権限外の行為をした場合は，第三者が権限内の行為であると信ずることが通常であるとまではいえないし，本人の落ち度も軽微である（権限外の行為をするような奴を代理人にした点に落ち度がある）。そうすると，第三者は，自分が正当事由を有すること（権限内の行為であると過失なく信じたこと）の主張立証に成功して初めて表見代理が成立し，保護を受けることができるのである。したがって，原告Aは，民法110条の表見代理を主張する場合は，①法律行為と②顕名のほかに，③基本代理権の存在，④Aは代理人Pに当該法律行為に関する代理権があると信じたこと，⑤Aが上記のように信じ

---

[10] 実は，かつての民法109条は，「第三者ニ対シテ他人ニ代理権ヲ与ヘタル旨ヲ表示シタル者ハ其代理権ノ範囲内ニ於テ其他人ト第三者トノ間ニ為シタル行為ニ付キ其責ニ任ス」とだけ規定しており，現在の民法109条の但書に相当する部分が存在しなかったが，最判昭和41・4・22民集20巻4号752頁が，本人が第三者の悪意又は有過失を証明することで責任を免れる旨の判断をしていた。平成16年の民法改正は，条文を現代語化するとともに，上記最高裁判決の趣旨を踏まえ，但書の部分を加えることで，本文で説明した構造を明確にしたものである。

たことにつき正当な理由があることを請求原因事実として主張立証しなければならない。

要件事実論は実体法の解釈論から独立したものではなく，相互に関連するものである。このように，要件事実を勉強することによって，実体法の構造が見えてくる。

IV　実務的な主張立証責任の分配

> **事例3**
> 問屋Eが，小売店Fに対し，平成22年4月1日から平成24年12月31日にかけて，多数の商品を掛売りしたが，Fは資金繰りが苦しく徐々に代金の払いが遅れるようになったので，EとFは，平成25年2月1日，溜まった売掛金合計100万円を消費貸借の目的として，弁済期を平成25年10月31日とする旨の準消費貸借契約を締結し，その旨の契約書を作成した。しかし，Fは，未払いの売掛金など存在しないと主張して弁済期に100万円を支払わなかったので，EはFに対して訴訟を起こした。

準消費貸借契約に基づく金銭支払請求の場合の要件事実について考えてみる。まず，どんなときも基本は条文だ。民法588条を見てみる。

「消費貸借によらないで金銭その他の物を給付する義務を負う者がある場合において，当事者がその物を消費貸借の目的とすることを約したときは，消費貸借は，これによって成立したものとみなす。」

条文の構造からすれば，「消費貸借によらないで金銭その他の物を給付する義務」（以下「旧債務」という）の存在が，準消費貸借契約に基づく金銭支払請求のための要件（請求原因事実）になっているように思われる。先ほど説明したように消費貸借契約は要物契約であって返還の合意に加えて目的物の交付が要件事実となっていることと比較しても，バランスがよい感じだ。

そこで，請求原因事実を，①旧債務の発生原因事実（**事例3**の場合はE・F間の売買契約の成立），②旧債務を目的とする準消費貸借の合意，③弁済期の合

意，④弁済期の到来とする考え方が成り立つ（**原告説**）。司法研修所監修・前掲注2）47頁は，この原告説に基づき要件事実整理をしている。

ところが，裁判実務では，旧債務については，準消費貸借契約の成立を主張する者（本件ではE）が主張立証責任を負うのではなく，準消費貸借契約に基づく債務の存在を争う側（本件ではF）がその不存在の主張立証責任を負うとされる（**被告説**。最判昭和43・2・16民集22巻2号217頁）[11]。すなわち，原告Eは，上記の②ないし④のみを請求原因事実として主張立証すればよいのである。

被告説に対しては，被告が旧債務の不存在の主張立証責任を負うというのは，前掲注8）の「悪魔の証明」であって被告に過酷な主張立証責任を負わせるものではないか，という批判が考えられる。しかし，実務においては，意外にも原告が旧債務の発生原因事実の主張立証をする方が大変なことが多い。なぜかというと，準消費貸借契約は，**事例3**のように溜まった売掛金や，既に弁済期を経過した貸付金を旧債務として締結されることが多い。そして，準消費貸借契約が締結されると，債権者は，安心して旧債務の記載された売掛帳簿や，旧債務の借用証書を破棄してしまうことがあるのである。

そして，先ほど説明した原則例外思考によれば，EとFは，通常は旧債務があるからこそ準消費貸借の合意をするのであり，旧債務が存在しないのに準消費貸借の合意をしたということは，何かよほど例外的な事情があるからだ，とも考えられる。したがって，実務上の通説である被告説も，法律要件分類説の考え方に照らして不当というわけではないのである。

民事

11）「原告説」と「被告説」は，「主張立証責任を負うのが原告説」と「主張立証責任を負うのが被告説」の略である。なお，被告説によっても，旧債務の発生原因について主張立証責任は負わないものの，その発生原因を特定する必要はある。

講義2 要件事実の基礎（その1）

民事裁判実務の基礎

講義 3 要件事実の基礎(その 2)

V 所有権の事例

　講義2では，要件事実論の基礎的な概念を説明した。講義3では，所有権に基づく請求を例に，もう少し複雑な要件事実を含む事案を取り上げる。

1 基本設例——Xの主張

> 　Xは，甲土地を平成23年6月1日にAから代金1000万円で買った。ところが，現在，Yが甲土地を駐車場として使用，占有しているので，これを明け渡してもらいたい。Xは，Yを相手取り，所有権に基づく返還請求権としての土地明渡請求権[1]を訴訟物として選択し，訴えを提起した。
> 　請求の趣旨は，「被告は，原告に対し，別紙物件目録記載の土地を明け渡せ。」である。

2 請求原因事実——「もと所有」とは何か？

(1) 訴訟物である請求権，すなわち所有権に基づく返還請求権としての土地明渡請求権を発生させる請求原因事実について考える。①Xの甲土地所有と②Yの甲土地占有が請求原因事実であることは問題ない。Xは，このほかに，「③Yが甲土地の占有権原を有していないこと」を請求原因事実として主張す

---

[1] 所有権に基づく物権的請求権に関する規定は民法上存在しないが，物に直接の支配を及ぼすことを権利内容とする所有権の性質上，所有権に基づく物権的請求権は当然に存在すると解される。占有訴権における占有回収，占有保持及び占有保全の3類型に対応して，他人の占有によって所有権が侵害されている場合の返還請求権，占有以外によって侵害されている場合の妨害排除請求権，物権侵害のおそれのある場合の妨害予防請求権の3類型に分類するのが一般的である。

べきか。占有者が占有物について行使する権利は適法に有するものと推定される（民188条）ので，Xの側でYの占有が適法でないこと，すなわちYに占有権原がないことを主張立証しなければならないようにも思われるが，判例（最判昭和35・3・1民集14巻3号327頁）や通説は，占有権原があると主張する側，本件では占有者Yが占有権原を抗弁として主張立証すべきであると考えている。**講義2**で説明した原則例外思考によれば，ある物は，所有者が占有しているのが普通であり（原則），それ以外の者が占有しているとすれば，それには何か特別な理由がある（例外）はずだから，例外が存在することにより利益を受ける側，すなわち占有権原の存在を主張する占有者Yが，占有権原の発生原因事実を抗弁として主張立証すべきである。また，Xの側でYの占有権原の不存在，すなわちYが賃借権，使用借権，地上権その他いかなる使用権原も有していないことを証明するのは，Xに困難を強いるものであり相当ではない（悪魔の証明）。Yに使用権原の発生原因事実，例えば賃貸借契約の成立とそれに基づく引渡しなどを主張立証させる方がよいのである（仮にYが賃借権を有するなら，賃貸借契約書を所持しているのが普通である）。

(2)　さて，ここで，読者の皆さんには一つ疑問を持ってもらいたい。
　「所有」というのは，事実ではなく法律効果ではないのか？　**講義2**「**要件事実の基礎（その1）**」のⅡ2で，要件事実とは法律効果を発生させる法律要件に該当する具体的事実であると述べたが，そうすると，「所有」は要件事実に当たらず，「所有」という法律効果を発生させる要件である具体的事実を主張しなければならないのではないだろうか。
　所有権の取得には原始取得と承継取得があるが，土地所有権の場合，取得時効等を除けば，通常は承継取得である。そこで，Xは，Aから甲土地を買ったことを請求原因事実として主張することになる。しかし，もしも売主Aが無権利者であれば，売買契約自体は他人物売買として成立するとしても，Xは甲土地の所有権を取得できない。そうすると，Xは，「Aから甲土地を買った」ことのほか，「Aは売買当時甲土地を所有していた」ことを主張しなければならない。そうすると，今度は，XはAがその前所有者から所有権を取得した事実を主張しなければならない（以下繰返し）……ということになり，墾

田永年私財法[2]まで遡ってしまう（笑）。

このように問題を複雑化することは適正迅速な民事訴訟の解決という目的に反する。そこで，所有権については，「法律効果そのものを主張するのではなく，その法律効果の発生を基礎づける具体的事実を主張する」という要件事実論の基本ルールを修正して，所有権の存在につき当事者間に争いがない時点，すなわち**権利自白**[3]が成立する時点では，所有権という法律効果そのものを要件事実として主張してよいという例外的なルールがある。この争いのない時点の所有を**もと所有**という。これを基点として，その後は所有権移転という法律効果の発生を基礎づける具体的事実（売買等）を主張していくわけである。ご都合主義ということなかれ。要件事実は適正迅速な民事訴訟を実現するためのツールであるのだから，要件事実のルールを厳守することでかえって適正迅速が失われる場合では，例外を設けることも許されるのである[4]。

3 もと所有の3つの類型

権利自白の成立する時点については，被告Yの争い方に応じて，原告Xの現在の所有につき権利自白が成立する場合（以下「第1類型」という），原告Xの過去の所有につき権利自白が成立する場合（以下「第2類型」という），原告Xの所有につき権利自白が成立しない場合（以下「第3類型」という）に類型化することができる[5]。なお，以下では，Yが現在甲土地を占有していることは，争いがない事実（法179条）であるとする。

---

2) 西暦743年。同法の施行により公地公民の制が骨抜きになり，荘園が盛んになった。なお，京都地裁に勤務したことのある知人から聞いた話によると，某寺社が当事者となった土地所有権をめぐる訴訟で，「足利なんとか将軍から交付された書面」が書証として提出されたことがあったそうである。

3) 本来の意味での自白とは，相手方の主張する要件事実，すなわち具体的事実について，その存在を認めることである。所有権の自白は，厳密にいえば上記の自白とは異なるため，区別する意味で権利自白という。

4) それでは占有はどうか。代理占有（民181条）が認められるなど，かなり抽象化した概念のような感じがする。実際に，占有の有無が争いになっている事案では，単に「占有している」という主張では足りず，より具体的な所持の事実を主張しなければならないことも多い。もっとも，民法上の占有は事実概念であるというのが基本であり，当事者間に争いがない事案では，「占有している」とだけ主張すればよいとされている（司法研修所編『改訂紛争類型別要件事実』〔法曹会，2006年〕50頁，『新問題研究』63頁）。

(1) **第 1 類型**

> **設例 1：Y の反論 1**
> 　訴状を受け取った Y は驚いた。私は，X から平成 24 年 4 月 1 日に甲土地を賃料月額 3 万円の約束で借り受けて，現在に至るまで駐車場として使用しているのだ。はっ，まさかエイプリルフールというオチか？

　第 1 類型は，Y が，X が現在所有権を有していることを争わない場合である。Y の現在占有も争いがなければ，請求原因事実は認められるので，Y は何か抗弁を主張しないと請求認容の判決がされてしまう。そこで，Y は，例えば，「X の所有権は認めるが，Y は賃借権などの占有権原がある。」と主張することが考えられる。

　この場合，X の現在の所有につき権利自白が成立するので，X は，① X の現在の所有と② Y の現在の占有を請求原因事実として主張すればよい。「Y が占有権原を有していないこと」を X が請求原因事実として主張する必要はないことは，先に説明したとおりである。Y は，賃借権などの占有権原の発生原因事実を，抗弁として主張立証することになる。この抗弁を，**占有権原の抗弁**という（占有正権原の抗弁と書いてある本もあるが，意味は同じ）。

　Y の占有権原の抗弁に理由があれば，X の請求は棄却されてしまうので，X は，例えば，「Y に甲土地を貸したことはない。」と否認することが考えられる。この場合の双方の主張を図示すると，次のようになる。

5）　権利自白の成立する時点については，①本文のような考え方（司法研修所編・前掲注 4) 47 頁）と，②被告の認否のみならず抗弁の内容も考慮して権利自白の成立する時期を定める考え方がある。①の考え方が実務上の通説であるが，近時の司法研修所は両論を併記しつつも②の考え方に基づいた説明をしている（『新問題研究』112 頁）。本講座の連載が進むにつれて**講義 4「争点整理（その 1）」**担当の髙原先生が②の考え方に基づいた説明をしていることを知り（本書 78 頁参照），単行本化に際して，読者の混乱を防止するため②の考え方に基づき本稿を改訂すべきか否か最後まで迷ったが，結局，そのままとした。学生のためなら改訂の労を惜しむこころせんせーではない。本来，被告の主張する登記保持権原の抗弁（障害の抗弁）の要件事実であるはずの「抵当権設定契約当時に抵当権設定者（X）が目的不動産を所有していたこと」を請求原因事実として摘示することと，**講義 2** で説明した法律要件分類説との整合性が，どうしても腑に落ちないだけである。

請求原因				占有権原の抗弁			
あ	X	甲土地所有	〇	←	カ	X・Y	平成24年4月1日甲土地賃貸借	×
							賃料　月3万円	
い	Y	甲土地占有	〇		キ	X→Y	同日(カ)に基づく甲土地引渡し	×

　このように，請求原因や抗弁などの攻撃防御方法を図式化したものをブロック・ダイアグラムという。認否は，自白を「〇」，否認を「×」，不知を「△」と表示し，顕著な事実（法179条）は「顕」と表示するのが通例である。

(2)　**第2類型**

　　設例2：Yの反論2
　　　Yは，次のように主張している。
　　　Xが甲土地を平成23年6月1日にAから代金1000万円で買ったことは認めよう。しかし，Xは甲土地を同年9月1日にBに対し代金1100万円で転売し，私は同年10月1日にBから甲土地を代金1200万円で買い受けた。したがって，Xは無権利者であり，Xの請求は棄却されるべきである。

　第2類型は，Yが，Xが現在所有権を有していることは争うが，過去のある時点において所有権を有していたことは認めると主張し，同時点で権利自白が成立する場合である。ということは，Yは，過去のある時点以降現在までの間に，Xが所有権を失った，例えば，Xは甲土地を誰かに売ったとか，贈与したなどと主張しているわけである。その誰かとは，必ずしもYでなくてもよい（**設例2**のように，第三者Bに対してでも構わない）。Xが所有権を失ったのであれば，その所有権を取得したのがYであってもそれ以外の誰かであっても，Xの所有権に基づく請求が棄却されるという結論に違いはないからである。
　この場合，Xは，請求原因事実として，①Xの過去のある時点（基準時から遡って最も近い権利自白が成立する時点）における所有と，②Yの現在の占有を請求原因事実として主張すれば足りる。Xが，過去のある時点から現在（基準時）までの間，所有権を失わなかったという事実を主張立証する必要はない。

Xが過去のある時点で甲土地を所有していたのなら，その後所有権が失われたという例外的な事情をYの側で抗弁として主張立証しない限り，原則として現在もXは甲土地を所有していると考えるべきだからである（**講義2**で説明した原則例外思考を思い出してほしい）。このYの「Xの所有権が失われた」という抗弁を，**所有権喪失の抗弁**という。

　所有権喪失の抗弁として，Yは，X・B間の売買のみを主張立証すればよく，その後のB・Y間の売買を主張立証する必要はない。むしろ，要件事実論というレベルでは，B・Y間の売買は不必要な主張（過剰主張）である。X・B間の売買が認定されれば，物権的請求の前提となる所有権を失ったXは，B・Y間の売買の存否にかかわらず，どのみちYに対し所有権に基づく請求をすることはできない。また，X・B間の売買が認められないのなら，B・Y間の売買についての判断がどのようなものであっても，Yの所有権喪失の抗弁は理由がないことになる。すなわち，B・Y間の売買の存否は，結論に影響しないのである。

　また，最判昭和33・6・20民集12巻10号1585頁によれば，売主の所有する特定物の売買については売買契約の締結によって原則として買主に所有権が移転する効果が生じるので，Yは，X・B間の売買のみを主張すればよく，Bが代金を支払ったことや，Bに対して引渡しがされたことを主張する必要はない。

　Yの所有権喪失の抗弁に理由があれば，Xの請求は棄却されてしまうので，Xは，例えば，「Bに甲土地を売ったことはない。」と否認することが考えられる。この場合のブロック・ダイアグラムを図示すると，次のとおりである。

請求原因		
あ	X　平成23年9月1日当時 甲土地所有	○
い	Y　甲土地占有　○	

←

抗弁（所有権喪失－売買）		
カ	X・B　平成23年9月1日 甲土地売買 代金1100万円	×

　また，Xは，X・B間に売買契約が締結されたことは認めるが，Bの債務不履行により解除したという主張をすることもある[6]。これは，Xの**再抗弁**にな

る。再抗弁とは，抗弁と両立し，抗弁の効果を覆して請求原因の効果を復活させる原告の主張である。X・B間の売買契約を解除したという主張は，抗弁であるX・B間の売買契約締結の主張と両立し，抗弁の効果であるXからBへの所有権の移転の効力を失わせて，請求原因の効果，すなわち訴訟物である請求権を復活させるものである。なお，再抗弁と両立しその効果を覆す被告の主張は「再々抗弁」といい，その後も「再々々抗弁」……と続く。

(3) 第3類型

> **設例3−1：Yの反論3**
> Yは，次のように主張している。
> XがAから甲土地を買ったなどという話は聞いたことがない。私は，Aから甲土地を平成23年6月5日に代金300万円で買い，同日，所有権移転登記手続もした。したがって，所有者は私である。

第3類型は，Yが，Xの所有権を過去も現在も認めないと主張する場合である。この場合，Xは，前所有者の所有につき権利自白が成立する時点まで遡って，そこから所有権取得原因の事実を主張する必要がある。

Xは前所有者Aから平成23年6月1日に甲土地を買ったと主張しているのに対し，Yも同月5日にAから甲土地を買ったと主張しているのだから，Yは，XがAから甲土地の所有権を取得したことは争うが，かつてAが甲土地を所有していたことは争わないであろうと考えられる。

この場合に，基準時から遡って最も近い権利自白が成立する時点は，平成23年6月1日である（6月5日ではないことに注意）。したがって，Xは，請求原

---

6) 請求原因を否認しつつ抗弁を提出したり，抗弁を否認しつつ再抗弁を提出することも許される。
抗弁は，「請求原因と両立し，かつ，請求原因によって発生する法律効果を覆す被告の主張」なので，両立を重視する余り，請求原因事実を否認する場合は抗弁を提出できないと誤解する学生もいるが，「請求原因事実は否認するが，認められた場合に備えてこれと両立する抗弁を提出する」という訴訟行為を否定する理由はない。例えば，原告Xが20年前に貸した金を返せと訴えた場合に，被告Yが「金を借りたことはないし（請求原因事実の否認），もし借りたとしても消滅時効が完成している（消滅時効の抗弁）」と主張する場合を考えれば分かりやすいだろう。
被告Yが，「金を借りたことはないし（請求原因事実の否認），もし借りたとしても返した（弁済の抗弁）」と主張することも，理論的には可能である（実際の訴訟でこのような主張をすべきかは別であるが）。

因事実として，①Aが平成23年6月1日に甲土地を所有していたこと，②Aは，同日，Xに対し甲土地を代金1000万円で売ったこと，③Yが甲土地を現在占有していることを主張すべきである。これに対するYの抗弁は，後で説明する。

(4) 3つの類型に整理する時期

こうしてみると，Yの争い方によって，Xが主張すべき請求原因事実は異なることに気がつく。

事前交渉によりYの主張が分かっている場合，訴状提出の段階でそれに合わせた類型の請求原因事実を記載することができるが，そうでない場合は（事前交渉時にYに代理人弁護士がついていないと，主張がはっきりしないことも多い），Yが提出した答弁書を見てようやくどの類型に当てはまるか明らかになる。その場合は，Xは，準備書面で請求原因事実を追加，修正しなければならないが，それで構わない。第1回口頭弁論期日では不十分であっても，基準時，すなわち口頭弁論終結時までに，要件事実の主張のやりとりがされて，最終的に必要な主張が揃えばよいのである[7]。この過程が**争点整理**である。

4 対抗要件具備による所有権喪失の抗弁

設例3の事案をもう少し検討してみよう。Yは，Aから甲土地を平成23年6月5日に代金300万円で買った（第2売買）と主張しているから，Aを起点としてXとYに甲土地が二重譲渡された事案であるということが分かる。Yが所有権移転登記手続をして対抗要件を具備したというのであれば，Yは確定的に所有権を取得し，これによってXは第1売買でいったん取得した甲土地の所有権を確定的に失ったことになる。

したがって，Yは，①Aから甲土地を平成23年6月5日に代金300万円で

[7) 実務では，争点整理を弁論準備手続（法168条）で行うことが多く，弁論準備手続終結までに証拠により争いのある事実（証拠により証明すべき事実）が明確になり，これを集中証拠調べで立証する（その流れは，**講義1**「民事裁判の流れ」にまとめられている）。弁論準備手続においては，要件事実レベルで主張を整理し，何が争いのある事実かを確認する争点確定の作業と並行して，争いのある事実を認定するための証拠の提出や，間接事実の拾い出し，突き合わせの作業も行う。このへんの動的なプロセスは非常に面白いので，司法修習生になったらぜひ見てほしい。

買ったこと，②それに基づく所有権移転登記手続をしたことを，対抗要件具備による所有権喪失の抗弁として主張することができる[8]。

請求原因		
あ	A	平成23年6月1日当時甲土地所有 ○
い	A・X	同日甲土地売買代金1000万円 △
う	Y	甲土地占有 ○

←

抗弁		
カ	A・Y	平成23年6月5日甲土地売買代金300万円
キ	A→Y	同日甲土地につき，(カ)に基づく所有権移転登記

　なお，所有権に基づく物権的請求の事案では，どの類型でも，請求原因の(あ)に対する認否は，自白（○）になるはずである。所有権に争いがなく権利自白が成立する時点を「もと所有」として，そこを基点に所有権取得原因の事実を請求原因事実として記載していくのだから，そういう認否にならなければおかしい。ブロック・ダイアグラムを組んでみて請求原因の(あ)に対する認否が自白（○）以外になってしまった場合は，本当にその時点を「もと所有」としていいのか，もう一回見直していただきたい。

5　再抗弁——背信的悪意者排除理論

(1)　A・Y間で売買契約が締結され，これに基づく所有権移転登記手続も済んでいるのであれば，XはYに所有権を対抗できない。要件事実的にいえば，Xの土地明渡請求訴訟は，Yの対抗要件具備による所有権喪失の抗弁に理由があるので，請求棄却になってしまう。

---

[8]　設例の事案では，上記②に代えて，「②′ Xが対抗要件を具備するまでXの所有権取得を認めない」ことを主張し，対抗要件の抗弁（権利抗弁）を主張することもできる。しかし，不動産の二重譲渡の場合で，Y自身が対抗要件を具備しているときは，Yの主張は，Xの所有権を認めた上で対抗要件を具備するまでYに対する権利行使を認めない，と主張しているのではなく，Yが確定的に所有権を取得しXは所有権を喪失したと主張していると理解するのが合理的であろう（司法研修所編・前掲注4)57頁参照）。したがって，通常は，対抗要件具備による所有権喪失の抗弁を主張しているものとして扱う。

> **設例 3－2**
> **設例 3**（Y の反論 3）に対し，X は次のように反論する。
> 　甲土地は，本来 1000 万円の価値がある。Y は甲土地を破格の安値である 300 万円で買ったというが，これはおかしい。そういえば，Y とは昔から仲が悪く，以前，Y は機会があれば X を痛い目にあわせてやると発言していた。Y は X に損害を与える目的で甲土地を買ったに違いない。

(2)　最高裁判例[9]は，二重譲渡における優劣関係について，第 2 譲受人は悪意であっても構わないが，第 1 の物権変動の登記の欠缺を主張することが信義に反すると認められる事情がある場合は，民法 177 条の「第三者」に当たらず，第 1 譲受人は登記なくして第 2 譲受人に権利取得を主張できるとする（背信的悪意者排除理論）。

　X は，この判例理論に従い，Y が背信的悪意者であることを再抗弁として主張することが考えられる。前記のとおり，再抗弁とは，抗弁と両立し，抗弁の効果を覆して請求原因の効果を復活させる原告の主張である。Y が背信的悪意者であることは，抗弁の要件事実である A・Y の売買及びこれに基づく所有権移転登記と両立し，かつ，「Y が確定的に所有権を取得し，X が所有権を失う」という抗弁の効果を失わせる。そうすると，請求原因の効果が復活し，原告は請求認容判決を得られるのである。上述した最高裁判例の考え方からすれば，背信的悪意者の再抗弁は，「Y が背信的悪意者である」という 1 つの要件事実ではなく，「Y は A・X の売買契約につき悪意である」と，「Y が X の登記欠缺を主張することが信義に反する」という 2 つの要件事実から成ると考えるべきであろう[10]。

6　規範的要件事実

(1)　さて，賢明な読者の皆さんは，**講義 2** では，要件事実とは法律効果ではな

---

[9]　最判昭和 43・8・2 民集 22 巻 8 号 1571 頁，最判昭和 44・1・16 民集 23 巻 1 号 18 頁等。どのような者が背信的悪意者に該当するかという判例の分析については，やや古くはなったが，北川弘治「民法 177 条の第三者から除外される背信的悪意者の具体的基準(1)～(4・完)」（判時 538 号 121 頁，541 号 105 頁，544 号 111 頁，547 号 107 頁〔1969 年〕）という優れた研究があるので，読んでみるとよい。

く具体的事実であるという説明があったのに、ここで、「信義に反する」という、事実そのものではない規範的評価が要件事実として出てきたことに違和感を抱いたと思う。しかし、民法などの実体法は、しばしば、このような規範的評価を要件としている。民法95条の「重大な過失」とか、民法110条の「正当な理由」などもそうだ。そのため、要件事実論でも、このような要件を扱わないわけにはいかない。規範的評価に関する要件事実を、**規範的要件事実**という[11]。

　ある規範的評価を成立させるには、その評価を根拠づける具体的な事実が必要である。「YがXの登記欠缺を主張することが信義に反する。」という規範的評価については、例えば、「Yの買値300万円は、時価に比べて著しく安い。」とか、「YはXと不仲であった。」などという事実が考えられる。このような規範的評価を成立させる具体的な事実を、**評価根拠事実**という。現在の通説である主要事実説は、「信義に反する」とか「正当な理由」という規範的評価自体は法的判断であり、この評価根拠事実が主要事実になると考えている[12]。

---

10)　近年では最高裁の背信的悪意者排除理論を批判する学説が有力である。例えば、内田貴『民法Ⅰ〔第4版〕』（東京大学出版会、2008年）458頁は、判例はどちらが先に対抗要件を備えて所有権を獲得するかは自由競争の問題であり善意悪意は関係ないというが、Aの所有する甲土地をXとYのどちらが先に買うかという場面では自由競争原理が働くとしても、いったんXが甲土地を買った後にYが二重に甲土地を買うのは自由競争の範囲外であり、むしろ横領の奨励であってそのようなYは保護に値せず、単純悪意者であっても民法177条の「第三者」に該当しないという。

　単純悪意者排除説や悪意・有過失者排除説を採用する場合は、Xの再抗弁の要件事実は異なってくる。例えば、単純悪意者排除説に立てば、Xは、「YがA・Xの売買契約につき悪意であること」のみを主張立証すればよい。**講義2**でも述べたが、要件事実論は実体法の解釈論から独立したものではない。実体法をどのように解釈するかによって、要件事実をどのように整理するか、構成が異なってくるものである。

11)　初学者の中には、「悪意」も規範的要件事実であると誤解し、「悪意であることの評価根拠事実……」という答案を書く者がいる。民法における善意・悪意とは、ある事柄——この場合にはA・X間の物権変動の事実——を知っている・知らないという意味であり、正義か邪悪かという意味ではないから規範的要件事実ではない。

12)　『新問題研究』141頁、司法研修所編『増補 民事訴訟における要件事実(1)』（法曹会、1998年）30頁。これに対して、規範的評価が主要事実で、評価根拠事実は間接事実であるという間接事実説もある。

(2) 規範的評価を根拠づける具体的な事実には，プラス方向の事実もあれば，その評価の成立を妨げるマイナス方向の事実もある。前者は評価根拠事実といい，当該規範的評価を肯定する側が主張する。後者は**評価障害事実**といい，規範的評価を争う側が主張する。例えば，上記設例で，Yは，「Yの自宅から公道に出る通路が狭いので，YはAに対し10年前から隣接する甲土地を売ってくれるよう頼んでいた。」という事実を，「YがXの登記欠缺を主張することが信義に反する」という規範的評価の成立を妨げる評価障害事実として主張することが考えられる。

評価障害事実で見落とされがちなのは，評価根拠事実と**両立する**事実であるという点である。例えば，Yが「Yの買値300万円は，時価に比べて妥当な値段である。」と主張する場合，これはXの主張する評価根拠事実「Yの買値300万円は，時価に比べて著しく安い。」と両立せず，これを否認しているのであって，評価根拠事実の主張をしているのではない。評価根拠事実と評価障害事実は，事実として両立しつつ，前者の効果である規範的評価の成立を後者が妨げるという関係になるから，評価障害事実は，評価根拠事実に対する抗弁のような役割を果たすことになる。本件の事例でいえば，評価障害事実は，背信的悪意者の再抗弁に対する再々抗弁になる。

もっとも，判断の手順は，通常の抗弁とはやや異なる。通常は，請求原因事実が認定された後に，それとは別個独立の抗弁の要件事実が認定されるか否かを検討するのであるが，規範的要件事実については，評価根拠事実が認定され当該規範的評価が一応成立するとされた場合に[13]，評価障害事実と評価根拠事実とを総合的に考慮して当該規範的評価が成立するかを検討するのである。

ブロック・ダイアグラムをまとめてみよう。請求原因と抗弁は，前掲62頁を再掲した。

---

13) 評価根拠事実が認定できず，当該規範的評価が一応成立すると判断することさえできない場合は，評価障害事実について判断するまでもなく当該規範的評価に関する主張（本件では背信的悪意者の再抗弁）は採用されない，ということになる。

請求原因		
あ	A	平成23年6月1日当時甲土地所有 ○
い	A・X	同日甲土地売買 △ 代金1000万円
う	Y	甲土地占有 ○

抗弁		
カ	A・Y	平成23年6月5日甲土地売買 代金300万円
キ	A→Y	同日甲土地につき，(カ)に基づく所有権移転登記

再抗弁	
さ	Yは(カ)の際に，(い)の事実を知っていた。
し	Yが背信的悪意者であることの評価根拠事実 ・Yの買値300万円は時価に比べて著しく低い。 ・YはXと不仲であった。

再々抗弁	
タ	Yが背信的悪意者であることの評価障害事実 ・Yの自宅から公道に出る通路が狭いので，YはAに対し10年前から隣接する甲土地を売ってくれるよう頼んでいた。

Ⅵ　終わりに

　2回の講義で，要件事実論のもっとも基礎的な部分は説明した。「予備的抗弁」や，いわゆる「せり上がり」，「a＋b」などのより難しい論点には意図的に触れなかったが，基礎的な考え方さえしっかり身につけておけば，読者の皆さんが法科大学院で講義を受けることなどによりこれらを理解することは容易であると信ずる。

民事裁判実務の基礎

講義 4

争点整理(その1)
——請求(訴訟物)，主要事実レベルの争点整理

以下の**事例1**を読み，それに続く**課題1**記載の各問について検討しなさい。

事例1

1　Xは，Y信用金庫を被告として，○○地方裁判所に抵当権設定登記抹消登記手続請求訴訟を提起した。Yは，第1回口頭弁論期日に先立ち答弁書を提出した。

2　第1回口頭弁論期日において，原告代理人甲野太郎弁護士は，訴状の「請求の趣旨」欄に記載された内容のとおりの判決を求め，請求の原因として「①原告は，別紙物件目録記載の土地建物(通称Xハイツ，以下「本件不動産」という)の所有者である。②本件不動産には，被告を抵当権者とする別紙登記目録記載2の抵当権(以下「本件抵当権」という)の設定登記(以下「本件登記」という)がされているが，③本件抵当権は，原告の長男Aが原告に無断で原告の実印等を使用して設定したものである。④よって，原告は，被告に対し，本件不動産の所有権に基づき，本件登記の抹消登記手続を求める。」旨陳述した。被告代理人乙野次郎弁護士は，答弁書に基づき，請求棄却の判決を求め，上記請求原因①②は認めるが，③の事実は否認する旨陳述した。そして，被告の主張として，⑤被告は，本件不動産の改装工事追加資金として，原告に対し，平成16年10月5日，金銭消費貸借契約証書(乙第3号証)により，500万円を元利均等払(平成16年11月から毎月20日限り元利金10万円を支払い，最終弁済日平成21年4月20日に残金全額を支払う)の約定で貸し付け(以下「本件貸付け」という)，⑥これを担保するため，原告

との間で，本件不動産に本件抵当権を設定することを抵当権設定契約証書（乙第4号証）により合意し，同合意に基づいて本件登記をし，⑦Aが連帯保証人となった旨陳述した。甲野弁護士は，被告主張はいずれも否認する旨口頭で陳述した。

　　なお，訴状の別紙物件目録及び別紙登記目録の記載は，右頁のとおりであるものとする。
3　裁判官は，被告に対して事実上の事項について一定の釈明を求め，乙野弁護士はその場で主張を適切に補充して陳述した。
4　裁判官は，甲第1号証（88頁の【資料】参照）及び甲第2号証（略），乙第1号証から乙第6号証まで（略）をそれぞれ書証として取り調べた。その際，甲野弁護士は，乙第3号証及び乙第4号証の成立の真正を争う予定である旨述べた。裁判官は，当事者双方の意見を聴いて本件を弁論準備手続に付する旨決定し，第1回弁論準備手続期日を指定した。

別紙　物件目録

物　件　目　録

1　所　　在　S市小島
　　地　　番　2124番3
　　地　　目　宅地
　　地　　積　554.11㎡

2　所　　在　S市小島2124番地3
　　家屋番号　2124番3
　　種　　類　共同住宅
　　構　　造　鉄筋コンクリート造陸屋根2階建
　　床 面 積　1階　302.12㎡
　　　　　　　2階　302.12㎡

別紙　登記目録

登　記　目　録

1　○○地方法務局S支局平成16年4月28日受付第1233号抵当権設定
　　原　　因　平成16年4月28日金銭消費貸借同日設定
　　債 権 額　金1000万円
　　利　　息　年3.25％
　　損 害 金　年18.25％（年365日日割計算）
　　債 務 者　S市小島2124番地1　X
　　抵当権者　N市大字泉平二丁目3番6号花輪ビル
　　　　　　　Y（S支店取扱）
　　共同担保　目録（せ）第295号

2　同支局平成16年10月5日受付第3133号抵当権設定
　　原　　因　平成16年10月5日金銭消費貸借同日設定
　　債 権 額　金500万円
　　利　　息　年3.25％
　　損 害 金　年18.25％（年365日日割計算）
　　債 務 者　S市小島2124番地1　X
　　抵当権者　N市大字泉平二丁目3番6号花輪ビル
　　　　　　　Y（S支店取扱）
　　共同担保　目録（あ）第334号

課題 1

問 1 訴状の「請求の趣旨」欄に記載されている内容を記載しなさい。ただし，別紙物件目録及び別紙登記目録を使用する形で記載し，付随的申立ては記載しないものとする。

問 2 本件訴訟の訴訟物は何か。なお，複数あると考える場合はそのすべてを答え，訴訟物の個数及び併合態様を併せて答えなさい。

問 3 請求原因（請求を理由づける事実）及びこれに対する認否を整理して記載しなさい。

問 4 裁判官が被告に対して釈明を求めた点は何か。結論を簡潔に示した上，その理由を実体法の解釈論を踏まえて説明しなさい。

問 5 上記問 4 の解答を踏まえて，抗弁事実及びこれに対する認否を整理して記載しなさい。

講義

I 講義の目的

　講義 4 及び講義 5 では，争点及び証拠の整理という視点で，民事訴訟実務の基礎科目において通常取り上げられる「要件事実の考え方」や事実認定の基礎的な理解が，民事訴訟でよく見受けられる類型の事件における手続の進展に伴ってどのように具体化されていくのかを，できるだけ明らかにしてみたい。特に，口頭弁論期日のみならず，一般公開が予定されていない弁論準備手続において，当事者や裁判所（官）がどのようなことを考えながら主張や証拠を整理しているのかの実情の一端を，少しでもイメージしてもらいたい。

　そのためには，口頭弁論終結時を想定した静的な当事者の言い分を列記した一般的によく見られる事例ではなく，同一事件を素材とした手続の進展に沿った事例を用いて，当事者及び裁判官の訴訟行為やその準備について考えてもらう必要がある。そこで，講義 4 及び講義 5 では，講義 3 までで取り上げられた

ものと異なる類型の訴訟を素材とした事例及びこれを前提とした課題を提示して，講義を加えていくスタイルで進めていくこととしたい。読者におかれては，まずは各課題について自分なりに検討した上で，講義の部分を読み進めてほしい。なお，以下では，『新問題研究』，『一審解説』を読んでいることを前提に解説を進めていく。

II 請求（訴訟物）レベルの争点整理

1 訴訟物の意義

民事訴訟においては，訴状に記載した請求の趣旨及び原因（法133条2項2号，規則53条1項）によって原告が特定した一定の権利又は法律関係の存否の主張（訴訟上の請求）について，その当否等に関し裁判所が公権的な判断をすることを終局的な目標として，当事者や裁判所の訴訟行為が積み重ねられていく。

その主張の内容である一定の権利又は法律関係を訴訟物といい，裁判所は，原告が定立した審判対象（訴訟物）及び範囲に拘束される（法246条。処分権主義の一つの現れである）[1]。原告が訴訟物として何を定立したかは，訴状の記載を合理的に解釈して判断する。

2 訴状「請求の趣旨」欄の記載（問1）

第1回口頭弁論期日における原告の陳述内容からすると，訴状では，原告が被告に対し，Xハイツ（本件不動産）の所有者であると主張して，被告名義の抵当権設定登記の抹消登記手続を求めていることが明らかである。

不動産を他の不動産と識別特定するに当たっては，**事例1**のように，別紙物件目録及び別紙登記目録の記載で特定するのが実務では通例であり，本訴状も同様である。これらの記載から，原告が「Xハイツ（本件不動産）」と称してい

---

[1] 訴訟上の請求や訴訟物の概念については，**講義2**「要件事実の基礎（その1）」と同様に『新問題研究』3頁，『一審解説』2頁で用いられている用語法にならった。
民事訴訟法の基本書等では，「訴訟物」を「訴訟上の請求」と同義で用いている例も多いので，自学自習の際には注意されたい。

るのは既登記建物 1 棟（物件目録 2）[2]及びその敷地である土地 1 筆（物件目録 1）の不動産 2 個であり，同土地建物には被告を抵当権者とする 1 番抵当権（登記目録 1）及び 2 番抵当権（登記目録 2）がそれぞれ設定されていることを読み取る必要がある。また，原告が抹消を求めている抵当権設定登記は別紙登記目録記載 2 の登記（本件登記）のみであることも分かる。

そうすると，訴状「請求の趣旨」欄には「被告は，別紙物件目録記載の不動産につき，別紙登記目録記載 2 の抵当権設定登記の各抹消登記手続をせよ。」との記載があると考えられる。

ここにいう「不動産」は土地建物の双方を含む趣旨で用いており，抵当権設定登記は土地建物ごとにされているので，各抹消登記手続を求めていることに注意が必要である。

なお，問 1 では「付随的申立ては記載しないものとする。」との指示があるので，例えば，訴訟費用を相手方の負担とする旨の裁判の申出は記載しない。また，権利に関する登記における登記権利者と登記義務者の共同申請の原則（不登 60 条）の例外として登記権利者が単独で登記申請をするためには「確定判決」によらなければならず（不登 63 条 1 項）[3]，**事例 1** の事案において，原告が付随的申立てとして仮執行宣言を求めていると考える余地はない。

3　訴訟物及びその個数等（問 2）

登記請求権に関する一般的解説は，『新問題研究』87 頁以下を参照されたい。

事例 1 では，上記 **2** で検討したとおり，原告は，本件不動産（建物 1 棟及び土地 1 筆）の各所有権に基づいて，被告名義の各抵当権設定登記のうち 2 番抵当権の設定登記（本件登記）に係るものの抹消を求めると主張しているので，現在の実体的な物権関係とそれを公示する登記との不一致を除去することを求

---

[2] 例えば，司法研修所編『10 訂 民事判決起案の手引』（法曹会，2006 年）18 頁以下。**事例 1** の末尾の記載例を参考に，ある程度具体的なイメージを持ってもらいたい。土地については，全部事項証明書（甲第 1 号証）のどの記載部分が物件目録や登記目録の中で用いられているのかを確認してほしい（物件目録に関し不登 27 条・34 条，登記目録に関し同 59 条・83 条・88 条）。なお，建物の表示に関する登記の登記事項については，同 44 条参照。

[3] 意思表示を命ずる判決は，給付判決の一種であるが，性質上仮執行宣言を付することができないというのが通説である。司法研修所編・前掲注 2) 29 頁参照。

めている。

　したがって、**事例1**で原告が定立した訴訟物は物権的登記請求権であり、その具体的内容は、伝統的な物権的請求権の3分類に従う場合、所有権に基づく妨害排除請求権としての抵当権設定登記抹消登記請求権である、ということとなる。

　そして、訴訟物の個数は、侵害されている所有権の個数と所有権侵害の個数によって定まるが、1棟の建物と1筆の土地の所有権2個が、それぞれの被告名義の1個の登記[4]によって侵害されているというのであるから、訴訟物の個数は合計2個（単純併合）となる。

> **補論1**
> **請求（訴訟物）の把握と争点整理との関係**
>
> 　請求（訴訟物）レベルでも、ある特定の権利（法律関係）を他の権利（法律関係）と識別特定する必要がある場合が少なくない（講義1「民事裁判の流れ」のⅢ「訴状の提出」参照。給付訴訟や形成訴訟において旧訴訟物理論を採る場合には、これに加えて、どの実体法的権利を主張しているのかを明らかにするための検討も必要となる）。**事例1**は、物（不動産）や登記の特定が問題となる事案であり、我が国の民法上、土地と建物は別の不動産であると扱われるというごく常識的な理解を具体的事案に当てはめることが求められる。甲野弁護士は正確な理解に基づいてコンパクトに訴状の記載をまとめていることがうかがわれるが、日常的な法律相談等の場面では、依頼者等が建物の登記を抹消すれば足りると思い込んでいる場面に遭遇することがある。そのような場合に、正確な法的理解に基づき、持参資料の追加等、適切な指示助言をすることが求められる。審判の対象となる権利が異なれば、それを理由付ける事実（主要事実。例えば所有権取得原因事実）も変わるのであるから、後述する主要事実レベルの争点整理をするに当たっても、おのずと影響が及んでいくことになる。その意味で、請求（訴訟物）レベルの争点整理（訴訟物の正確な把握と表記した方がより分かりやすかったかもしれない）が重要であることを改めて確認してほしい。
>
> 　なお、筆者の授業では、毎年、請求（訴訟物）が「請求の趣旨」と「請求の原因」で特定されること（法133条2項2号。この「請求の原因」概念は請求を特定するために必要な事実であり、主要事実レベルに関する「請求を理由づける事実」概念とは異なることを規則53条1項の条文で確認してほしい）を前提に、授業で取り上げた事案で

---

4) 登記記録は1筆の土地又は1個の建物ごとに作成される（不登2条5号）。

原告が定立した請求の趣旨（例えば「被告は，原告に対し，200万円を支払え。」という記載を想起されたい）で請求（訴訟物）は特定されているか，特定されていないと考える場合の原因はどの点にあるか，請求（訴訟物）を特定させるために，どのような点を法133条2項2号にいう「請求の原因」として明らかにさせる必要があるかを複数の学生に問うこととしていた。

Ⅲ 主要事実レベルの争点整理

1 実体法の構造を踏まえた攻撃防御の構造

　民事訴訟では，裁判所は，原告が訴訟物として定立した一定の権利（**事例1**では，土地建物の各所有権に基づく妨害排除請求権としての各抵当権設定登記抹消登記請求権）の存否について判断を求められることとなるが，権利や法律関係は観念的な存在であり，その存否を直接認識することはできない。そこで，裁判所は，民法等の実体法規を判断の基準（ものさし）として使っている。すなわち，実体法規において一定の要件が満たされればその効果として一定の権利が発生すると定め，又はそのように解釈されている場合に，裁判所は，この要件に該当する具体的な事実がいずれも存在するとの認識を通じて，当該権利が発生したものと判断する，という思考プロセスを経るのである。

　この点は，『新問題研究』5頁以下「要件事実とその役割」の解説を熟読されたい。同書8頁の「要件事実の機能」において「主張・立証責任の分配を踏まえて実体法規を分析し，当事者の求める法律効果を発生させるために必要な法律要件を明らかにした上で，それを構成する個々の要件ごとに，これに当てはまる要件事実に関する主張を具体的に検討していく」と端的に指摘されている段階的な思考プロセスを法科大学院課程の早い段階で身に付け，具体的事案に応じて使いこなすことができるようになることは，法律実務基礎科目のみならず，民事法全体の理解を促進することにつながるであろう。

補論 2
実体法規の分析の一端──民法 587 条を素材として

　後出の民法 587 条を素材に，実体法規の分析の一端を見てみよう。
　民法 587 条は「消費貸借は，当事者の一方が種類，品質及び数量の同じ物をもって返還をすることを約して相手方から金銭その他の物を受け取ることによって，その効力を生ずる。」と規定する。
　このような民法の規定振りは，消費貸借を含め，民法が定める 13 種類の典型契約の冒頭に置かれた規定（冒頭規定）に共通するものであるが，当事者がある法律効果の発生を企図してする契約（法律行為の一類型）について，法律がこれに基づいてその効果意思の実現に助力してくれるという法律行為自由の原則の思想が，典型契約における冒頭規定の条文の構造にもそのままの形で反映されたものである。このような思想に基づき，消費貸借契約が成立すると，当事者が合意したとおりの「効力を生ずる」，すなわち借主が受け取った物と種類，品質及び数量の同じものを貸主に返還する義務が発生するという法律効果を定めた規定であると読むのである。
　次に，消費貸借契約成立のための要件を構成する要素を見ると，①金銭その他の一定の目的物の返還の合意（より厳密にいえば申込みの意思表示と承諾の意思表示の合致。なお，契約の成立に関する民法第 3 編第 2 章第 1 節第 1 款「契約の成立」参照）及び②借主が貸主から目的物を受け取ったこと（事実行為）の 2 つが含まれることは民法 587 条の文言から明らかであり，①②は少なくとも借主の貸主に対する返還義務を発生させるための要件であるといえる。まずはここまで到達することが求められる（これらを前提として，条文には明記されていない消費貸借契約の成立要件として弁済期の合意を要するかどうかという解釈論を検討する必要があることは周知のとおりである）。
　ところで，以上の説明は，あくまでも貸主が被担保債権である貸金債権が存在するとして登記保持権原の存在を主張する場面を想定したものであり，貸主が，貸金債権の発生を前提に，その返還を借主に積極的に求めていく場面（**講義 1**）ではないことに注意してもらいたい。『新問題研究』38 頁から 42 頁までは専ら後者の場面を念頭に置いた解説であり，消費貸借契約の成立要件と貸金返還請求権を発生させるための要件は重なり合うのかどうか，重なり合わない部分がある場合には貸金返還請求権を発生させるために更にどのような要件を満たす必要があるかが問題となり，実体法の解釈論によって異なり得る旨を説くものであると理解される（なお，後記 **5** も参照）。

講義 4　争点整理（その 1）

2 物権的登記請求権を発生させるための要件[5]

　所有権に基づく妨害排除請求権の一種である物権的登記請求権を発生させるための実体法上の要件は、返還請求権のそれと同様に様々な考え方があり得るが、所有権が物に対する全面的排他的な支配権であることを基本とし、その所有権の内容の完全な実現が相手方名義の登記の存在により妨げられている場合に、所有者は、その相手方に対し、所有権の内容の完全な実現を可能にするために、所有権に基づいて相手方に対して実体関係との不一致を除去すべく協力することを請求することができるが、相手方がその登記を保持すべき正当な権原（登記保持権原）を有する場合にはこの限りではない、と解釈する立場がある[6]。この立場によれば、物権的登記請求権を発生させる（権利根拠規範）効果を発生させるための要件は、(ⅰ)その物を（権利者と主張する者が）所有していること、(ⅱ)その物の登記記録に相手方名義の登記が存在することの2点であることになる。

　これに対し、(ⅲ)相手方名義の登記が正当な権原に基づくことは、前記物権的登記請求権の発生を妨げる（権利障害規範）効果を発生させるための要件となる。

3 物権的登記請求権を発生させる要件に該当する具体的事実（問3）

(1) 「所有」要件に関するもの

　(ア) 「所有」要件の構造　　「所有」は、厳密には事実ではなく法的な評価である。請求権者の目的物所有を基礎付けようとする場合には、過去のある時点において請求権者が目的物につき所有権を取得（原始取得又は承継取得）した原因事実を主張立証し、同時点における同所有権の取得という法律効果が発生したことをまず認識し、その発生障害要件、消滅要件又は行使阻止要件のいずれ

---

　5) 『新問題研究』111頁、89頁以下、57頁以下参照。なお、いわゆる登記の推定力の問題については同書90頁参照。
　6) 本文記載の解釈を、近代的な所有権という実体法の構造から正当化しようとする説明の一例として、村田渉＝山野目章夫編著『要件事実論30講〔第3版〕』（弘文堂、2012年）31頁以下（特に33頁のアスタリスク部分）〔山野目章夫〕参照。

かに該当する具体的事実が認められない限り，現に所有権が存在しているものと考えていくこととなる。

(イ) 「所有」要件と権利自白　ところで，(ア)の考え方を貫徹しようとすると，所有権を主張しようとする者は，目的物の原始取得原因事実まで遡って，その事実を主張立証した上，その後の所有権の承継原因事実をすべて主張立証しなければならず，これが立証できなければ所有権者であることを前提とする物権的請求権が存在する旨の主張は理由がないと判断されることになる。しかし，それでは事案によっては，所有権を主張しようとする者に対して事実上不可能な主張立証を強いることになりかねない。他方で，所有概念は日常生活にとけ込んでおり，これについて一定の訴訟法上の効果を認めても不当な結果は生じないとも考えられる。

このようなことから，所有権については権利自白が認められ，現在若しくは過去の一定時点における所有権を主張する者自身の所有について争いがなく，又は過去の一定時点における同人の前所有者等の所有について争いがない場合には，所有権を主張しようとする者は，当該時点以前の所有権取得原因となる具体的事実について主張立証を免れると解されている[7)8)]。少なくともこの限度では異論は見られず，実務でも，権利自白を積極的に活用しながら主要事実レベルの争点整理を行っているのが実情である。

(ウ) 権利自白成立時点の具体的検討[9)]　権利自白がいつの時点で成立するかは，所有者と主張する者の所有権の取得経緯と，相手方の認否又は主張の内容との関係から検討していくことになるが，大別して，①専ら相手方の認否との関係に着目して権利自白の成立時期を検討していくアプローチと，②相手方の認否のみならず，その主張（抗弁）も考慮して権利自白の成立時期を検討するアプローチの2つが考えられる（この2つのアプローチは相対立するものではな

---

7)　裁判所の立場から見ると，その限度で弁論主義の第1テーゼ（裁判所は，当事者が主張しない事実を判断の基礎とすることができない）による拘束から解放されるということとなろうか。

8)　主要事実に関する裁判上の自白，間接事実・補助事実についての自白や権利自白の異同は，法科大学院課程では法律基本科目（特に民事訴訟法）で取り上げられることが多いであろうが，それらの異同を正確に理解しておくことが大変重要である。参考文献は枚挙にいとまがないが，髙橋宏志『重点講義民事訴訟法(上)〔第2版補訂版〕』（有斐閣，2013年）475頁以下を挙げておく。

9)　以下の記載は，『新問題研究』111頁以下における解説の敷衍を試みようとするものである。

いことに注意。後記**補論3**）。

　①のアプローチを採用した場合，原告が本件不動産をいずれも現在所有している点については当事者間に争いがない[10]ことに着目して，原告の陳述どおり「原告は，別紙物件目録記載の土地建物（通称Xハイツ，以下「本件不動産」という）の所有者である。」と現時点で権利自白が成立していると把握することとなる。

　②のアプローチを採用した場合，第1回口頭弁論期日において被告が既に登記保持権原の抗弁事実を陳述していることも考慮することとなる[11]。被告は，当時の所有者である原告との間で抵当権設定契約を締結したことを主張する前提として，抵当権設定契約日（平成16年10月5日）当時の本件不動産の所有者が原告であることを認めていると考えられる。そうすると，「原告は，平成16年10月5日当時，本件不動産を所有していた。」と同日時点で権利自白が成立していると把握することも可能であり，所有権の発生（取得）障害要件，消滅要件や行使阻止要件に該当する具体的な事実が認められない限り，現在もその権利が存在し，行使できるのであるから，重ねて原告の本件不動産現所有を摘示する必要はない，と考えていくのである[12]。

　いずれのアプローチを採るにせよ，目的物の現所有を理由付けるために必要な具体的事実が漏れなく主張されているかどうかを見極めることが重要である。

　以下では，②のアプローチを採る場合を想定して検討を進めていくが，もとより①のアプローチを採って検討を進めていくことも何ら差し支えない。

---

[10]　所有権についての権利自白は，現在から遡って直近の時点について考えるべきである，という考え方に基づくものであり（村田＝山野目編著・前掲注6）36頁等参照），標準的実務においてもそのような思考プロセスに沿った権利自白の成立時期の把握がされていると考えてよいであろう。**講義3「要件事実の基礎（その2）」**において，「もと所有」を現在から遡る形で第1類型から第3類型までに分類しているのも，同様の思考プロセスによるものであるといえよう。

[11]　事例1において，原告は，「本件不動産の所有者である。」と主張しているが，平成16年10月5日当時における原告の本件不動産の「もと所有」についても黙示的に主張しているといえる事案がほとんどであろう。この点につき疑義がある場合には，権利自白が成立するかどうかを見極めるため，原告に対して釈明を求める必要が出てくるであろう。

[12]　『新問題研究』112頁参照。

補論3
権利自白の成立時期に関する2つのアプローチについて

　本文のように，どちらでもよいという趣旨の解説をすると，不安を覚える学生が少なくない。**講義3「要件事実の基礎（その2）」**における権利自白の成立時期に関する説明と違うのではないかという声も雑誌連載後にちらほらと聞こえてくる。この点は，意識的に異なる角度からの説明を試みたところでもあるので，ここで若干の補足説明をしておきたい。

　講義4の事例1の事案では，原告（X）が抵当権設定時に目的不動産をもと所有していたことが弁論に現れれば，それを主張したのがXであろうが被告（Y）であろうが，現在（口頭弁論終結時）においても原告（X）が当該不動産を現在所有していることが基礎付けられるから（**講義2「要件事実の基礎（その1）」のⅡ4「抗弁と否認——主張立証責任とは何か」**における「原則例外思考」参照），原告（X）が当該不動産を現在所有していることを主張する必要はなくなるとも考えられる。②のアプローチは，この点を重視する発想であると思われる。

　もっとも，②のアプローチによっても，ほとんどは①のアプローチと結論を同じくする。例えば，不動産の前主AがYのために抵当権を設定し，その後にAがXに当該不動産を（抵当権付きで）譲渡したという事実関係の下で，XがYに対して所有権に基づく抵当権設定登記抹消登記手続を求める事案を考えてみよう。当該不動産のX現所有の主張と，Aもと所有の主張とは，後者が前者を包含する関係にはならないから（Aもと所有はA現所有を基礎付け得るが，X現所有を基礎付けるものではない），X現所有が弁論に現れなければ，「所有」要件を満たさないXは敗訴を免れず，抵当権設定時のAもと所有が弁論に現れなければ，自己の登記保持権原を基礎付けられないYは敗訴を免れないこととなる。このような事案では，いずれのアプローチで検討しても，X現所有と抵当権設定時のAもと所有の双方が，必要最低限の主張となる。

　このように，①②のアプローチは，当事者の主張分析に当たり，（法律要件分類説の前提である）実体法的思考と手続法的思考をどのようにウエイト付けしながら説明するかの差にすぎず，二者択一的な関係に立つものではない（②のアプローチは①のアプローチを論理的に包含しているのであるから，当然ともいえる）。学生に教える派遣裁判官の立場からみると，授業実施時点における平均的水準の学生の学修進度等を踏まえつつ，どのような解説をし，学生にその時点でどのような理解をしてもらいたいかという教育的考慮に基づいた説明振りの違いの域を出ないと理解しており，中村判事は学生に実体法の構造に基づく分析手法をまずは定着させることを重視した解説をされ，筆者は同様の分析に当たり手続法的思考も学生に意識させることを意図した解説をしたというだけのことである。実益に乏しい議

論に拘泥することなきよう，学修に当たっては注意されたい。
　なお，中村判事と筆者との見解の分岐点があるとすれば，上記の言わば擬似論点をクリアした先の点，すなわち，権利自白の成立時点を検討するに当たり，類型論的思考（講義3「要件事実の基礎(その2)」のⅤ3「**もと所有の3つの類型**」参照）を重視するか，典型例を意識しつつも事案に応じて個別的に考えるかの違いにあると推測するが，少なくとも本書で解説する内容において，この見解の相違によって結論を異にするものはなさそうである。

(2)　相手方名義の登記存在の要件に関するもの

　原告は，別紙物件目録及び別紙登記目録を含めた訴状に基づいて裁判所に陳述したものと考えられるが，そこでは，本件不動産に被告名義の登記が存在すること及びその登記の具体的内容が明らかになっている。

(3)　問3に対する解答の一例（請求を理由づける事実に対する認否を含む）

　抵当権設定契約日当時の本件不動産の原告もと所有につき権利自白が成立していると考える場合には，それ以前の原告の所有権取得原因となる具体的事実を主張立証する必要はなくなるので，**事例1**における（攻撃方法としての）請求原因の記載例は，次のようになる。なお，第1回口頭弁論期日において，被告はこれらの点をいずれも認める旨陳述しており，当事者間に争いはない。

> ア　原告は，平成16年10月5日当時，別紙物件目録記載の土地建物（以下「本件不動産」という）を所有していた。
> イ　本件不動産について，別紙登記目録記載2の被告名義の各抵当権設定登記（以下「本件登記」という）がある。

　上記アにおいて，「所有していた」と表記して，過去の一時点における原告の所有権の帰属（もと所有）につき権利自白が成立していることを明らかにしていること，他方で，上記イでは登記が「ある」と各抵当権設定登記が現在存在する事実を主張していることを明らかにしていることに注意されたい。

4　物権的登記請求権の発生を障害するための要件

(1)　いわゆる登記保持権原の位置付け

　被告は，第1回口頭弁論期日において，被告が原告に対して500万円の本件貸付けをし，それを被担保債権とし本件不動産に第2順位の抵当権（本件抵当権）を設定する旨合意したものであり，同合意に基づいて本件登記をした旨陳述し，原告主張の被告名義の本件抵当権が正当な権原に基づくものであると主張している。

　被告名義の登記が正当な権原に基づくことは物権的登記請求権の発生障害要件であると考える場合（2参照），主張立証責任分配に関する法律要件分類説に従うと，その法律効果によって利益を受ける登記名義人（**事例1**では被告）において，抗弁として同要件に該当する具体的事実（主要事実）の主張立証責任を負う。

　否認と抗弁の区別[13]を確認すると，まず，否認は相手方の（事実）主張を否定することであり，相手方に主張立証責任がある場合の概念である。例えば，貸金返還請求訴訟において，被告が，原告主張の金銭を受け取ったことはあるが，それは借りたのではなくもらった（贈与を受けた）ものであるという事実を主張した場面を考えると，「借りた」すなわち返還合意があった事実について相手方（原告）が主張立証責任を負うことには変わりがない。これに対し，抗弁は，究極的には相手方主張の法律効果を否定しようとするものであるが，相手方主張の事実を前提にした上での自己に主張立証責任のある事実を付加して主張する場合の概念である。例えば，上記貸金返還請求訴訟において，原告主張の金銭を借りたが後日返した，という場合における返した（弁済）という事実が典型例である。

(2)　登記保持権原の要件

　『新問題研究』114頁以下の解説を参照されたいが，その一般的要件をまず

---

[13]　高橋・前掲注8）505頁参照。**講義2「要件事実の基礎（その1）」** における否認と抗弁の解説は，本文記載の一般的解説のうち，請求を理由づける事実に対する認否等の場面を切り出したものであると位置付けられようか。

簡単に整理すると，次の2つになる。

　ア　登記に符合する実体関係の存在（登記の実体的有効要件）
　イ　その登記が手続的に適法にされたこと（登記の手続的有効要件）

　そして，**事例1**において，被告は抵当権設定登記の登記保持権原を主張しているから，上記アの要件に関し，抵当権の成立要件を更に検討する必要がある。
　抵当権は，被担保債権が存在しなければ成立しないと解されているので（成立における附従性），①被担保債権の存在がまず必要である[14]。抵当権は約定担保物権であるから，②その債権を担保するために目的不動産につき抵当権設定契約を締結したことが必要であり，異なる見解もあるが，抵当権設定契約を抵当権の発生を目的とする物権契約であるという伝統的理解に沿って考える場合には，③抵当権設定契約締結当時，抵当権設定者が目的不動産を所有していたことも必要となる。

(3)　被告に対する求釈明及びその理由（問4）

　本件訴訟を審理する裁判官は，原告主張の請求原因を前提として，被告において，上記ア（具体的には①から③まで），イの各要件に該当する主要事実が適切に主張されているかどうかを見極め，釈明権（法149条1項）を行使したものと考えられる。主要事実（要件事実）の（過）不足ない主張は，適切な審理及び判断の前提として極めて重要であるからである（『一審解説』9頁以下参照）。
　ところで，答弁書に基づいて被告が陳述した**事例1 2⑤**の事実は，一見すると，本件抵当権の被担保債権である消費貸借契約に基づく500万円の貸金債権を発生させる要件に該当する主要事実を過不足なく主張しているようにも見える。しかし，原告が訴状（別紙物件目録及び別紙登記目録を含む）に基づいて陳述した内容と併せて考えると，原告が抹消を求めている本件抵当権の被担保債権は貸金元本500万円の返還を求める債権だけではなく，年3.25％の割合によ

---

[14]　消費貸借契約の成立要件については，**補論2**参照。

る利息債権や，年18.25％（年365日の日割計算）の約定遅延損害金債権も含まれている。このことは別紙登記目録2の記載から明らかであり，登記保持権原の抗弁を主張しようとする被告としては，⑤の事実のみならず，利息債権や約定遅延損害金債権の発生原因に該当する具体的事実をも併せて主張する必要がある[15]。被告がこのまま登記保持権原の要件に該当する主要事実を十分に主張しないと，裁判所は当事者が主張しない事実を判断の基礎にすることができないという弁論主義の第1テーゼに拘束され，果たして登記保持権原を認めてよいのかという難しい問題に直面することになる。

その意味で，第1回口頭弁論期日において，裁判官は，被告に対し，利息債権や約定遅延損害金債権を含めた被担保債権の発生要件に該当する具体的事実を主張するよう促したものと考えられるが（法149条1項），そのような訴訟指揮をしたのはもとより当然のことである。このような問題点に適切に気付くためには，不動産登記制度は当該不動産に関する実体的権利の変動を公示しようとするものである点や，抵当権をはじめとする担保物権の附従性の原則などといった我が国の民法典又はその周辺法令におけるごく基本的な仕組みに対する十分な理解が求められる。

5　登記保持権原の要件に該当する具体的事実（問5）

(1)　総　　説

4で見たとおり，**事例1**で被告が登記保持権原を主張する場合には，抵当権設定登記の実体的有効要件を基礎付けるための被担保債権の存在（**4**(2)①）の要件を満たすため，貸金元本債権，利息債権及び約定遅延損害金債権の発生原因に該当する具体的事実を抗弁事実として主張する必要がある。そして，各債権の発生原因に該当する具体的事実（主要事実）が存在するとされた場合には，これらの権利の発生障害規範又は消滅規範に該当する具体的事実（主要事実）が認められない限り，現在においてもこれらの権利が被担保債権となっていることが根拠付けられていることとなる。この点は，債権の発生を前提とし

---

[15]　『新問題研究』115頁は「債権額，利息・損害金の定めなど，登記に表示された実体関係（不動産登記法83条1項，88条1項）と一致する実体関係を主張する必要があるのが原則です。」と解説している。**事例1**はその典型例であるといえよう。

てその履行を求める場面である『新問題研究』第4問や第5問の事案及び解説と比較してみるとよい。『新問題研究』115頁（第11問）の8行目から9行目までの括弧書において，参照箇所を「消費貸借契約の成立要件」と限定的に指示しているのは，上記説明と同一の理解に基づくものであることが分かるだろう。

　貸金債権を発生させることを目的とする消費貸借契約の成立要件については既に若干言及を加えたが，法定利率と異なる利率の利息債権の発生原因及び約定遅延損害金債権の発生原因等についての具体的検討は，やや応用的な内容を含むので，本講義では解説を省略する。関係する民法の条文及びその文言を手がかりにして，読者において研究されたい。なお，登記の手続的有効要件に該当する具体的事実に関しては，『新問題研究』116頁を参照されたい。

(2) 抗弁事実の記載例

　ア　被告は，原告に対し，平成16年10月5日，500万円を貸し付けた。
　イ　原告と被告は，アに際し，年3.25％の割合による利息を支払うと定めるとともに，遅延損害金の利率を年18.25％（年365日の日割計算）と定めた。
　ウ　原告と被告は，平成16年10月5日，上記ア，イの債務を担保するため，本件不動産に本件抵当権を設定するとの合意をした。
　エ　本件登記は，ウの抵当権設定契約に基づく。

　上記アは，いうまでもなく，本件抵当権の被担保債権の中核をなす500万円の貸金元本債権の発生原因事実である。「平成16年10月5日」は，単に本件貸付けと別の貸付けとを区別するにとどまらず，登記内容と被担保債権との同一性をも示す機能を有している（上記ウにおいても同様）。弁済期の合意を消費貸借契約の終了要件と位置付けるか成立要件と位置付けるかは議論があるが，ここでは終了要件説の立場に沿った場合の整理を試みている[16]。

　上記イは，その余の被担保債権の発生原因事実である。厳密には，利息を支払う旨及び利率の定めと，遅延損害金の利率の定めを分けて記載するのが筋であるが，記載例では便宜上まとめて記載している。実務上は，上記アとイを更

---

16) 成立要件説の立場で主要事実を整理しようとする場合には，本文の事実記載例はそれに伴って変容を余儀なくされる。どのように変容すると考えられるかについては，余力があれば考えてみるとよい。

にまとめて「被告は，原告に対し，平成 16 年 10 月 5 日，利息を年 3.25％，遅延損害金年 18.25％（年 365 日の日割計算）と定めて 500 万円を貸し付けた。」などと記載する例も少なくない。

ウは，抵当権設定契約の締結に該当する具体的事実（主要事実）である。被担保債務の範囲を「上記ア，イの債務を担保するため」と登記に符合させ，抵当権の目的不動産が土地建物の双方であることを請求原因で作った「本件不動産」の略語を用いて明らかにしている。

上記エは，登記の手続的有効要件に該当する具体的事実（主要事実）が存在することを示したものである。

なお，抵当権設定契約時における抵当権設定者の目的不動産もと所有に該当する記載がないと思った読者もいるかもしれないが，原告が平成 16 年 10 月 5 日当時本件不動産を所有していたことは，（攻撃方法としての）請求原因の一部として既に口頭弁論に現れているので（**3**(1)(ウ)・(3)(ア)），被告が，同一事項を重ねて主張する必要はない[17]。

(3) 抗弁事実に対する認否

原告の陳述内容を前提とすると，例えば「抗弁事実はいずれも否認する。」となる。

> **補論 4**
> **解釈論・立法論の変化に伴う主要事実の変容**
>
> ところで，法制審議会民法（債権関係）部会が平成 25 年 2 月 26 日に決定し，法務省ウェブサイト等で公表されている「民法（債権関係）の改正に関する中間試案」の第 37.1 (2) では，現行法上典型契約として規定されている要物消費貸借

---

17) この点は，単なる表記上の形式的約束事にとどまらず，民事訴訟の基本原則の一つである弁論主義の考え方の現れであるとも考えられる。すなわち，弁論主義は，あくまでも当事者と裁判所との間の権限・責任の役割分担の問題であって，原告と被告の関係ではなく，主張（立証）責任を負わない側の当事者から主張された事実であっても，それを裁判所が判決の基礎とすることは差し支えないと考えられている。このような対立当事者間の主張共通の原則の考え方に支えられて，先に例示したような形で主要事実の整理がされていくものであると得心すると，理論と具体例が結びつき，一見無味乾燥に見える民事訴訟法も，より身近な存在に見えてくるものである。

に加え，書面による諾成的な消費貸借契約を典型契約として規定することが提案されている。その内容は，「書面でする消費貸借は，当事者の一方が金銭その他の物を引き渡すことを約し，相手方がその物を受け取った後にこれと種類，品質及び数量の同じ物をもって返還をすることを約することによって，その効力を生ずるものとする。」というものである。

事例1の各消費貸借はいずれも証書貸付けであるから，仮に，将来的に上記提案のとおりの立法が実現した場合には，本件貸付けの発生原因を書面による諾成的な消費貸借と構成することも可能である。上記提案に係る諾成的な消費貸借契約の成立要件は，①金銭その他の一定の目的物の融資及び返還の合意，②この合意が書面によってされたことの2点となると考えられるから，これらの要件に該当する具体的事実（主要事実）として，前記(2)の抗弁事実の記載例アに代えて，例えば「被告と原告は，平成16年10月5日，被告が原告に500万円を貸し（「貸し付け」＝返還合意プラス金員の交付ではないことに注意），借り受けた500万円を原告が被告に返還する旨書面で合意した」などと整理することが想定される。上記提案に係る諾成的な消費貸借構成で争点整理をする場合には，要物消費貸借では事実上問題にならなかった「貸す」合意が主要事実として浮上することになる。**事例1**2⑤の本件貸付けが「金銭消費貸借契約証書（乙第3号証）により」された事実は要物消費貸借構成では主要事実に当たらないが，上記提案に係る諾成的な消費貸借構成では，この事実も主要事実の一つに浮上してくることになる。このように，権利の変動（発生・変更・消滅）に関する法律の規定が改められる場合は，これに伴って当該規定の要件に該当する事実（主要事実）も変化することになるのである（実務上は，平成16年法律第147号で民法446条に2項以下を追加する改正により保証契約が要式契約化されたのが典型例である）。

また，ある実体法の規定について複数の解釈があり得る場合にも，どの見解を採るかによって，当該規定の要件に該当する具体的事実（主要事実）は異なってくる。筆者の授業の中では，債務者が消滅時効の完成後に債権者に対し当該債務を承認した場合における判例変更（最大判昭和41・4・20民集20巻4号702頁。最判昭和35・6・23民集14巻8号1498頁を変更）を素材に，判例変更の前後で主要事実の捉え方がどのように変容していくかを具体的に検討するなどしていた。

このように見ていくと，これから実務家を目指す読者において，参考書等で整理された一定類型の「要件事実」を無批判に暗記することや，たまたま授業で取り扱った事案における主要事実の結論を覚えること自体にはほとんど意味がないことが分かる。法科大学院における法律実務基礎教育のねらいの一つは，いかなる事案においても，実体法の解釈を踏まえて，自分で当該事案のポイントとなる事実を考え得る法的思考力や応用力を養うことにあり，授業では，いわば実務家の共通理解である思考プロセスが身についているかどうかを常に意識しながら学修に励んでもらいたい。

Ⅳ 一応のまとめ

　講義4では，請求（訴訟物）レベルの争点整理（Ⅱ），主要事実レベルの争点整理（Ⅲ）の在り方について取り上げた。本件訴訟における主要事実レベルの争点は，被告主張の抗弁事実（特に本件貸付けの事実）がいずれも認められるかどうかであることが明らかになった。

　講義5では，上記主要事実レベルの争点に関する間接事実・補助事実レベルの争点整理の在り方について取り上げることとする。

資料　甲第1号証

○○県S市小島2124-3　　　　　　　　　　　全部事項証明書　　　（土地）

【　表　題　部　】（土地の表示）	調製　平成10年7月24日	所在図番号	余白
【所　在】S市小島	余白		

【①地番】	【②地目】	【③　地　積　】㎡	【原因及びその日付】	【登記の日付】
2124番3	宅地	554　11	2124番から分筆	平成5年11月15日
余白	余白	余白	余白	昭和63年法務省令第37号附則第2条第2項の規定により移記 平成10年7月24日

【　権　利　部　】（　甲　区　）（所有権に関する事項）				
【順位番号】	【登記の目的】	【受付年月日・受付番号】	【原　　　因】	【権利者その他の事項】
1	所有権移転	昭和59年12月14日 第1731号	昭和59年12月1日 相続	所有者　S市小島2124番地1 　　　　X 順位2番の登記を移記
	余白	余白	余白	昭和63年法務省令第37号附則第2条第2項の規定により移記 平成10年7月24日

【　権　利　部　】（　乙　区　）（所有権以外の権利に関する事項）				
【順位番号】	【登記の目的】	【受付年月日・受付番号】	【原　　　因】	【権利者その他の事項】
1	抵当権設定	平成16年4月28日 第1233号	平成16年4月28日 金銭消費貸借同日設定	債権額　金1,000万円 利息　年3・25% 損害金　年18・25%（年365日日割計算） 債務者　S市小島2124番地1 　　　　X 抵当権者　N市大字泉平二丁目3番6号花輪ビル 　　　　Y 　　　　（S支店取扱） 共同担保　目録（せ）第295号
2	抵当権設定	平成16年10月5日 第3133号	平成16年10月5日 金銭消費貸借同日設定	債権額　金500万円 利息　年3・25% 損害金　年18・25%（年365日日割計算） 債務者　S市小島2124番地1 　　　　X 抵当権者　N市大字泉平二丁目3番6号花輪ビル 　　　　Y 　　　　（S支店取扱） 共同担保　目録（あ）第334号

＊　下線のあるものは抹消事項であることを示す。　　　　　　　整理番号　D○○○○○　（○/○）　　1/2

○○県S市小島2124-3　　　　　　　　　　　全部事項証明書　　　（土地）

これは登記記録に記録されている事項の全部を証明した書面である。

平成19年5月23日

○○地方法務局S支局　　　　　　　　　　登記官　某　　　［印］

＊　下線のあるものは抹消事項であることを示す。　　　　　　　整理番号　D○○○○○　（○/○）　　2/2

講義 5

争点整理（その 2）
—— 間接事実・補助事実レベルの争点及び証拠の整理

講義4の事例1及び課題1に引き続くものとして，事例2を読み，課題2記載の各問について検討しなさい。

事例 2

5　第1回弁論準備手続期日において，甲野弁護士は，事前に提出した準備書面に基づき，乙第3号証及び乙第4号証の成立に関して一定の陳述（問7参照）をした。

6　乙野弁護士は，本件紛争に至る経緯につき，準備書面に基づき「(i)被告は，原告に対し，平成16年4月28日，本件不動産の改装工事資金として1000万円を貸し付け（以下「別件貸付け」という），本件不動産に訴状別紙登記目録記載1の抵当権（以下「別件抵当権」という）を設定するとともに，長男Aが連帯保証人となった。(ii)その後，原告から，追加改装工事資金のための追加融資の求めがあったため，被告は，本件不動産に本件抵当権を設定し，Aを連帯保証人として，本件貸付けを実行した。(iii)本件貸付け関係書類には原告の実印が押捺され，印鑑登録証明書（乙第5号証）も添付されていた。さらに，(iv)本件貸付けの際，被告担当者は，平成16年10月1日に，保証意思確認のためにAの自宅を訪問したが，その際には原告も同席していた。」などと陳述した。

7　これに対し，甲野弁護士は，上記5の準備書面に基づき「(v)原告は，被告から別件貸付けを受け，本件不動産に別件抵当権を設定し，本件不動産の改装工事をしたが，本件貸付けや本件抵当権設定には全く関与していない。(vi)別件貸付けにおいて連帯保証人として関与したAは，A

不動産（Aの営む個人企業）の資金繰りに窮し，原告の保管する実印及び印鑑登録カードを勝手に持ち出して本件貸付け及び本件抵当権設定登記手続を行った。(vii)原告は，これらを自宅のたんすの引き出しに保管していた。(viii)Aは，本件貸付けを受けた全額をA不動産の運転資金として使用した。(ix)本件貸付けに係る入出金には，本件貸付けに先立って原告名義で開設した別件貸付けとは別の口座を用いた。」などと陳述した。

8 　裁判官は，当事者双方の主張や書証を踏まえて口頭で議論を重ねた。その結果を踏まえて争点に対する判断をする上でポイントとなる重要な事実を確認し，人証予定者の陳述書の提出を促し，第2回弁論準備手続期日を指定して弁論準備手続期日を続行した。

9 　第2回弁論準備手続期日において，裁判官は，当事者から提出された人証予定者の陳述書を書証として取り調べ，同人らをいずれも採用する旨決定し，証拠調べにより証明すべき事実を当事者との間で確認した上，弁論準備手続を終結した。

　なお，金銭消費貸借契約証書（乙第3号証）及び抵当権設定契約証書（乙第4号証）の主要な記載内容（一部は手書き）は，以下のとおりである。

資　料 　乙第3号証

平成16年10月5日

金銭消費貸借契約証書

Y信用金庫　殿

　債　務　者　住　所　（略）
　　　　　　　氏　名　X Ⓧ
　連帯保証人　住　所　（略）
　　　　　　　氏　名　A Ⓐ

　債務者は，別に差し入れた信用金庫取引約定書の各条項のほか，後記約定を承認の上，貴金庫から下記のとおり金銭を借り入れて，確かに受領しました。連帯保証人は，債務者の借入金について，連帯保証します。

　　　　　　　　　　　　記
　借　入　金　5,000,000 円
　毎月の返済額　元利均等払 100,000 円
　　　　　　　　（平成 16 年 11 月から毎月 20 日限り）
　資　金　使　途　共同住宅追加改装工事資金
　最終返済期限　平成 21 年 4 月 20 日
　利息　年 3.25 ％
　損害金　年 18.25 ％（年 365 日日割計算）
（以下記載省略）

資料　乙第 4 号証

　　　　　　　　　　　　　　　　　　平成 16 年 10 月 5 日
　　　　　　　　　抵当権設定契約証書

Y 信用金庫　殿

　債務者兼抵当権設定者　住　所　（略）
　　　　　　　　　　　　氏　名　Ⅹ㊞

　債務者及び抵当権設定者は，貴金庫との抵当権設定契約について，債務者が別に差し入れた信用金庫取引約定書の各条項を承認の上，次の条項を確約します。

第 1 条（抵当権の設定）
　抵当権設定者は，債務者が貴金庫に対して負担する下記債務を担保するため，その所有する別紙物件目録記載の物件の上に抵当権を設定します。

　　　　　　　　　　　　記
　債務の表示
　　(1) 発　生　原　因　平成 16 年 10 月 5 日付け金銭消費貸借契約
　　(2) 債　権　額　5,000,000 円
　　(3) 利　　　息　年 3.25％
　　(4) 損　害　金　年 18.25％（年 365 日日割計算）
　　(5) 最終返済期限　平成 21 年 4 月 20 日
（以下本文記載省略）

（別紙）
　　　　　　　　物　件　目　録
1　所　　在　　S市小島
　　地　　番　　2124番3
　　地　　目　　宅地
　　地　　積　　554.11㎡
2　所　　在　　S市小島2124番地3
　　家屋番号　　2124番3
　　種　　類　　共同住宅
　　構　　造　　鉄筋コンクリート造陸屋根2階建
　　床 面 積　　1階　302.12㎡
　　　　　　　　2階　302.12㎡

課題2

問6　文書の成立の真正（法228条）が問題となるのはなぜか。

問7　甲野弁護士は，第1回弁論準備手続期日において，乙第3号証の成立につき，どのような認否をしたか。乙第4号証についてはどうか。

問8　被告主張事実のうち(ⅲ)(ⅳ)の点は，平成16年10月5日の原告に対する500万円の貸付け（本件貸付け）という主要事実レベルの争点との関係で，どのように間接事実として機能するか。

問9　原告主張事実のうち(ⅷ)(ⅸ)の点は，本件貸付けの争点との関係で，どのように間接事実として機能するか。

問10　今後，人証で立証すべき点としてはどのようなものが考えられるか。補助事実レベルの争点と間接事実レベルの争点に分けて検討しなさい。

（講　義）

V　間接事実・補助事実レベルの争点及び証拠の整理が必要となる理由

　講義4では，**事例1**及び**課題1**を用いて，主要事実レベルにおける争点整理の在り方について検討したが，民事訴訟実務において日常的に取り扱う事件で争点及び証拠の整理を要するものの多くは，攻撃防御の構造が複雑であるというよりは，特定の主要事実の存否につき当事者間に争いがあるものであるといえよう。

　このような事件において，主要事実レベルの争点整理により，証明を要する事実を明らかにすることが必要であることはいうまでもないが，それは一つの通過点に過ぎないこともまた忘れてはならない。現実の訴訟では，争点及び証拠の整理手続（多くは弁論準備手続）において，主要事実レベルの争点を更に掘り下げて，間接事実や補助事実レベルでの実質的な争点及び証拠を整理して明確化することにより，紛争の全体像を理解しつつ，事案に応じた重要な証拠や間接事実をあらかじめ取捨選択した上で，争点についての集中証拠調べを実施し，充実した審理判断を実現している[1]。

　講義5では，間接事実・補助事実レベルの争点及び証拠の整理の前提となる事実認定の構造を概観した上で（VI），文書の成立の真正をめぐる補助事実レベルの争点整理の在り方（VII），本件貸付けの主要事実を推認させ，又はそれを妨げる間接事実レベルの争点整理の在り方（VIII），間接事実・補助事実レベルの争点整理の結果を踏まえて人証で立証すべき点（IX）について，**講義4**に引き続き，具体的事例を素材にしながら検討していくこととしたい。

---

1)　**講義1**「民事裁判の流れ」のVIII「争点等整理手続」，『一審解説』11頁以下，34頁以下参照。

VI　前提となる事実認定の構造

　本書において，事実認定の基礎は**講義6**で解説が加えられる予定であるので，ここでは，間接事実・補助事実レベルの争点及び証拠の整理を検討するために必要な限度で事実認定の構造について検討するにとどめる。

　事例1及び**事例2**を通覧すると（以下これらを一体として**事例**と総称することがある），被告は，その主張する登記保持権原の重要な要素である本件貸付けの存在を立証するために金銭消費貸借契約証書（乙第3号証）や抵当権設定契約証書（乙第4号証）等を書証として提出するとともに，本件貸付けの存在を推認させる間接事実を複数主張している。**事例2**で示した記載内容を見ると，乙第3号証は，本件貸付け（主要事実）を直接証明する証拠（直接証拠）となり得るといえよう[2]。これに対し，原告は，各書証の成立の真正を争うほか，本件貸付けの存在を疑わせる間接事実を複数主張している。**事例**においては，中心的な事実認定の対象となることが予想される本件貸付けの主要事実に関し，直接証拠となり得る証拠と，間接事実及びそれを立証する証拠（間接証拠）が併存していることとなる。

　事実認定の対象となる主要事実をどのように認定していくかという具体的な方法論については，①主要事実に関し直接証拠となる証拠が存在する場合には，間接事実によって主要事実を推認する方法はとらずに，直接証拠によって事実を認定すべきであるという考え方（直接証拠中心主義）と，②主要事実の認定は間接事実による推認の方法によるべきであるとする考え方（間接事実中心主義）とに分かれているといわれている。もっとも，標準的な民事訴訟実務では，主要事実について直接証拠が存在する場合であっても，必ずしも直接証拠の信用性だけを検討して事実認定の判断を行っているわけではなく，直接証拠とともに，主要事実を推認し，又はその推認を妨げる間接事実についても併せて検討し，これらを総合して事実認定がされているのが実情である。以上につき，土屋文昭＝林道晴編『ステップアップ民事事実認定』（有斐閣，2010年）40

---

[2]　なお，抵当権設定契約の締結という別の主要事実の関係では，直接証拠となるのは乙第4号証であり，乙第3号証は抵当権設定契約締結を推認させる有力な間接証拠として機能することとなる。

頁参照。なお，同書41頁にはわかりやすい概念図が掲載されている[3]。

Ⅶ　文書の成立の真正（補助事実）をめぐる争点及び証拠の整理

1　文書及びその成立の真正が問題となる理由（問6）

(1)　文書の成立が問題となる理由等

　書証とは，文字その他の符号によって表現される文書に記載された特定人の思想内容（意思，認識，報告，感情等）を証拠資料とする証拠調べをいうが（『一審解説』31頁。なお，証拠方法としての文書自体も「書証」と呼ぶことがある），その定義にあるように，書証は，特定人の思想を文書の記載を通じて証拠資料とするものであるから，作成者とされる者の意思に基づいて作成されたものであることが前提となる。挙証者は，書証の提出に際し，証拠説明書などによって文書の作成者を明らかにする必要があるが，文書が挙証者によって作成者であると主張されている者の意思に基づいて作成されたものであるとき，その文書は真正に成立したという。

　文書の記載内容を事実認定の資料とするには，その文書が真正に成立したものでなければならず，文書の成立（形式的証拠力の有無）について争いがあるときは，その真正が証明されなければならないから（法228条1項），裁判所としては，文書の成立について相手方に対して認否を求めることとなる。

(2)　「二段の推定」及びその構造

　㋐　法228条4項の趣旨　　法228条4項は「私文書は，本人又はその代理人の署名又は押印があるときは，真正に成立したものと推定する。」と規定している[4]。

　法228条4項にいう「推定」の法的性質については様々な考え方があるが，

---

　3)　なお，主要事実について直接証拠が存在している場合において，主要事実を推認させる間接事実が認められるときは，その間接事実は，直接証拠の実質的証拠力（証明力）を補強する補助事実としての機能をも有する（土屋＝林編・同書46頁参照）。

　4)　「推定」の用語は法文上多義的に用いられていることに注意されたい。例えば，高橋宏志『重点講義民事訴訟法(上)〔第2版補訂版〕』（有斐閣，2013年）561頁以下参照。

同項については，作成者と主張された本人等が当該文書にその意思に基づいて署名又は押印した場合には，当該文書全体も同人の意思に基づくものであることが多いという経験則があることを踏まえて，事実認定に際しての裁判官の自由心証に対する一応の拘束を定めた法定証拠法則であるという見解が通説であり，実務もこれによっている。

　(ｲ)　**判例による事実上の推定**　　法228条4項の「署名又は押印」とは，それが本人等の意思に基づいてされた場合をいい，**事例**のように，挙証者の相手方が，文書に押捺されている印影が自己の印章によるものである限度で認めているが，それが自己の意思に基づくものであることを否認するときにはこれに該当せず，同項の規定を直ちに適用することはできない[5]。

　もっとも，このような場合でも，本人の印章を他人が勝手に使用することは通常はあり得ないという経験則に基づき，判例は，私文書の作成名義人の印影が作成名義人の印章によって顕出されたものであるときは，反証のない限り，当該印影は本人の意思に基づいて顕出されたものと事実上推定するのが相当であり，この事実上の推定の結果，当該文書は同項にいう「〔本人の〕押印があるとき」の要件を満たし，その全体が真正に成立したものと推定される（最判昭和39・5・12民集18巻4号597頁等）[6]。

　(ｳ)　**「二段の推定」の構造**　　上記(ｲ)の事実上の推定を「一段目の推定」と称することがあり，上記(ｱ)の法定証拠法則を「二段目の推定」と称することがある。いわゆる「二段の推定」の構造については，土屋＝林編・前掲書73頁にあるわかりやすい概念図を参考にしてもらいたいが，同書に適切に指摘されているとおり，同概念図に記載されている作成者の印章による押印（一段目の推定の前提事実），作成者の意思に基づく押印（一段目の推定の推定事実兼二段目の推定の前提事実）のいずれも，文書の成立の真正に関する証明責任を転換するものではないことに注意してもらいたい。

　このような文書の成立の真正に関する立証構造の正確な理解は，裁判所の適正な事実認定及びそれを支える当事者の適切な立証活動の前提となるものであ

---

[5]　高橋宏志『重点講義民事訴訟法(下)〔第2版〕』（有斐閣，2012年）127頁以下において，法228条4項の文言の理解に関する丁寧な解説がある。

[6]　高橋・前掲注5)127頁以下，133頁以下（注143）参照。

る。

2 甲野弁護士の認否の在り方等（問7）

(1) 前提問題——作成者は誰か

　被告が提出した金銭消費貸借契約証書（乙第3号証）には「債務者は，……貴金庫から下記のとおり金銭を借り入れて……」との記載等があり，債務者欄に原告名義の署名押印があり，連帯保証人欄にはA名義の署名押印がある。

　乙第3号証を素直に読む限り，少なくとも，本件貸付けに係る被告に対する原告の金銭消費貸借契約の申込みの意思表示及びAの被告に対する本件貸付けに係る債務の連帯保証契約の申込みの意思表示が記載されている文書であることは明らかである。このように，1通の文書に複数人の思想が記載されることはままあり得るが，**事例2**において，被告は，Aの関与態様も金銭消費貸借契約証書（乙第3号証）等が原告の意思に基づいて作成されたものであることを積極的に推認させる一事情であると主張していると考えられる。以下，被告は，原告及びAが作成者である文書と主張して乙第3号証を提出したものであるとして検討を進める。

(2) 甲野弁護士の認否

㋐ 金銭消費貸借契約証書（乙第3号証）の成立に対する認否（問7前段）

　事例を通じた一貫した原告の立場は，金銭消費貸借契約証書（乙第3号証）はAが原告に無断でその実印等を使用して作成したものであり，原告は本件貸付けに何ら関与していない，というものである。したがって，全体として，「乙第3号証中原告作成部分の成立は否認する。」旨の認否をすることとなる（A作成部分を含めた全体を否認することにはならないことに注意されたい）。

　乙第3号証の作成過程に関し，原告は，第1回弁論準備手続期日において「Aは，……原告の保管する実印及び印鑑登録カードを勝手に持ち出して本件貸付け及び本件抵当権設定登記手続を行った。」旨陳述しており，一段目の推定の前提事実（乙第3号証に押捺されている印影が原告の印章によるものであること）の限度で事実を認めているが，同印影が原告の意思に基づいて押捺されたことは否認し，後述する諸事情から一段目の推定を破る事情の存在を立証しようと

していると考えられる。原告としては，その印影が原告の意思に基づいて押印されたかどうかについて合理的な疑いを生じさせる程度の立証に成功すれば，一段目の推定は「破られる」のである[7]。

ところで，規則145条は，文書の成立を否認するときは，その理由を明らかにしなければならない旨規定し，否認の理由を明示することを求めているから，否認の理由として，Aが原告の印章を盗用した旨陳述する必要がある。また，乙第3号証の原告名下の印影が原告の印章によって顕出されたこと（一段目の推定の前提事実）の限度では事実を認める旨の認否をすることとなる[8]。

以上をまとめると，乙第3号証の成立についての原告の認否の一例は，「乙第3号証の原告作成部分の成立は否認する。原告名下の各印影が原告の印章によって顕出されたことは認める。原告作成部分は，Aが原告の印章を勝手に用いて偽造したものである。」[9]となる。

(イ) 抵当権設定契約証書（乙第4号証）の成立に関する認否（問7後段）

抵当権設定契約証書（乙第4号証）には「抵当権設定者は，債務者が貴金庫に対して負担する下記債務を担保するため，その所有する別紙物件目録記載の物件の上に抵当権を設定します。」との記載等があり，債務者兼抵当権設定者欄に原告名義の署名押印がある。

乙第3号証との違いはA名義の署名押印がないことであり，その点を考慮しつつ，乙第4号証においても，乙第3号証と同様に認否の在り方を検討していけばよい。認否の一例は，「乙第4号証の成立は否認する。原告名下の印影が原告の印章によって顕出されたことは認めるが，これはAが原告の印章を勝手に用いて偽造したものである。」となろう。

---

[7] ここでは，推定を「破る」という慣用的表現を用いたが，本文で確認したとおり，一段目の推定はあくまでも事実上の推定にとどまり，乙第3号証中の原告の印影が原告の意思に基づいて押印されたものであることは，あくまでも挙証者（被告）において証明すべきものである。

[8] 原告が一段目の推定の前提事実に対する認否をしないときは，裁判官は，審理の早期の段階で，この点の認否を明らかにするよう原告に対して釈明を求めることが必要であろう。

[9] 本件では原告（X）の署名が同人の意思に基づいて記載されたかどうかも問題になるが，この記載例では，上記の署名の真正の事実を否認していることが第1文の記載からわかる。

Ⅷ　間接事実レベルの争点及び証拠の整理の一端

事例において，当事者双方は，平成16年10月5日の原告に対する500万円の貸付け（本件貸付け）の存否に関する間接事実を複数主張しており，それ以外にも，審理を深めるにつれて，別の間接事実が浮上する可能性もありそうである。

本書では，間接事実・補助事実レベルの争点及び証拠の整理の一端を示す観点から，一部のみを例示して解説を試みるにとどめる。**事例**において，事実認定に影響を及ぼす間接事実は以下で解説を加えるものに限られるという趣旨ではないので，注意されたい。

(1) 平成16年10月5日の原告に対する500万円の貸付け（**本件貸付け**）の存在を支える方向の間接事実の例（問8）

① 本件貸付け関係書類には原告の実印が押捺され，印鑑登録証明書（乙第5号証）も添付されていたこと（**事例26**(ⅲ)）　実印は，厳重に保管されるのが通常であり，これを盗用することは容易なことではない。したがって，このような実印が金銭消費貸借契約証書（乙第3号証）等に押捺されていること自体，本件貸付け（及びそれを前提とする本件抵当権設定契約）に原告自身が積極的に関与をしていることを推測させるものであり，本件貸付けの存在を支える方向の間接事実として機能する。

また，印鑑登録証明書を入手するには，当該印鑑や印鑑登録カードを現実に所持していることが通常必要であるが，いずれにせよ，これらは通常厳重に保管されており，印鑑登録証明書の発行手続は厳格にされているから，一般的には本人等以外の者が印鑑登録証明書を入手するのは難しい。原告の印鑑登録証明書をAが所持し，被告に提出していること（争いがない）も，本件貸付け等に原告自身が積極的に関与していることをうかがわせるものであり，本件貸付けの事実の存在を支える方向の間接事実として機能する。

② 本件貸付け直前の平成16年10月1日に，被告担当者が保証意思確認のためにAの自宅を訪問した際に，原告も同席していたこと（**事例26**(ⅳ)）

見出しの事実が認定できる場合[10]，原告は，本件貸付け（及びそれを前提とする本件抵当権設定契約）をその実行直前に知っていたこととなる。そうすると，原告が本件貸付け等を事前に了承していたことを強く推測させる事情として，本件貸付けの存在を支える方向の間接事実として機能する。

(2) 本件貸付けの存在を疑わせる方向の間接事実の例（問9）

① Aは，本件貸付けにより受領した500万円全額をA不動産の運転資金として使用したこと（事例27(viii)）　金銭消費貸借契約証書（乙第3号証）の資金使途には「共同住宅追加改装工事資金」と手書きで記載されている。見出しの事実が認められる場合には，原告自身には本件貸付けを受ける必要性や動機がなかったこととなり，原告が本件貸付け等に関与していたことを疑わせる方向の間接事実として機能する余地がある。

　もっとも，原告とAは親子であり，原告が被告から別件貸付けを受けた際にはAに連帯保証人となってもらっていることを考えると，原告が自己名義でAのために（資金使途を偽って）本件貸付けを受けたということも考えられるから，仮に見出しの事実が認められるにしても，その推認力の程度を安易に過大評価しないよう注意すべきであろう。

② 本件貸付けに係る入出金には，本件貸付けに先立って原告名義で開設した別件貸付けとは別の口座を用いたこと（事例27(ix)）　本件貸付けに先立つ平成16年4月28日の別件貸付けの際にも金銭消費貸借契約証書（乙第1号証〔略〕）及び抵当権設定契約証書（乙第2号証〔略〕）が作成されており，その記載どおりの金銭消費貸借契約の成立及びそれを担保するための別件抵当権設定契約締結の各事実があったことにつき当事者間に争いはない。そうすると，本件貸付けは別件貸付けの追加融資という位置付けとなるが，真実原告が本件貸付けを受けたのであれば，別件貸付けの返済用口座と同じ原告の預金口座を本件貸付けの返済用口座と指定して融資金の入金を受け，分割金を返済していけば足りるはずであるのに，本件貸付け

---

[10] 同事実を本件貸付けの事実認定の一資料として考慮することが許されるのは，当該事実を証拠により認定できる場合に限ると解すべきである。後述IXの冒頭部分参照。

の際にわざわざ新たに預金口座を開設したことは，借主の行動としてはやや不自然なものである。当該間接事実が認定できる場合であって，新口座の開設について合理的な理由がないときは，原告が本件貸付けに関与していないことを疑わせることとなり，本件貸付けの存在をかなり大きく動揺させる方向の間接事実として機能する。

IX 人証で立証すべき点（問10）

　主要事実の認定のために必要な間接事実や補助事実があったかどうか自体が争点になる場合，実務では，証拠による認定が必要となるという考え方に基づいて運用されているのが実情であろう。民事訴訟における事実認定は，一定の証明を要しない事実（法179条）を除き，証拠により認定できる事実のみを前提として行うべきであると考えられるからである（土屋＝林編・前掲書47頁参照）。

　そして，争点及び証拠の整理段階で，主要事実のみならず，当事者双方が主張する間接事実や補助事実についても争いの有無を確かめ，争いのあるものについては弁論準備手続期日において文書の証拠調べ（法170条2項参照）を必要に応じて実施していくなどして，この段階でできる限り事案を解明し，書証等で客観的に認定できる事実と，人証で立証することが必要な事実を仕分けしていく作業を行っている。一例を挙げれば，**事例**において被告が主張する平成16年10月1日における保証意思確認の状況（特に原告本人がその場に同席していたかどうか）は，前提事実自体に争いがあることが争点及び証拠の整理の中で判明しており，集中証拠調べを実施しても，関係者の供述内容が食い違っていくことが予想される。そこで，裁判官としては，争点及び証拠の整理段階で，当日の保証意思確認状況を裏付けるような客観的な証拠（当日作成された業務日誌や被告信用金庫内での報告書等が考えられようか）の有無やその内容について被告に立証を促しておくことを考慮することとなろう[11]。

　このように，争点及び証拠の整理段階で，事案解明のポイントとなる重要な間接事実や補助事実まで掘り下げた争点整理を十分に行っておくことは，より確実で質の高い事実認定のために重要な準備作業である。争点及び証拠の整理

を準備書面等の書面交換に終始させずに，当事者双方と裁判所が想像力を働かせつつ，それぞれの立場から口頭で活発な議論を重ねていく中で，審理判断の行方を左右するような重要な事実や書証の存在が浮上してくることもある。読者も，そう遠くない将来に経験することになるであろう（土屋＝林編・前掲書116頁等参照）[12]。

以下では，ⅦやⅧで取り上げた点を中心に，事例においてどのような事項を人証で立証する必要がありそうかについて検討を試みる[13]。

1 補助事実レベルの争点及び証拠の整理の結果を踏まえて

本件貸付けを直接証明すべき乙第3号証の押印が原告の意思に基づくものであったかどうかが，補助事実レベルの争点となる。

同押印が原告の印章によるものであることについては当事者間に争いがないので，同押印は原告の意思に基づくものであったと事実上推認されるから（一段目の推定），原告が自宅のたんすの引き出しに保管していた実印や印鑑登録カードをAが勝手に持ち出した（疑いがある）かどうか（**事例2**7(ⅵ)(ⅶ)）が実質的な補助事実レベルの争点であることがわかる。A，被告信用金庫の融資担当者や原告本人を人証として採用し，関連する各供述の信用性を検討していくこととなろうが，その信用性を判断するためには，原告の実印や印鑑登録カードが保管されていたとされるたんすの客観的形状等やそれに関するAの認識に

---

11) そのような裏付け証拠の有無自体が，主要事実の認定に当たり一定方向の間接事実として働くことも少なくない。また，裏付け証拠により動かし難い事実の存在が明らかになるときは，その後の集中証拠調べにおける人証の供述内容を吟味するに当たり，単なる水掛け論ではなく，当該動かし難い事実との整合性との観点を加えることができるようになり，人証の信用性判断の質はより向上することとなろう。

12) 争点及び証拠の整理の実質が深まっていくうちに，当事者間の実質的な争点がなくなっていき，人証調べ前に，訴訟上の和解等により裁判によらないで訴訟が完結する事案も少なくない。そのような形で適正妥当な解決に至ったケースでは，時に代理人や当事者本人から感謝の言葉をかけていただけることもあり，法曹としてのやり甲斐を感じる瞬間の一つである。

13) 標準的な実務では，争点及び証拠の整理段階で人証予定者の陳述書を書証として取り調べておき（**事例2**の8，9参照），これを利用しながら集中証拠調べを行っている。陳述書は，相手方に対して主尋問の内容を事前に開示するなどの機能を営むことから，集中証拠調べを円滑に実施するためのツールとして広く活用されている。陳述書の機能や作成上の留意点につき，**講義1「民事裁判の流れ」のⅩ「証拠調べの口頭弁論」**のほか，例えば，土屋＝林編・前掲書105頁参照。

ついても解明することが必要となってこよう。

2 間接事実レベルの争点及び証拠の整理の結果を踏まえて

間接事実レベルの争点及び証拠の整理の結果を踏まえると，別件貸付け及び別件抵当権を設定した経緯（**事例２６**(i)・**7**(v)），本件貸付け関係書類には原告の実印が押捺され，印鑑登録証明書も添付されていた点（**事例２６**(iii)）等は当事者間に争いがなく[14]，別件貸付けと本件貸付けとで返済用口座が異なっていたことも，概ね争いがなさそうである（これらの間接事実は，事実認定の場面において「動かし難い事実」として機能することとなる）。

他方で，本件貸付けに先立つ手続に原告自身が関与していたかどうか（**事例２６**(iv)），Ａが営むＡ不動産（個人企業）の本件貸付け当時の資金繰り（**事例２７**(vi)），本件貸付けの資金使途（**事例２６**(ii)・**7**(viii)）等については前提事実自体に争いがあるから，上記**1**で例示した人証からこれらに関する各供述を得ることが必要となろう。

また，**事例2**の弁論準備手続においても解明されていない問題点も少なくない[15]。例えば，本件貸付け当時の原告とＡとの親子関係，別件貸付けと本件貸付けにおける被告信用金庫の融資担当者の同一性，別件貸付けに至る手続と本件貸付けに至る手続との異同，本件貸付けに際して新口座を開設した経緯理由，本件貸付けの資金使途である共同住宅追加改装工事の施工状況等がさし当たり例示できるが，これらも，前同様の人証から供述を得ておく必要があろう。

---

14) 間接事実についての自白の裁判所に対する拘束力に関し，最判昭和31・5・25民集10巻5号577頁参照。この点を含め，自白者に対する拘束力に関する最判昭和41・9・22民集20巻7号1392頁を素材にして詰めた分析を試みた法科大学院生向けの文献として，山本克己「間接事実についての自白」法教283号（2004年）73頁以下がある。一読を勧めたい。

15) この種の事案では，事件に深く関与した者の供述証拠を得ることが難しいことがある。例えば，**事例2**のＡが行方不明になっているケースや，被告信用金庫の融資担当者が勤務先を退職した後に紛争が生じ，同担当者の協力を得られないケースなど，事案解明に困難を感じるケースに遭遇することは少なくない。

X 終わりに──学修上のアドバイス

　講義4及び講義5は，執筆担当者（髙原）が大阪大学法科大学院で平成24年度1学期に2年次学生向けに実施した「裁判実務基礎（民事）」科目の授業において，2単位（15回）授業の3分の2程度を消化した時点で学生に話した内容を基礎に，その後の質問対応等の結果を踏まえて，わかりやすさの観点から加筆修正を加えたものである。2年次生が主たる受講者であった関係で，素材として取り上げた個々の実体法，手続法上の問題点はごく基本的なものに限定しているが，民事執行を含めた民事訴訟第一審手続全体の流れを鳥瞰済みであることを前提に[16]，争点整理の切り口で手続の流れに沿って動態的，横断的に検討を加えたものであるから，特に講義5は，現時点ではやや難しく感じる読者もあるかもしれない。その場合には，通読にこだわらず，主要事実レベルまでに関する講義4の内容をまずは理解することに努め，講義5をスキップして講義6に進み，事実認定の基礎に関する授業を受講する段階で，間接事実・補助事実レベルの争点及び証拠の整理に関する講義5に取り組むとよいであろう[17]。

---

[16]　『一審解説』のほか，**講義1**「民事裁判の流れ」参照。
[17]　『新問題研究』8頁以下は「「（要件事実以外の）事実が，当該訴訟における要件事実（主要事実）の存在を推認させ，あるいは推認を妨げる働きをする間接事実として重要な意味を持つことも多くありますので，このような間接事実が実際の訴訟上果たす役割にも十分に留意することが必要です。ただ，そのような間接事実を適切に把握する上でも，何が要件事実（主要事実）であるのかを明確にすることが大切です」と指摘している。

講義 6 事実認定の基礎

民事裁判実務の基礎

I 事実認定とは

　民事訴訟とは，ある事実関係に法令を適用して一定の法的判断を示すプロセスであるが，そのためには，法令を適用する前提となる事実関係を確定することが不可欠である。民事訴訟における事実認定とは，このように法令の適用の前提となる事実関係を確定する作業であり，あらゆる民事訴訟において，裁判所が法的判断を示す前提として，必ず行わなければならない作業である（なお，当事者間に事実関係について全く争いがない場合には，事実認定は必要がなくなるが〔法179条〕，実際の訴訟では，欠席判決になるような事例を除けば，そのような場合は多くない）。また，当然のことであるが，前提となる事実関係が異なれば，法令を当てはめた場合の結論も異なってくる。その意味で，事実認定は裁判の結果を左右する非常に重要な役割を担っており，事実認定を誤れば，いかに法的判断が正しくとも，裁判の結果を誤ることになる。事実認定が民事訴訟の要といわれるゆえんである。

II 事実認定の対象

　まず，民事訴訟においては，原告が被告に対し，ある特定の訴訟物に関する権利関係を主張して，請求を定立する。そして，原告は，自らが求める法律効果を発生させるために必要な具体的事実を主張する。これが請求原因事実である。

　原告の主張する請求原因事実に対し，被告は，認否を行う。被告が当該事実

を認めれば、自白が成立し、その事実は存在するものと取り扱われるから、事実認定の対象ではなくなる（法179条）。これに対し、被告が否認した事実あるいは知らないと述べた事実は、原告において立証する必要があり、事実認定の対象となる。

　また、被告は、請求原因事実を前提とし、その法律効果の発生を妨げるような事実、すなわち抗弁事実を主張することができる。この抗弁事実については、原告の認否がされ、原告が否認するか、知らないと述べた事実は、被告が立証する必要があるから、事実認定の対象となる。再抗弁、再々抗弁等においても、同様のことがいえる。

　このように、事実認定の対象となる事実とは、究極的には、要件事実となる主要事実であって、当事者間に争いがあるものということになる。また、実際には、主要事実の有無はその存在あるいは不存在を推認させる間接事実の積み重ねによって立証されることが多いことから、そのような間接事実も、当然ながら事実認定の対象となる。争点整理とは、ごくおおざっぱにいえば、当事者間に争いのある事実と争いのない事実とを峻別整理して、事実認定の対象となる事実（要証事実）を絞る作業である（実際には、争点整理にはそれ以外にも多様な機能がある。争点整理については、**講義4**、**講義5**参照）。

Ⅲ　事実認定の構造

　民事訴訟における事実認定は、「証拠調べの結果」と「口頭弁論の全趣旨」をしん酌して行う（法247条）。証拠調べには、大きく分けて証人尋問、当事者尋問、鑑定、書証、検証があり、その他に、裁判所が行う調査嘱託（法186条）などがある。口頭弁論の全趣旨（一般に「弁論の全趣旨」という）とは、口頭弁論に現れた一切の資料から証拠調べの結果を除いたもので、当事者の主張立証活動における態度などがこれに当たる。具体的には、相手方の間接事実に関する主張を明示的に争わないという態度や、当然に行うべき反証を行わないという立証活動における態度などが、弁論の全趣旨として事実認定において考慮されることになる。

　証拠調べの結果や弁論の全趣旨は、経験則を用いて具体的な事実認定に結び

つけられる。いくら証拠の評価を正しく行っても，それを事実認定に結びつける経験則を誤った場合には，正しい事実認定を行うことはできない。この経験則には，専門的な知見に属するものから，日常生活における経験則まで，あらゆるものが含まれる。専門的な経験則は，それ自体が立証の対象になるから（裁判官があらゆる専門領域における経験則に通じているなどということは，不可能である），ここで重要なのは，日常生活における経験則，あるいは，常識人であれば当然に知っているべき経験則である。事実認定には健全な常識が必要であるとされるゆえんである。

なお，実際の訴訟においては，すべての証拠や弁論の全趣旨を積み重ねても，何が真実なのか不明である場合が起こり得る。このような場合に，裁判所として，事実が不明であるから裁判をしないということはできない。そこで，立証責任というルールが定められており，真偽不明に陥った場合には，立証責任を負う方が不利益を被るということになっている。したがって，事実認定を行う際には，常に立証責任がどちらにあるのかを意識しながら行う必要がある。そして，要件事実の整理とは，まさにこの立証責任の所在を主要事実ごとに明らかにして整理することなのである。

Ⅳ 証拠について

事実認定において最も重要な作業は，証拠の評価である。そこで，証拠に関する基本的な概念及びルールについて，簡単に説明しておくこととする。

1 証拠力と証拠能力

証拠力とは，当該証拠が要証事実の証明に役立つ程度をいう。証明力，証拠価値などの用語もほぼ同じ意味である。これに対し，証拠能力とは，当該証拠を事実認定に用いることができる資格をいい，証拠能力のない証拠は，そもそも事実認定に用いることは許されない。民事訴訟においては，原則として証拠能力に制限はなく，どのような文書，物，自然人であっても証拠能力はある。証拠力の問題と証拠能力の問題とを混同しないように注意が必要である。なお，証拠力には，形式的証拠力と実質的証拠力があるが，これらについては

4(1)で述べる。

2 直接証拠と間接証拠

　証拠は，証明の対象となる主要事実との関係で，直接証拠と間接証拠に分類することができる。直接証拠とは，その証拠によって主要事実を直接証明することができる証拠をいう。典型的には，売買契約を立証するための売買契約書のようなものである。これに対し，間接証拠とは，主要事実を推認させる間接事実を証明することができる証拠をいう。例えば，売買契約の成立を推認させる間接事実としての金銭の送金の事実を証明するATMの利用明細書のようなものである。ある証拠が直接証拠なのか間接証拠なのかは，要証事実をどのように捉えるかによって変わることに注意が必要である。例えば，上記のATMの利用明細書は，要証事実が売買契約の成立であれば間接証拠であるが，要証事実が売買代金の支払（弁済）の事実であれば，直接証拠になる。また，直接証拠であるかどうかは，証拠の証拠力（証明力）とは無関係であり，直接証拠であっても証拠力が極めて弱いということもあり得る。例えば，要証事実が売買契約の成立である場合に，本人尋問において当事者本人が売買契約を締結したと供述すれば，その供述は直接証拠になると考えられるが，売買契約書などと異なり，その証拠力はそれほど高くない。したがって，通常は，当該供述のみで主要事実を認定するのではなく，主要事実の存在を推認させる間接事実を積み重ね，これらの間接事実と供述とを総合的に考慮して主要事実の認定に至ることが多い。

　以上に述べたように，直接証拠があれば直ちに主要事実を認定することができるわけではなく，また，直接証拠か間接証拠かというのは，要証事実によって変わってくる相対的なものであるから，ある証拠がどちらなのかを，要証事実を意識しないまま二者択一的に確定しようとすることに意義があるわけではないことに注意が必要である。

3 処分証書と報告文書

　書証とは，文書の記載内容を証拠資料とする証拠調べを意味する。したがって，文書を証拠とする場合であっても，その記載内容ではなく，筆跡，紙質な

どを証拠資料とする場合には，それは書証ではない。なお，書証とは，証人尋問や鑑定などと同じく，本来は証拠調べの手続そのものを指す用語であるが，慣例的に，取調べの対象となる文書自体を指す用語としても用いられている。

書証の分類として，処分証書と報告文書というものがある。処分証書とは，意思表示その他の法律行為が文書によってされた場合のその文書をいい，契約書や遺言書がその代表例である。また，解除通知書も，解除という意思表示がその文書によって行われているから，処分証書である。これに対し，報告文書とは，作成者の認識，判断，感想などが記載されている文書であり，報告書，陳述書，日記，領収書，帳簿，手紙などがこれに当たる。

処分証書は，当該文書に記載されている法律行為が要証事実である場合には，後に説明する形式的証拠力（文書の成立の真正）が認められれば，原則として，当該法律行為が行われたことが認定できるから，極めて重要な証拠となる。

これに対し，報告文書は，作成者の認識等が記載されているにすぎないから，その証拠力は，文書の性質，内容，作成経緯等に応じて異なる。ただ，報告文書は，その文書作成時における作成者の認識を記載したものであるから，紛争が生ずる前に作成された報告文書などは，しばしば重要な証拠になることがある。

4　書証に関する民事訴訟法のルール

書証は，実際の民事訴訟においては，証拠の中心的な位置を占めるものであるが，民事訴訟法は，書証を事実認定に用いる場合についていくつかのルールを定めている。それを以下に見ていくことにする。

(1)　形式的証拠力と実質的証拠力

文書を証拠として用いるためには，その成立が真正であることが証明されなければならない（法228条1項）。成立が真正であるとは，その文書が作成者（正確には，挙証者が作成者と主張する者）の意思に基づいて作成されたことをいう。ある文書の記載内容を証拠として用いるためには，当該文書が作成者の意思に基づいて作成されていなければならないから，これは当然のことである。

講義6　事実認定の基礎　　109

そして，真正に成立した文書には，形式的証拠力があるという。証拠力とは，当該証拠が要証事実の証明に役立つ程度のことをいうから，形式的証拠力がないということは，そもそも当該証拠は要証事実の証明には役立たないということである（このことは当該証拠に証拠能力がないことを意味するものではないことに注意が必要である）。なお，実際の訴訟においては，すべての文書の形式的証拠力を証拠の申出をした当事者に証明させるのは酷であることから，相手方が文書の成立を争わない場合には，形式的証拠力があるものとして取り扱っている。

他方，形式的証拠力があるからといって，当該文書の記載内容が真実であるということにはならない。たとえ作り話を記載した文書であっても，それが当事者の意思に基づいて作成されていれば，形式的証拠力は認められるからである。そこで，当該文書の記載内容が要証事実の証明に役立つ程度を実質的証拠力と呼んでいる。実質的証拠力の程度は，文書の性質，内容，作成過程等によって様々であるが，処分証書の場合には，形式的証拠力が認められれば，特段の事由がない限りその文書に記載された法律行為の存在が認められるから，強い実質的証拠力が認められる。これに対し，報告文書の場合には，当該文書が作成された経緯や作成者の属性等によって，実質的証拠力の強弱が変わってくることになる。

(2)　二段の推定

㋐　書証としての文書は，相手方がその成立の真正を争う場合には，挙証者においてこれを証明しない限り，証拠力を有しないことになるが，民事訴訟法は，文書の成立についての挙証者の負担を軽減するため，文書の形式的証拠力に関する推定規定を置いている。それが法228条4項であり，これによれば，私文書は，本人又は代理人の署名又は押印があるときは，真正に成立したものと推定することとされている。

ここでいう「本人又は代理人の署名又は押印」とは，本人又は代理人の意思に基づく署名又は押印を意味することに注意が必要である。つまり，ここでいう署名又は押印とは，作成者が自らの意思で署名し，又は押印したという意味であって，単に署名又は押印が文書上に存在するという意味ではない。ある文

書について，作成者とされる者が自らの意思で署名又は押印を行っていれば，通常は当該文書全体がその者の意思に基づいて作成されたといってよいことから，このような推定規定が置かれたのである。

この推定の法的性質については，事実認定における自由心証に一定の拘束を認めたものであるとする法定証拠法則説が有力であり，この考え方によれば，この推定は事実上の推定であって，相手方は，当該文書が作成者の意思に基づいて作成されたものであることに疑いを生じさせればこの推定を覆すことができることになる。典型的には，署名又は押印の後に文書の内容が改ざんされた可能性などが挙げられる。

(イ) 以上が法228条4項が規定する推定であるが，判例は，さらに進んで，文書に作成名義人の印章によって顕出された印影があるときは，反証がない限り，当該印影は本人の意思に基づいて顕出されたものと事実上推定するとしている（最判昭和39・5・12民集18巻4号597頁等）。同項の推定が及ぶためには，文書に顕出された印影が作成名義人の意思に基づいて顕出されたものであることが必要であるが，印章（はんこ）が重要なものとして厳重に保管されていることが多い我が国の文化に照らし，文書に作成名義人の印章による印影が存在していれば，通常はその作成名義人の意思に基づいて押印が行われたものであろうという推測が働くことから（自ら押捺することもあるだろうし，他人に頼んで押してもらうこともあるだろうが），当該印影は作成名義人の意思に基づいて顕出されたものであることを推定するということである。これは，経験則に基づく事実上の推定であるから，そのような経験則が必ずしも働かない状況であったことを証明することにより，当該印影が本人の意思に基づかずに顕出された可能性を生じさせれば，推定を覆すことができる。

このように，文書に作成名義人の印章による押印がされている場合には，まずその押印が本人の意思に基づいて行われたものであることが推定され（第一段の推定），その上で，法228条4項の推定が及ぶ（第二段の推定）ことになっており，これを一般に「二段の推定」と呼んでいる。なお，この二段の推定は，印鑑の取扱いに関する我が国の慣習を根拠とするもので，同項の「署名又は押印」のうち「押印」についての理論であり，署名についてはこのような理論を用いる必要がないことに注意が必要である（署名の場合は，作成者の筆跡に

よる署名があれば，ダイレクトに作成者の意思に基づく署名であると認定できるので，押印の場合における第一段の推定のような理論を用いる必要がない）。

　なお，この二段の推定の適用については，代理人が作成した文書をめぐって見解が分かれている。まず，作成名義がＡ代理人Ｂと表示され，代理方式であることが明示された文書の場合は，その作成名義人は代理人Ｂであって，文書の成立の真正も代理人Ｂについて検討することになるものと思われる。これに対し，いわゆる署名代理方式で作成された文書（Ｂが，Ａの代理人として，Ａ名義の署名押印を行い，Ｂ自身の署名や押印を行わない場合）については，その作成者をＡであるとする見解と，Ｂであるとする見解とに分かれており，いずれについてもそれなりの説得力を有していると思われる（詳細については，土屋文昭＝林道晴編『ステップアップ民事事実認定』〔有斐閣，2010年〕66頁以下を参照されたい）。

5　人証調べ

　ここで，人証調べについて述べておく。人証調べとは，当事者尋問（一般に「本人尋問」ということが多い）及び証人尋問をいう。人証は，①嘘を言うことが容易であること，②記憶違いや時間の経過による記憶の減退が避けられないことから，人証調べの結果は，一般に証拠力はそれほど高くないといわれている。しかし，例えば密室で行われた行為が要証事実になっている場合など，その場に居合わせた人物の供述以外に証拠がないという場合もあって，人証調べは，多くの訴訟においてなお重要な位置を占めるものとなっている。

　人証の証拠力の評価においては，その供述が信用できるかどうかを判断することになる。その場合，供述の態度（そわそわしているとか，落ち着いているなど）や供述内容の一貫性（尋問の途中で供述が変遷していないか）といった事情は，それほど重視すべきではないと考えられる。というのも，人間は，仮に真実を述べているとしても，緊張により落ち着きをなくしてそわそわすることは十分にあり得るし，過去の出来事についての記憶が曖昧であるために供述内容が尋問の途中で変遷することもそれほど不自然なことではないからである。これらの事情を重視しすぎると，供述の信用性の判断を誤ることになりかねない。

それでは，供述の信用性をどのようにして判断すればよいのだろうか。まず，不利な事実を積極的に述べる供述は，通常は信用性が認められるであろう。そうでない場合については，大変難しい問題だが，重視すべきは客観的証拠や動かし難い事実と矛盾しないかどうかという点であり，最終的には，これらの点も含め，供述内容自体の合理性の有無を検討すべきであろう。また，仮にこれらの点から供述内容が不合理であるとまではいえないとしても，他の証拠による裏付けの全くない供述は，上記に述べたような人証の性質に照らし，なかなかそれだけでは事実認定に用いることは難しいと考えられる。もっとも，そうはいっても，実際の訴訟では，当事者の供述以外に証拠がないこともままあり，そのような場合には，証拠の評価について困難な判断を迫られることになる。

V　事実認定の方法

1　直接証拠による認定

　実際の事実認定においては，まず，要証事実となっている主要事実を直接証拠により認定できるかどうかを検討するのが通常である。法律行為の成立が要証事実となっている場合，当該法律行為が記載された処分証書（契約書や遺言書等）があれば，まずその成立の真正を確認することになる。成立に争いがあれば，二段の推定を用いるなどして，その成立の真正が認定できるかどうかを検討することになり，成立の真正が認定できる場合には，原則として，当該法律行為の成立が認定できることになる。

　例えば，XがYに100万円を貸し付けたと主張し，Yが贈与を受けたものであるとしてこれを争っている訴訟を想定する。Xは，貸付けの証拠として，Yの記名押印のある借用書を提出したが，Yは，借用書の印影がYの印章によるものであることは認めたものの，そのような借用書に押印した記憶はなく，上記印章はXにより冒用されたものであると主張したとする。この場合，借用書は金銭消費貸借契約が締結されたことを立証する直接証拠であり，処分証書であるから，その成立の真正が認められれば，特段の事情がない限り，貸付けの事実が認定できることになる。したがって，上記の設例では，二段の推

定が働くから，Yにおいて，一段目の推定を覆すべく，Yの印章がYの意思によらずして押印された可能性があることを主張立証していくことになろう。

他方，直接証拠であっても，人証の場合には，実質的証拠力についての慎重な吟味が必要となる。前述のとおり，他に当該供述を裏付けるような証拠がない限り，なかなか人証だけで要証事実を認定することは困難な場合が多い。そこで，直接証拠の実質的証拠力がそれほど高くない場合には，次項で述べる間接事実による推認という手法を組み合わせて事実認定を行うことが不可欠となる。

例えば，XがYに100万円を貸し付けたと主張して訴訟を提起したが，金銭消費貸借契約書等の処分証書が全く存在しない場合を考えてみる。この場合，Xが，本人尋問で「私は○月○日Yに対し100万円を貸し付けました。」と供述し，Yがそのような事実は一切ないと供述したとする。この場合，Xの供述は100万円の金銭消費貸借契約の成立についての直接証拠になるが，人の供述であるからその実質的証拠力には限界があり，Yがこれを否定する供述をしていることも考えると，Xの供述だけで貸付けの事実を認定することは困難である。そうすると，他の間接事実（例えば，XとYの関係，100万円がXからYに交付された事実があるかどうか，当時Yが金に困っていたかどうか，XがYに返還を求めた事実があるかどうかなど）とX・Yの供述を照らし合わせ，これらを総合してXの主張する貸付けの事実が認定できるかどうかを判断することになる。

2　間接事実による推認

(1)　主要事実を直接証拠によって直ちに認定できることはむしろ例外的な場合であり，通常は，間接事実を積み重ねてその推認により主要事実の認定を行うことになる。

間接事実による推認を行う場合にも，当該間接事実は，やはり証拠により認定しなければならない（弁論の全趣旨により認定できる場合は除く）。このように，間接事実の認定に役立つ証拠を間接証拠と呼んでいる。

(2)　主要事実に関係する間接事実というのは，複数あるのが通常であり，主要

事実を認定する方向に働くものと，否定する方向に働くもののいずれもが存在することが多い。そのような場合，頭の整理として，主要事実を認定する方向に働く間接事実（積極方向の間接事実）と，主要事実を否定する方向に働く間接事実（消極方向の間接事実）とをピックアップし，それらを比較対照することは，確度の高い事実認定に到達する上で有用な方法である。具体例を2つ挙げて検討してみることとしよう。

(ア)　まず，**1**で挙げた，XがYに対し100万円を貸し付けたと主張するが，直接証拠である処分証書がない事案を検討してみる。

この場合，貸付けの事実を認定する方向に働く間接事実として考えられるものとして，①XがYに100万円を振込送金したこと，②当時Yが金に困っていたこと，③Xは過去にもYに金銭を貸し付けたことがあったこと，④XがYに対ししばしば返済を求めていたこと，⑤Yが約定の利率で計算した金額と一致する金額を毎月Xに支払っていたこと，⑥Xの帳簿にYに対する貸付金が記載されていることなどの事実が挙げられる。他方，貸付けの事実を否定する方向に働く間接事実としては，⑦XとYが親子であること，⑧金銭を交付した後，Xは長年にわたり返済を求めたことがなかったことなどが挙げられるほか，金銭消費貸借契約が成立していれば当然存在すべき事実が存在しないことも，有力な間接事実になることがある（例えば，Xが商人であれば，⑥の事実が存在しないことは，貸付けがなかったことを推認させる間接事実となろう）。

(イ)　また，実務上よく見られる例として，XがYの代理人であるAから土地を買ったとして，Yに対しその引渡しと所有権移転登記手続を求めたのに対し，YがAに代理権を授与したことを争っている事案を想定する。この場合，Yが作成した委任状があれば，代理権授与の直接証拠になるが，仮にこれがなかった場合には，種々の間接事実から代理権授与の事実の有無を認定していくことになる。なお，Yが本人尋問でAに代理権を授与したことを認めた場合には，それはYにとって決定的に不利な事実の陳述であるから，それを直接証拠として代理権授与の事実を認定することが可能である。しかし，例えば，Aが証人尋問でYから代理権を授与されたと陳述しただけでは，AがXやYとどのような利害関係を有しているのかが明らかにならないと，直ちに代理権授与の事実を認定することはできず，やはり間接事実による総合的認

定が必要となろう。

　この場合の間接事実としては，例えば，①ＡがＹの実印や印鑑証明を所持していたこと，②Ｙが従来よりＡに不動産の管理を委ねていたこと，③Ｙが別の所有土地をＡを代理人として売却したことがあったこと，④Ｙにおいて当時多額の資金を必要とする事情があったことなどといった事実が認められれば，これらは，代理権授与を認定する方向に働く間接事実となろう。他方，⑤当該土地がＹの先祖代々の重要な土地であること，⑥土地の売却代金をＡが費消していること，⑦Ｙが当時入院しており面会が制限されていたこと，⑧Ｙが当該土地に建物を建築する相談を工務店に持ちかけていたことなどといった事実が認められれば，これらは，代理権授与を否定する方向に働く間接事実となろう。なお，例えば，ＡがＹの息子であるといった事実は，一方で，ＹがＡに代理権を授与しても不自然ではないという意味で代理権授与を認定する方向に働く間接事実になる反面，ＡがＹの家に自由に出入りして実印や印鑑証明を入手できたという意味では，代理権授与を否定する方向に働く間接事実にもなり得る。上記⑦もシチュエーションによっては代理権授与を肯定する方向に働く場合もあり得よう。したがって，間接事実の評価に当たっては，当該事実が具体的事実関係の中でどのような意味を持つ事実なのかを十分に吟味することが必要である。

3　総合判断

(1)　主要事実の認定は，最終的には直接証拠の評価，間接事実による推認を組み合わせ，これに弁論の全趣旨も加えた総合判断によって行われる。その際，重要なことは，間接事実の中に存在する動かし難い事実を中心に事実を組み立てていくことである。つまり，間接事実の中には，争いようのない客観的な証拠から認められる事実（例えば，利害関係のない第三者により証明されている事実――銀行の取引履歴により認められる事実――など）や，原告側と被告側の双方の人証の供述が一致している事実など，確実に存在すると認められる事実が存在する。これらの動かし難い事実と矛盾するような証拠は信用してはならないし，積極方向，消極方向の様々な間接事実も，そのような動かし難い事実と照らし合わせながら，要証事実に対する位置づけを慎重に検討する必要がある。

一見要証事実を推認させる方向に働くかのように思われる間接事実であっても，動かし難い事実の存在を前提に検討すると，その推認の程度はそれほど高くないことが明らかになるということもしばしば経験することである。

　例えば，**2**(2)(ア)で挙げた例で，XのYに対する100万円の振込みを証する銀行の通帳が証拠として提出されていたとすると，このような書証（報告文書）は，類型的に信用性が高いから，振込みの事実が動かし難い事実となる。したがって，仮にYが振込みの事実自体を否定するような供述をすれば，そのようなYの供述はそもそも信用できないということになる。また，同(イ)で挙げた事例で，Yが土地の売却代金を取得していることが銀行の通帳から明らかになったとすると，これが動かし難い事実となり，Yは当時売買契約の存在を前提とする行動をとっていたことになるから，仮に代理権授与を否定する方向に働くような間接事実が他に存在したとしても，Yが売却代金を取得したことをよほど合理的に説明できない限り，代理権を授与したとの認定がされることになろう。

(2)　また，総合判断において証拠や間接事実と要証事実とを結びつけるのは，経験則である。したがって，最終的に正しい事実認定を行うためには，経験則を誤ってはならない。この経験則というものは，法律の勉強をしているだけでは身につかないものであり，裁判官の全人格的な面が試される場面でもある。そして，事実認定が難しいのは，人は時として経験則に反するような行動をとることもあるということである。一見すると不自然・不合理な主張や供述に対し，「そのようなことがあるはずがない。」などとして無批判に経験則を当てはめ，当事者の主張に十分に耳を傾けないで事実認定をすることは慎まなければならない。何よりも大切なのは，経験則には常に例外があることを肝に銘じ，謙虚な気持ちで事実認定に臨むことであろう。

　この経験則は，間接事実をどのように評価するかという場面において，意識するにせよしないにせよ，常に問題となる。例えば，Xが商人である場合には，貸付けがあれば帳簿に記載するはずだという経験則があるので，帳簿に記載されていないことは，貸付けがなかったことを推認させる間接事実になるのである。また，長年にわたり返済を求めていないことが貸付けがなかったこと

を推認させる間接事実になるのも，貸付けがあれば，貸主は，通常は期限が徒過すれば返済を求めるはずだという経験則があるからである。もっとも，親子間の貸し借りのように，貸主と借主の関係によっては，直ちに返済を求めないことが必ずしも貸付けの事実を否定する事実につながらない場合もある。このように，経験則は，当該具体的な事案の下でそれが当てはまるかどうかを慎重に吟味した上で，適用しなければならない。

Ⅵ　最 後 に

　以上，ごく概略的に事実認定の構造，方法について説明した。紙幅の関係で具体例に基づいた解説が十分にできなかったのが残念であるが，事実認定に興味を持った読者の方は，前掲『ステップアップ民事事実認定』を読んでみることをお勧めする。具体的な設例を交えてとてもわかりやすく事実認定の方法が解説されている。また，これを読んでさらに関心が深まった方は，司法研修所編『民事訴訟における事実認定』（法曹会，2007年）にも挑戦してほしい。これは，事実認定をめぐるあらゆる問題について，実務的観点から詳細な検討が加えられており，事実認定の奥深さに触れることができる。

索　引

あ　行

印鑑登録カード……………………………99
印鑑登録証明書……………………………99
動かし難い事実…………………………113

か　行

確認訴訟……………………………………13
貸金返還請求権……………………………75
間接事実……………………………………94
　　──についての自白……………103
間接証拠……………………………94, 108
関連事実……………………………………16
基準時………………………………………45
擬制自白……………………………………18
規範的要件事実……………………………64
既判力………………………………………13
客観的立証責任……………………………19
給付訴訟……………………………………13
共同申請の原則……………………………72
経験則……………………………………106
形式的証拠力……………………………95, 109
形成訴訟……………………………………13
形成力………………………………………13
欠席裁判……………………………………18
権利根拠規定（規範）…………………20, 76
権利自白………………………………56, 77
権利障害規定（規範）…………………20, 76
権利消滅規定………………………………20
権利阻止規定………………………………21
権利に関する登記…………………………72
公開主義……………………………………22

攻撃防御方法………………………………19
交互尋問方式………………………………27
口頭主義……………………………………22
口頭弁論……………………………………22
口頭弁論終結時………………………13, 30
口頭弁論の全趣旨………………………106
抗　弁…………………………20, 45, 81
抗弁事実…………………………………106

さ　行

再抗弁…………………………………21, 59
裁判上の自白………………………………77
裁判上の和解………………………………24
裁判を受ける権利…………………………12
債務名義……………………………………24
五月雨式訴訟運営…………………………28
事実上の推定………………………………96
実　印………………………………………99
執行力………………………………………13
実質的証拠力……………………………95, 109
釈明権………………………………………82
終局判決……………………………………29
集中証拠調べの原則………………………27
主張共通の原則……………………………85
主張立証責任……………………………48, 74
主要事実…………………………………15, 94
準消費貸借…………………………………52
証拠能力…………………………………107
証拠力……………………………………107
証人尋問……………………………………27
消費貸借……………………………………43
証明を要しない事実……………………101

書　証	94, 95, 108
処分証書	108
署名代理方式	112
所有権	72
——に基づく返還請求権	54
近代的な——	76
所有権喪失の抗弁	59
推　定	95
請　求	71
請求原因	41
請求原因事実	20, 41, 105
請求の原因	14
請求の趣旨	14, 40, 72
請求を理由づける事実	73
成立における附従性	82
占有権原の抗弁	57
送　達	18
争点及び証拠の整理	70
争点志向型の民事訴訟	28
争点整理	61
争点等整理手続	23
双方審尋主義	22
訴　状	13
訴訟係属	12, 14
訴訟上の請求	71
訴状審査	17
訴訟代理人	14
訴訟物	15, 40, 71
——の個数	73

た　行

対抗要件具備による所有権喪失の抗弁	62
貸借型契約	44
諾成的な消費貸借契約	85
担保物権の附従性の原則	84
直接主義	22
直接証拠	94, 108
陳述書	28, 102
抵当権設定契約	82
典型契約	75

登記義務者	72
登記記録	73
登記権利者	72
登記請求権	72
物権的——	73
登記保持権原	76
登記目録	69
当事者尋問	27
答弁書	18

な　行

二段の推定	96, 110
人証調べ	112

は　行

背信的悪意者排除理論	63
売　買	42
判決言渡し	30
反　証	48
否　認	45, 81
否認の理由	98
評価根拠事実	64
評価障害事実	65
表見代理	50
付随的申立て	72
物権的請求権	73
物権目録	69
不動産登記制度	83
ブロック・ダイアグラム	58
文書の作成者	95
文書の成立の真正	95
返還請求権	76
弁護士強制	16
弁済期の合意	75
弁論主義	85
——の第1テーゼ	77
弁論準備手続	23, 70
弁論準備手続期日における文書の証拠調べ	101
弁論の全趣旨　→口頭弁論の全趣旨	

報告文書……………………………108
法定証拠法則（説）……………… 96, 111
法定代理人…………………………14
冒頭規定……………………………75
法律効果……………………………74
法律上の争訟………………………11
法律要件……………………………74
法律要件分類説………………… 48, 81
本　証………………………………48

　　　　　　ま　行

民法（債権法）の改正に関する中間試案……85

無権代理……………………………49
もと所有……………………………56

　　　　　　や　行

要件事実………………………… 15, 41
要物消費貸借………………………85

　　　　　　わ　行

和解勧試……………………………30
和解調書……………………………25

民事

索引　121

刑事裁判実務の基礎

はしがき

1 我々二人は，いずれも派遣裁判官として法科大学院において「刑事訴訟実務の基礎」の講義を担当した経験を有している（下津は，早稲田大学法科大学院において，平成22年4月から25年3月まで。江口は，九州大学法科大学院において，平成23年4月から26年3月まで）。その際の講義をイメージして法学教室誌に「刑事裁判実務講座」と名付けた連載を行った。取り上げたテーマは，「令状審査（勾留・保釈）」（法教380号），「公判手続」（法教382号），「証拠法（実況見分調書）」（法教384号），「事実認定」（法教386号），「公判前整理手続」（法教388号）及び「裁判員裁判」（法教390号）である。本書の「刑事裁判実務の基礎」は，この連載をまとめたものである。まとめるに当たっては，基本的な構成は維持するものの，内容を再検討し，表現の統一を図るとともに必要な加筆を行い，できるだけ分かりやすいものになるように努力した。

2 法科大学院で講義をしていた際，学生諸君からは，「刑事訴訟法の基本的な事項や，いわゆる論点については知っているけれども，刑事裁判において刑事訴訟法が実際に適用されている場面をイメージできない」といった声に接することが多かった。実際，学生諸君は，刑事裁判における「病理現象」には高い関心を抱いている一方で，通常の「生理現象」については興味をあまり示さず，その理解も十分とはいい難かった。そこで，法科大学院の講義では，DVDといった視聴覚教材を利用したほか，シナリオに基づいてロールプレイ等をさせながら刑事裁判を「体感」できるような授業を試みていた。本書の「刑事裁判実務の基礎」においても，刑事訴訟法等の手続法規が刑事裁判の現場においてどのように適用されているのか具体的にイメージできるように心がけたつもりである。そして，そのようなイメージを読者に持ってもらうためには，やはり刑事事件の記録を前提にする必要があり，上記の連載と同様に，『刑事第一審公判手続の概要——参考記録に基づいて　平成21年版』（法曹会）

を手元に置いて本書を読み進めていただきたい。

3 本書の中でも言及したが，いま，裁判員制度の導入により刑事裁判の姿が大きく変わろうとしている。法曹を志望する皆さんには，ぜひとも刑事裁判に関心を持っていただき，法曹になった暁には，より良い刑事裁判を作り上げるため，刑事裁判に積極的に関与してもらいたい。本書の「刑事裁判実務の基礎」が，そのような皆さんの一助になれば，筆者にとって望外の幸せである。

最後に，『法学教室』誌での連載企画段階から本書の出版までの間，多大なご支援を賜った渡辺真紀前編集長，五島圭司現編集長，大原正樹さんを始めとする有斐閣雑誌編集部の皆様に，厚く御礼を申し上げる。

平成 26 年 4 月

下津　健司
江口　和伸

目　次

はしがき　（125）

凡　例　（134）

講義1　令状審査（勾留・保釈）　　135
［下津健司＝江口和伸］

課題1　（135）　　**課題2**　（138）

I　はじめに ────────────────── 140
II　被疑者の勾留について ────────────── 140
　1　犯罪の嫌疑 ………………………………………… 140
　　(1)　意　義　（140）　　(2)　本問の検討　（141）
　2　勾留の理由①──住居不定（法60条1項1号） ……… 141
　　(1)　意　義　（141）　　(2)　本問の検討　（141）
　3　勾留の理由②──罪証隠滅のおそれ（法60条1項2号） ……… 142
　　(1)　意　義　（142）　　(2)　判断要素等　（142）　　(3)　本問の検討　（143）
　4　勾留の理由③──逃亡のおそれ（法60条1項3号） ……… 144
　　(1)　意　義　（144）　　(2)　判断要素等　（144）　　(3)　本問の検討　（145）
　5　勾留の必要性 ……………………………………… 145
　　(1)　意　義　（145）　　(2)　判断要素等　（146）　　(3)　本問の検討　（146）
　6　逮捕手続の審査 ………………………………… 146
　　(1)　逮捕前置主義　（147）　　(2)　時間制限の遵守　（147）　　(3)　逮捕手続の適法性　（147）　　(4)　本問の検討　（147）
　7　勾留請求の却下 ………………………………… 148
III　被告人の勾留について ────────────── 149

刑事

1　被疑者の勾留との違い ································· 149
　　2　「第一回公判期日」前の勾留に関する処分 ············· 150
　Ⅳ　保釈について ──────────────────── 151
　　1　権利保釈 ··· 151
　　　(1)　権利保釈の意義と法89条各号に定める除外事由　(151)　　(2)　本問の検討　(152)
　　2　裁量保釈 ··· 153
　　　(1)　裁量保釈の意義　(153)　　(2)　本問の検討　(153)
　　3　保釈保証金・保釈条件 ································ 154
　　　(1)　保証金額の決定　(154)　　(2)　保釈条件　(154)　　(3)　本問の検討　(155)

講義2　公判手続　　　　　　　　　　　　　　　　156

［下津健司＝江口和伸］

課題1　(156)　　課題2　(157)

　Ⅰ　はじめに ──────────────────── 158
　Ⅱ　刑事訴訟記録の編成 ─────────────── 158
　Ⅲ　公判手続の全体像 ──────────────── 159
　Ⅳ　冒頭手続 ──────────────────── 160
　　1　人定質問 ··· 160
　　2　起訴状の朗読 ·· 161
　　3　権利保護事項の告知 ································· 161
　　4　被告人及び弁護人の被告事件についての陳述 ········ 162
　　5　「第一回の公判期日」の終了 ························· 162
　Ⅴ　証拠調手続 ─────────────────── 163
　　1　検察官の冒頭陳述 ··································· 163
　　2　被告人側の冒頭陳述 ································· 163
　　3　公判前整理手続の結果の顕出 ······················· 164
　　4　証拠調請求 ·· 164

5　証拠決定，証拠意見 …………………………………………………… 165
　6　証拠調べの施行①（証拠書類と証拠物） ………………………… 166
　7　証拠調べの施行②（証人尋問等）………………………………… 167
　　(1)　証人尋問が実施される場合　(167)　　(2)　証人尋問の手続　(167)
　　(3)　証人尋問の方法（誘導尋問）　(168)　　(4)　証人尋問の方法（異議の取扱い）　(169)　　(5)　証人尋問における書面等の利用　(170)
　8　被告人質問 ……………………………………………………………… 171
　9　被害者等の意見の陳述 ……………………………………………… 172
Ⅵ　論告・弁論・最終陳述・判決 ──────────────── 172
　1　論告・弁論・最終陳述 ……………………………………………… 172
　2　被害者参加人等による意見陳述 …………………………………… 173
　3　判決宣告 ………………………………………………………………… 173

講義3　証拠法（実況見分調書） 174

［下津健司＝江口和伸］

課　題　(174)

Ⅰ　はじめに ──────────────────────── 175
Ⅱ　実務における伝聞証拠の取扱い ────────────── 175
Ⅲ　法321条3項 ────────────────────── 176
　1　法321条3項の意義 ………………………………………………… 176
　2　法321条3項が規定する要件 ……………………………………… 178
　3　「その真正に作成されたものであることを供述したとき」の意義 ……………………………………………………………………… 178
　　(1)　「真正に作成されたものであること」の意義　(179)　　(2)　「供述したとき」の意義　(179)
　4　真正立証の実際 ……………………………………………………… 179
Ⅳ　実況見分調書 ────────────────────── 181
　1　実況見分調書の意義 ………………………………………………… 181
　2　実況見分調書の証拠能力 …………………………………………… 182

3　実況見分における立会人の指示説明 ……………………………… 183
　　　(1) 意　義　(183)　　(2)「現場指示」と「現場供述」(184)　　(3) 立会
　　　人の指示説明の証拠能力をめぐる問題点　(185)　　(4)「現場指示」に
　　　よって立証できる事実　(186)　　(5) 立証趣旨との関係　(187)　　(6) 法
　　　326条の同意の効力との関係　(188)
　Ｖ　課題の検討 ──────────────────────── 189

講義4　事実認定　　　　　　　　　　　　　　　　　　　　　191
　　　　　　　　　　　　　　　　　　　　　　［下津健司＝江口和伸］

課　題　(191)

Ⅰ　はじめに ────────────────────────── 191
Ⅱ　刑事事実認定における基本的概念 ───────────── 192
　1　要証事実（主要事実）と間接事実 …………………………………… 192
　2　直接証拠と間接証拠 …………………………………………………… 193
　　補論　実務における自白の取扱い　(193)
　3　証拠の信用性と狭義の証明力 ………………………………………… 195
　4　証明の程度と立証（挙証）責任 ……………………………………… 196
　　(1) 証明の程度　(196)　　(2) 立証（挙証）責任　(197)
Ⅲ　刑事事実認定の基本構造 ─────────────────── 198
　1　争点の把握 ……………………………………………………………… 198
　2　争点に関する証拠構造の把握 ………………………………………… 200
　3　供述証拠の信用性判断 ………………………………………………… 201
　　(1) 供述証拠の危険性　(201)　　(2) 信用性判断の指標（課題(7)）(201)
　　(3) 信用性の総合評価　(205)
　4　情況証拠による認定 …………………………………………………… 205
　　(1) 間接事実の認定　(205)　　(2) 間接事実の評価　(206)　　(3) 間接事
　　実の総合　(206)

講義5　公判前整理手続

[下津健司＝江口和伸]

課題1　(208)　　**課題2**　(209)

- I　はじめに ——————————————————————— 210
- II　公判前整理手続の概要 ————————————————— 210
  - 1　目　　的 …………………………………………………………… 210
  - 2　関　与　者 ………………………………………………………… 211
  - 3　対象事件 …………………………………………………………… 212
  - 4　方　　法 …………………………………………………………… 212
  - 5　内　　容 …………………………………………………………… 213
- III　公判前整理手続に付された場合の手続の流れ ——————— 213
  - 1　公判前整理手続の流れ …………………………………………… 213
    - (1)　裁判所による公判前整理手続に付する旨の決定（手続③）　(213)
    - (2)　検察官による証明予定事実記載書の提出，証拠調請求，請求証拠の開示（手続④）　(214)　　(3)　被告人側からの類型証拠開示の請求（手続⑤）　(214)　　(4)　検察官による類型証拠の開示（手続①）　(214)　　(5)　被告人側の検察官請求証拠に対する意見，予定主張記載書面の提出，証拠調請求，請求証拠の開示等（手続②）　(215)　　(6)　被告人側からの主張関連証拠開示の請求（手続⑨）　(216)　　(7)　検察官による主張関連証拠の開示（手続⑧）　(216)　　(8)　検察官からの証明予定事実の追加又は変更，被告人側の予定主張の追加又は変更（手続⑦）　(217)　　(9)　争点及び証拠の整理の結果の確認（手続⑥）　(217)
  - 2　公判前整理手続を経た公判手続の特則 ………………………… 219
    - (1)　被告人側の冒頭陳述　(217)　　(2)　公判前整理手続の結果の顕出　(218)　　(3)　証拠調請求の制限　(218)
- IV　公判前整理手続における焦点及び証拠の整理 ——————— 219
  - 1　争点の整理 ………………………………………………………… 219
    - (1)　検察官提出の証明予定事実記載書　(219)　　(2)　弁護人の予定主張の明示　(220)　　(3)　裁判所による争点の整理　(221)
  - 2　証拠の整理 ………………………………………………………… 221

（1）請求証拠の厳選　（221）　　（2）証拠意見の重要性　（222）　　（3）分かりやすい証拠調べを行うための証拠の整理　（222）　　（4）審理計画との関連　（223）

V　証拠開示制度──────────────────── 223
　1　従前の証拠開示の状況 ……………………………………………… 223
　2　証拠開示制度の意義 ………………………………………………… 224
　3　証拠開示制度の基本的な仕組み …………………………………… 224
　4　証拠開示の類型 ……………………………………………………… 225
　　（1）請求証拠の開示　（225）　　（2）類型証拠の開示　（225）　　（3）主張関連証拠の開示　（227）
　5　証拠開示に関する裁判所の裁定 …………………………………… 227

講義6　裁判員裁判　　　　　　　　　　　　　　　　229

　　　　　　　　　　　　　　　　　　　　［下津健司＝江口和伸］

課題1　（229）　　課題2　（229）

I　はじめに──────────────────────── 230
II　裁判員制度の概要─────────────────── 230
　1　裁判員制度の意義・目的（課題1(1)）……………………………… 230
　2　裁判員裁判の対象となる事件（課題1(2)）………………………… 231
　3　裁判員の参加する合議体の構成（課題1(3)）……………………… 231
　4　裁判官と裁判員の権限（課題1(4)）………………………………… 232
　5　裁判員裁判の手続（課題1(5)）……………………………………… 233
　　（1）公判前整理手続　（233）　　（2）公判手続　（233）
　6　裁判員裁判における評議と評決（課題1(6)）……………………… 234
III　裁判員裁判における証拠調べの在り方（課題2）──── 236
　1　従前の証拠調べの問題点 …………………………………………… 236
　2　証拠調べの前提となる争点・証拠の整理及び
　　　証拠調方法の検討の必要性 ………………………………………… 236
　3　裁判員裁判における在るべき証拠調べの姿 ……………………… 237

(1) 争いのない事実についての立証　(238)　(2) 争いのある事実についての立証　(241)
Ⅳ　最後に——講義を終えるに当たって ─────────── 243

索　引　(245)

凡　例

■法令名の略称

法	刑事訴訟法（昭和23年法律第131号）
規則	刑事訴訟規則（昭和23年最高裁判所規則第32号）
裁判員	裁判員の参加する刑事裁判に関する法律（平成16年法律第63号）
刑	刑法（明治40年法律第45号）

以上のほか，有斐閣版『六法全書』の略称を用いた。

■判例集・文献の略語

刑集	最高裁判所刑事判例集
高刑集	高等裁判所刑事判例集

「参考記録」　司法研修所監修『刑事第一審公判手続の概要——参考記録に基づいて　平成21年版』（法曹会，2009年）中の「参考記録」部分

■判例の表示

〔例〕　最判昭和38・10・17刑集17巻10号1795頁
　　　　東京高判平成18・6・13高刑集59巻2号1頁

刑事裁判実務の基礎

講義 1

令状審査（勾留・保釈）

課題 1

事例1を読み，勾留担当裁判官として，Aを勾留すべきか否かを検討せよ。

事例1

1　A（本件当時31歳）は，大学卒業後，定職にはつかず，現在は，甲県乙市内のデパートでアルバイトをしている。昨年末までパート従業員の母親と実家に住んでいたが，今年から乙市内のアパートで一人暮らしをしている。なお，Aに婚姻歴はない。

　Aには，平成14年（当時20歳）に，酒に酔って飲食店の窓ガラスを割ったという器物損壊罪により罰金20万円に，平成17年（当時23歳）には，酒に酔って友人と口論となって顔面を殴打して全治約2週間の顔面打撲の傷害を負わせたという傷害罪により罰金50万円に処せられた前科（なお，各罰金は言い渡された直後に納付されている）がある。

2　Aは，平成25年10月10日午後7時から行きつけの居酒屋で一人で酒を飲んでいたが，同日午後9時頃にはかなり酔って大声で愚痴をいい始めた。その時，Aの横で飲んでいた常連客V（本件当時40歳）

＊　読者の皆さんには，刑事裁判の具体的なイメージを持ってもらうために，「参考記録」を参照しながら読み進めてもらいたい。
　参考文献等は逐一引用していないが，基本的な概念の定義等は，おおむね松尾浩也監修『条解刑事訴訟法〔第4版〕』（弘文堂，2009年）によっている。

が，Ａをうるさく感じて「ちょっと静かにしてくれませんか」とＡを注意したところ，Ａが飲酒していた勢いもあってＶに反論したため，両者の間で口論となった。居酒屋の店長Ｗが仲裁に入ったものの，口論は激しさを増したため，同日午後９時 25 分，Ｗは，110 番通報をし，引き続き仲裁に当たった。しかし，同日午後９時 30 分，Ｖの発言に激高したＡは，手拳でＶの顔面を複数回殴打した。その結果，Ｖは，鼻から出血し，顔面を押さえてその場にうずくまった。

3　同日午後９時 35 分，甲県乙警察署所属のＫ巡査部長が 110 番通報により現場に駆けつけた。Ｋ巡査部長は，Ｖが鼻から出血して顔面を押さえてうずくまっており，その横でＡが「ふざけるな」と怒鳴っていたことから，ただならぬ雰囲気を察し，Ｖに話を聞いたところ，Ａから顔面を何回も殴られたとの申告を受けた。Ａに話を聴いても大声を上げて質問に対してまともに答えなかったが，ＷがＶと同様の申告をしたことから，同日午後９時 45 分，Ｋ巡査部長は，Ａを傷害の現行犯人として逮捕し，同日午後 10 時，乙署に引致した。

4　Ａは，乙署での弁解録取において，上記傷害の被疑事実に関し，「かなり酔っていたため，当時のことは覚えていません」と供述したので，Ｋ巡査部長は，その旨の弁解録取書を作成した。翌 11 日午前 11 時，Ｋ巡査部長は，Ａから更に事情を聴いてＡの身上経歴や犯行状況に関する簡単な供述調書を作成した。

　一方，治療を受けて同日午後に乙署に来たＶからは被害届及び診断書（「鼻骨骨折及び顔面打撲により全治までに約１か月間を要する」）が提出された。Ｋ巡査部長がＶから事情を聴いたところ，Ｖは，「昨日，私は行きつけの居酒屋で飲んでいたのですが，Ａが大声を出して迷惑に感じたので，『静かにしてくれませんか』と注意したのです。しかし，Ａが『ふざけやがって』と反論してきたので口論となったのです。私が『大の大人が酔っ払って見苦しい』といったところ，Ａがいきなり右の拳で私の左ほほ付近を何回も殴打してきたのです。私は鼻に強い痛みを感じ，思わずその場にうずくまってしまいました。本日病院へ行ったところ，先程提出した診断書のような怪我だと分かったのです。私はＡに

一切触れていないのに突然一方的に殴られ怪我をしたのですから，Ａの厳重な処分をお願いします」と供述したので，Ｋ巡査部長はその旨の供述調書を作成した。

　また，同日午後遅く，Ｋ巡査部長がＷからも事情を聴いたところ，Ｗは，「客席の方で大声がしたので調理場から出たところ，ＡとＶが口論していました。かなり険悪な様子だったので仲裁したのですが，口論がエスカレートしていったので，110番通報をしました。その後，Ｖが何かいったところ，ＡがＶの顔面を何回も拳で殴ったのです。Ｖは鼻からかなり出血してうずくまってしまったため，大変なことになったと思いました。ＶがＡに一切手を出していなかったにもかかわらず，ＡはＶを一方的に殴ったのです」と供述したので，Ｋ巡査部長はその旨の供述調書を作成した。

　その上で，同月12日午前９時，傷害の罪名でＡの身柄を甲地方検察庁検察官に送致する手続がとられた。

5　同日午前10時，甲地方検察庁はＡの身柄を受理した。そして，事件の配点を受けた同庁Ｐ検事は，同日午前11時からＡの弁解を聴取した。Ａが，「その当時，かなり酔っていたのでよく覚えていませんが，Ｖが先に私の胸ぐらをつかんできたと記憶しており，私は反撃のためにＶを殴っただけです。自分だけ逮捕されるのは納得できません」と供述したので，その旨の供述調書が作成された。

　Ｐ検事は，記録を検討した結果，Ａの勾留を請求すべきと判断して勾留請求書を作成し，同日午後２時，同請求書は，甲地方裁判所に受理された。

6　一方，同月11日，Ａの選任を受けたＢ弁護人が乙署においてＡと接見したところ，Ａは，「Ｖから胸ぐらをつかまれたので，自分の身を守るために殴っただけです。逮捕されることに納得できないので，一刻も早く釈放してもらいたい。私は，今年４月からアルバイト先の販売担当となり，売上成績が良好であったため，事件前日に店長から来年１月には正社員に昇格させるといわれました。もし，このまま勾留されると，正社員へ昇格できなくなるし，最悪の場合には解雇されるかもしれ

ません。だから，勾留されたくありません。釈放後は実家に戻り，警察や検察庁から呼出しがあれば，必ず出頭します」と供述した。

翌12日午前，Ｂ弁護人は，Ａの母親Ｍと面接した。Ｍは，「いつも温厚なＡが逮捕されて非常に驚いています。Ａにはできるだけ早く帰ってきてほしいです。必要であれば，Ａを自宅に引き取って警察等に必ず出頭するよう指導監督します」と供述した。

同日午後３時，Ｂ弁護人は，甲地方裁判所において勾留担当裁判官と面会し，ＡとＭの上記供述内容をまとめた報告書及びＭ作成の身柄引受書を提出した上，Ａの勾留請求を却下するよう要請した。

課題2

仮に**事例1**の事実関係でＡが勾留されたとして更に**事例2**を読み，第１回公判期日前にＢ弁護人から保釈請求があり，これに対して検察官が反対意見を述べたことを前提に，保釈担当裁判官の立場から，Ａを保釈すべきか否かを検討せよ。保釈を許可する場合には，保釈保証金額及び保釈条件についても検討せよ。

事例2

1　Ａの勾留期間中，Ｋ巡査部長は，Ｖの立会いの下，被害状況の再現実況見分を実施したほか，Ｖの傷害の程度に関する補充捜査等を行った。

同じく，Ｐ検事は，Ｖ及びＷの取調べを行ったところ，本件の状況についていずれも**事例1**と同様に，ＶがＡの胸ぐらをつかんだ事実はないと供述したので，その旨の供述調書をそれぞれ作成した。また，Ｐ検事がＡの取調べを行ったところ，Ａは，「当時はかなり酒に酔っていて詳細な点は思い出せないのですが，Ｖが先に胸ぐらをつかんできたような記憶があります。ただ，私が大声で話していたことが本件のきっかけになっていることは間違いないので，Ｖが怪我をしたことについては私に責任があり，Ｖには大変申し訳ないことをしたと思っていま

す」と供述をしたので，その旨の供述調書が作成された。

　　P検事は，上記の捜査内容を検討した結果，同月21日，Aについて，Vに対する傷害罪で甲地方裁判所に公訴を提起した。
2　一方，B弁護人が勾留期間中にAと接見したところ，Aから「Vの負傷に関して自分に責任があることは否定できないので，Vに対して示談交渉してほしい」旨の依頼を受け，母親Mから150万円を預かった。B弁護人は，P検事を介してVと連絡をとって示談の申入れをしたところ，当初は断られていたものの，徐々にVの態度が軟化し，同月20日の時点で，Vに対して治療費として150万円を支払うこととなり，Vからその旨の領収証の交付は受けたが，「Aを宥恕する」旨の記載のある示談書を取り交わすには至らなかった。
3　公訴提起後の同月22日，B弁護人がAと接見したところ，Aから保釈請求の依頼を受け，同日，母親Mと面接したところ，Mは，「保釈された場合，私がAを自宅に引き取って監督するつもりです。保釈保証金は私が出しますが，先に治療費の支払いをしてしまったので，現在の蓄えは200万円程度しかありません」と述べた。
4　同月23日，B弁護人がAのアルバイト先を訪れて，店長Tに事情を説明したところ，Tは，「Aが熱心に働いてくれたおかげで売上げが伸びていたことから，今回のことは残念である。正社員になる話は一旦は白紙に戻したい。ただ，早く復帰してくれるのであれば，引き続きアルバイトとして雇用することも考えている」と述べた。
5　同月24日，B弁護人は，甲地方裁判所に，上記2の領収証，M作成の身柄引受書，T作成の上申書とともにAの保釈請求書を提出した上，保釈担当裁判官と面会し，Aの保釈を認めるよう要請した。

講 義

I はじめに

　本講義は，裁判官による令状審査のうち勾留と保釈がテーマである。捜査活動の中でも被疑者の身柄を拘束する勾留については，慎重な検討が必要となる。学生諸君には，この講義を通じて，裁判官がどのような観点からどのような資料・根拠に基づいて勾留の裁判を行っているのかを学修してほしい。また，被告人の身柄を一定の条件を付して解放する保釈についても学修してもらいたい。

II 被疑者の勾留について

　被疑者の勾留とは，逮捕された被疑者の身柄を更に継続して拘束するための裁判及びその執行をいう。検察官の請求により，裁判官の発する令状によって行う。

　被疑者を勾留するに当たっては，勾留の理由，すなわち犯罪の嫌疑（被疑者が罪を犯したことを疑うに足りる相当な理由）があり，法60条1項各号の要件（住居不定，罪証隠滅のおそれ，逃亡のおそれ）のいずれかに当たり，更に勾留の必要性が認められることが必要とされている（なお，法60条1項は，同項各号のうちいずれか一つに当たるときは勾留することができるとするが，規則70条が勾留状に法60条1項各号に定める事由を記載しなければならないとしていることから，実務においては勾留の判断をするに当たって同項各号のすべてについて検討している。「参考記録」99頁以下参照）。また，勾留の判断に際しては，逮捕手続の適法性等についても検討が加えられる。

1　犯罪の嫌疑

(1) 意　義

　法60条1項にいう「罪を犯したことを疑うに足りる相当な理由」というの

は，具体的な犯罪について嫌疑が存在することをいう。相当な理由とは，犯罪の嫌疑が一応認められる程度の理由であるとされている。この嫌疑は，通常逮捕の要件としての犯罪の嫌疑よりも高い程度のものが要求されるとするのが実務の立場である。これは，捜査の発展的・段階的な性質，現行法の構造（まず逮捕により短期間の身柄拘束を認め，その後に勾留という長期の身柄拘束を認めるという構造）から根拠付けられる。

(2) **本問の検討**

本問では，V及びWのK巡査部長に対する供述調書や診断書等により，Aが傷害の罪を犯したと疑うに足りる相当な理由が認められよう。AもP検事に対し自らがVを殴打して負傷させたこと自体は認めているので，このことからも嫌疑の存在が裏付けられよう。もっとも，Aは，自己の行為が正当防衛に当たる旨供述しているが，これに反するV及びWの各供述内容を踏まえれば，やはり相当な理由があるといえる。

なお，Aは現行犯人逮捕されているが，現行犯人逮捕されたからといって相当な理由があるわけではなく，具体的な証拠によって嫌疑の有無・程度を検討する必要がある。

2 勾留の理由①──住居不定（法60条1項1号）

(1) **意　義**

住居不定とは，住所や居所を有しないことをいう。逃亡生活や野宿をしている場合はもちろん，簡易宿泊所等を転々としている場合もこれに当たる。なお，住所や居所があっても，具体的な住居が分からないとき（住居不詳）も本号に含まれるとされている。

住居不定の認定に当たっては，住居の種類，居住期間，住民登録の有無，被疑者の職業，家族関係，被疑者の意思等の事情が考慮される。

(2) **本問の検討**

本問において，Aは乙市内のアパートに住んでおり，住居不定の要件に該当しないことは明らかである。

なお，Aは独身で一人暮らしであるので，家族等と同居している場合に比べて「身軽」ではあるが，この点は住居不定の要件ではなく，逃亡のおそれの要件で考慮することとなる。

3　勾留の理由②──罪証隠滅のおそれ（法60条1項2号）

(1)　意　　義
　罪証隠滅のおそれとは，証拠に対する不正な働きかけによって，判断を誤らせたり捜査や公判を紛糾させたりするおそれがあることをいう。

(2)　判断要素等
　罪証隠滅のおそれがあるというためには，被疑者が罪証を隠滅する具体的な蓋然性が必要であるが，その有無を判断するに当たっては，①罪証隠滅の対象，②罪証隠滅の態様，③罪証隠滅の余地，④罪証隠滅の主観的可能性に分けて検討するのが有益である。
　①　罪証隠滅の対象（どういう事実に関し，どういう証拠について）　罪証隠滅の対象となる事実には，犯罪事実（構成要件該当事実，違法性・責任に関する事実）はもちろん，重要な情状事実も含まれると考えるのが実務であり，これらの事実の認定根拠となる証拠が罪証隠滅の対象になる。
　②　罪証隠滅の態様（どういう方法で）　証拠に対して不当な影響を及ぼすあらゆる行為が含まれ，既存の証拠を毀棄・隠匿する場合と新たな証拠を作出する場合とが考えられる。例えば，共犯者や事件関係者と通謀して口裏を合わせることや，証人（参考人）に対し圧力を加えて供述を変えさせることなどが考えられる。
　③　罪証隠滅の余地（客観的可能性及び実効性の有無）　罪証隠滅行為も客観的に実行可能なものでなければ罪証隠滅のおそれがあるとはいえない。例えば，事件の目撃者や被害者が警察官である場合には，働きかけは困難な場合が多いと思われる。また，既に捜査機関に押収されている証拠を毀棄・隠匿することはほぼ不可能であろう。他方で，共犯者や関係者との通謀が問題となる場合，双方又は一方が身柄を拘束されていたとしても，第三者を介して通謀できることから，客観的可能性は否定されない。

④ 罪証隠滅の主観的可能性（企図する可能性の有無）　被疑者が具体的な罪証隠滅行為に出る可能性も必要である。もっとも、客観的に罪証隠滅の余地が大きく、これを容易になし得る場合、被疑者が罪証隠滅行為に出る可能性がないとされることは少ない。

　被疑者が逮捕以前から罪証隠滅を画策していた場合には、それだけで罪証隠滅の意図があるとの判断が可能であろうが、そのような事情がない場合には、被疑者の供述状況が重要な判断要素となる。例えば、被疑者がその供述を二転三転させたり、明らかに虚偽の弁解や客観的事実と矛盾する供述をしたりする場合には、罪証隠滅の意図を推定できよう。また、重要な情状事実が罪証隠滅の対象に含まれることとも関連するが、被疑者が自白しているからといって罪証隠滅の意図がないというわけではない。重い処罰が予想される場合には、罪責を軽くしようと情状事実について罪証隠滅行為に出る可能性が認められるからである。

(3)　**本問の検討**
① 罪証隠滅の対象　AがVに対し傷害を負わせたという事実（具体的には、暴行の経緯・態様、傷害の事実・程度、正当防衛に関連する事実等）を認定する上で、V及びWの供述が最も重要な証拠であり、罪証隠滅の対象となる。

② 罪証隠滅の態様　本問における罪証隠滅の態様として、以下のようなものが考えられる。
　(ア)　暴行の経緯・態様　V及びWへの働きかけ、他の客を自己に有利な証人として作出
　(イ)　傷害の事実・程度　V及びWへの働きかけ、臨場したK巡査部長への働きかけ、Vを診察した医師への働きかけ
　(ウ)　正当防衛に関連する事実　V及びWへの働きかけ、他の客を自己に有利な証人として作出
　この中で重点的に検討しなければならないのは、最も重要な供述をしているV及びWへの働きかけである。
③ 罪証隠滅の余地　AがK巡査部長へ働きかける客観的可能性は極め

て低いと思われる。他の客に働きかけることも知人等でなければ現実的には困難であろう。他方，Ｖは，Ａの行きつけの居酒屋の常連客として現場に来ていたもので，Ａと接触する可能性がある。また，Ｗは，その居酒屋の店長であるから，Ｖよりも高い接触の可能性が認められる。また，Ｖ及びＷについては，検察官がまだ調書を作成しておらず，特にＷについては，これまでの人間関係からＡの働きかけに動揺する可能性があり，罪証隠滅の実効性も認められよう。

④ 罪証隠滅の主観的可能性　Ａは自己の犯行についてあいまいな供述をし，警察の処置に不満を述べているほか，「Ｖが先に胸ぐらをつかんできたので，反撃のために殴った」などと自己の正当性を主張していること，Ａは本件までに相当額の罰金前科２犯を有しており，Ｖの傷害の程度からすれば，公判請求されて懲役刑を求刑される可能性が十分考えられる事案であることなどからすると，Ａが具体的な罪証隠滅行為に出る可能性を認めることができる。

以上を総合考慮すると，本問において，Ａには罪証を隠滅すると疑うに足りる相当な理由が認められるものと思われる。

4　勾留の理由③──逃亡のおそれ（法60条１項３号）

(1)　意　　義

逃亡のおそれとは，被疑者が刑事訴追や刑の執行を免れる目的で裁判所に対して所在不明になることをいう。被疑者の所在が判明しており，これからも所在の変わる可能性はないものの，捜査機関へ出頭しないおそれが高いという場合，それだけで直ちに逃亡のおそれがあるとはいえないが，実際に捜査機関への不出頭を繰り返したような場合には，そのことが逃亡のおそれをうかがわせる一事由となり得る。

(2)　判断要素等

逃亡のおそれの判断要素として，次のようなものがある。
① 生活不安定のために所在不明となる可能性　生活の安定性は逃亡のお

それの有無の判断に当たって重要な要素となる。生活が安定しているか否かは，住居の有無，家族の状況，職業の有無・内容といった被疑者の身上関係によるところが大きい。例えば，単身で居住し，職業もアルバイトを転々としている場合には所在不明となりやすい。反面，配偶者や子供と持ち家に同居し，職業も店舗を構えて営業していたり，長期間同一の勤務先に勤めていたりする場合には，所在不明となる可能性は低いといえる。
② 処罰を免れるため所在不明となる可能性　被疑者が処罰を免れるために所在不明となる可能性の有無・程度は，罪責の軽重と密接に関連する。例えば，多数の前科があったり，事案が重大で実刑が予想されたりする場合には，被疑者が所在不明となる可能性が高いといえる。

(3) **本問の検討**
① Aの生活状況について　Aは独身で一人暮らしをしている。また，これまで定職にはつかず，アルバイトの身であることからすると，生活状況が安定しているとはいい難い。
② 処罰の可能性について　Vの傷害の程度が重く，Aのこれまでの前科に照らすと，Aについては，公判請求された上で懲役刑が求刑される可能性が高く，場合によっては実刑に処せられる可能性も否定できない。

以上を総合考慮すると，本問において，Aには逃亡すると疑うに足りる相当な理由が認められるものと思われる。

5　勾留の必要性

(1) **意　義**
　法60条1項各号の事由がある場合であっても，勾留の実質的な必要性を欠くときは，勾留することは許されない。すなわち，勾留の本来の目的に照らし，被疑者の身柄を拘束しなければならない積極的な必要性と，身柄の拘束によって被疑者の受ける不利益・苦痛や弊害とを比較衡量して，前者が乏しい場合や後者が著しく大きい場合には，勾留の必要性を欠くとして，勾留することは許されない。

勾留の必要性を勾留の要件とする明文規定はないが，勾留の必要がなくなったときは勾留が取り消されること（法87条）や，明らかに逮捕の必要がないと認めるときは逮捕状を発付すべきでないとされていること（法199条2項但書）などから，裁判官が勾留の判断をする際に，その必要性の有無についても判断できると解するのが実務である。
　実務において，勾留請求が却下されるものの大半が「勾留の必要性なし」を理由とするものであり，勾留の判断において極めて重要な要素となっている。

(2) 判断要素等

　勾留の必要性の判断要素としては，①事案の軽重（起訴の可能性，予想される刑の種類と重さを含む），②法60条1項各号の事由の強弱，③被疑者の年齢・職業・健康状態・家庭事情等があり，これらを総合して判断する。なお，勾留の理由が認められる場合には，原則として勾留の必要性も認められる。

(3) 本問の検討

　本問において，Ｖの傷害の程度が重く，公判請求される可能性は高く，実刑の可能性も否定できない。また，Ａがあいまいな供述をし，自己を正当化する主張をしていることから，罪証隠滅の主観的可能性が相当程度認められるとともに，先述したように本件が重い事案であることやＡの身上関係に照らすと，処罰を恐れて逃亡するおそれも認められる。このように，Ａの身柄を拘束しなければならない必要性は高いといえよう。
　他方で，Ａは職業を有し，身柄拘束により仕事上の不利益を被るおそれがあることや，母親Ｍが身柄引受書を提出してＡの監督を誓約していることなどの事情も認められるが，これらの事情を考慮しても，Ａを勾留する必要性は否定されないであろう。

6　逮捕手続の審査

　勾留の判断に際しては，逮捕手続の適法性等についても検討が加えられる。具体的には，(1)逮捕前置の要件が充足されているか（逮捕前置主義），(2)刑事訴訟法所定の時間制限が遵守されているか，(3)逮捕手続が適法かという点が検討

される。

(1) 逮捕前置主義

　法207条は，前3条による勾留の請求を受けた場合に関する規定であるとともに，前3条の規定によらない被疑者の勾留請求を認めない趣旨である（逮捕前置主義）。法が逮捕前置主義をとっているのは，逮捕と勾留のそれぞれの段階において被疑者の身柄拘束について司法的抑制を加えようとする趣旨からである。

(2) 時間制限の遵守

　法は，逮捕から検察官送致の手続をするまでの時間，検察官が被疑者を受け取ってから勾留請求をするまでの時間，逮捕から勾留請求に至るまでの時間について，それぞれ制限を設けている（法203条ないし206条。緊急逮捕につき法211条，現行犯人逮捕につき法216条）。

(3) 逮捕手続の適法性

　現行犯人逮捕（法213条）が令状主義の例外とされているのは，犯罪・犯人と被逮捕者との結びつきが明白で誤認逮捕のおそれがなく，かつ，急速な逮捕の必要性が一般的にあるからである。したがって，現行犯人逮捕の要件として，犯人が犯罪の実行行為を行いつつある場合（現行性）又は犯人が犯罪の実行行為を終了した直後である場合（時間的接着性）であって，このことが逮捕者に明白であること（明白性）が必要である。明白性については，「犯罪が行われたという情況が生々しく現存している」状況が必要とされ，犯行発覚の経緯，犯人特定の程度，被害者や目撃者の接触・追跡状況等がその判断の資料となるが，逮捕者自身が認識した事情だけでなく，被害者や目撃者等からの供述内容等も資料となる。

(4) 本問の検討

　AはK巡査部長により傷害の現行犯人として逮捕されており，勾留請求の被疑事実も同一の事実であるから，逮捕前置の要件は充足されていると認めら

れる。

　また，平成25年10月10日午後9時45分にAは現行犯人逮捕され，その35時間15分後である同月12日午前9時にAの身柄を検察官に送致する手続がとられ，その1時間後である同日午前10時にAの身柄は検察官に受理され，その4時間後である同日午後2時に検察官（P検事）はAの勾留を請求しており（なお，現行犯人逮捕から勾留請求までは合計40時間15分である），刑事訴訟法所定の時間制限はいずれも遵守されている。

　更に，逮捕手続の適法性につき，まず，K巡査部長による現行犯人逮捕は，Aが傷害の実行行為を終了した直後になされたこと（時間的接着性）が認められる。問題は，逮捕者であるK巡査部長にこのことが明白であったか（明白性）であるが，本件においては，以下の事情が認められる。

① K巡査部長は，110番通報を受けて駆けつけたところ，Vが鼻から出血し，顔面を押さえてうずくまっていることを自ら確認している（犯行の痕跡が生々しく残っている状況の現認）。

② K巡査部長は，Vが鼻から出血してうずくまっている傍らで，AがVに対して悪態をついているのを自ら確認している（犯行直後の犯人の挙動）。

③ K巡査部長は，V及びWからAがVを殴打して怪我をさせた旨の申告を受けている。

④ 犯行からK巡査部長が現場に到着するまでは約5分程度で，時間的な接着性が認められる。

⑤ 犯行場所はまさにK巡査部長が駆けつけた場所であり，AもVも移動した事実がなく，場所的な接着性も認められる。

　以上によれば，K巡査部長自身が認識した事情によっても，犯罪と犯人の明白性が担保され，犯罪の現行性・時間的接着性も逮捕者であるK巡査部長にとって明白といえる。これにV及びWの申告内容等も加えれば，K巡査部長の逮捕が現行犯人逮捕の要件を充足することは明らかといえる。

7　勾留請求の却下

　以上のように，**課題1**では，勾留担当裁判官としては，Aを勾留するとの

判断をすることが考えられるが（なお，実際の勾留状については「参考記録」99頁参照），ここで勾留請求の却下についても触れておきたい。

　勾留担当裁判官が，勾留請求につき，勾留の理由又は必要性がないと判断した場合，勾留請求が却下されることとなる。この場合，一般に，検察官が作成した勾留請求書に，勾留請求を却下する旨と「勾留の必要性なし」などと勾留請求を却下した理由を記載した上で，勾留担当裁判官がそこに記名，押印をすることとなる（規則140条参照）。

　上記 **5** で記載したように，実務において，勾留請求が却下されるものの大半が「勾留の必要性なし」を理由とするものである。これは反面，勾留の理由，すなわち犯罪の嫌疑と法60条1項各号の要件充足は認められることを意味する。そこで，実務においては，勾留請求を却下する場合，被疑者に，勾留質問の機会等に，検察庁，警察の呼出しには必ず応じる旨や罪証隠滅につながるような行為を行わない旨等を記載した誓約書を提出させたり，被疑者の親族等に，身柄を引き受け，裁判所の召喚や検察庁，警察の呼出しには必ず被疑者を出頭させる旨等を記載した身柄引受書を提出させたりすることも少なくない。

　なお，勾留請求に対し，勾留又は勾留請求却下の判断がされた場合のいずれについても，準抗告を申し立て，その判断（裁判）の取消しを求めることができる（法429条）。

Ⅲ　被告人の勾留について

1　被疑者の勾留との違い

　課題1 においては，これまで述べたような要素を考慮するなどして，被疑者であるAを勾留するか否かを判断していくこととなるが，仮に被疑者であるAが勾留され，**事例2** にあるように，そのまま傷害罪で公訴が提起された場合，Aの勾留はどうなるであろうか。**課題2** を検討する前提として，ここで触れておく。

　裁判所は，起訴された後でも，勾留の理由と必要性があれば，被告人を勾留することができる（法60条1項）。被疑者の勾留を起訴前の勾留と呼ぶのに対

し，被告人の勾留は起訴後の勾留と呼ばれることがある。前者が捜査の遂行を前提とした身柄拘束であるのに対し，後者は被告人の公判への出頭を確保し，罪証隠滅を防ぐという審判上の目的のほか，有罪判決の場合に備えてその執行を確保するという目的をも有する身柄拘束である。被告人の勾留は，被疑者の勾留と異なり，検察官に請求権はなく，裁判所（後述するとおり，第１回公判期日までは裁判官）の職権によってのみ行われる（ただし，検察官が，被告人を勾留するために裁判所〔裁判官〕に対し，職権発動を促す意思表示〔求令状〕をすることはある）。また，必ずしも逮捕を前置しない点でも被疑者の勾留と異なる。

　被疑者の段階で検察官の請求により勾留された者が，同一の犯罪事実（「公訴事実の同一性」と同義と解される被疑事実の同一性の範囲内の犯罪事実）につき，勾留期間内に公訴を提起された場合には，公訴の提起と同時に，被疑者の勾留は自動的に被告人の勾留に切り替わることとなる（法208条１項・60条２項参照）。したがって，公訴が提起されて被告人となったＡにつき，公訴が提起された後，裁判所（裁判官）が，改めて勾留質問（法61条）をするなどして勾留するか否かを判断することはなく，公訴提起後も被疑者の勾留から自動的に切り替わった被告人の勾留が続くこととなる。なお，この被告人の勾留の期間は，公訴の提起があった日から２か月間ということになり，必要に応じてこれが更新されることとなる（法60条２項）。

　課題２は，**事例１**の事実関係でＡが勾留された後，Ａが同一の犯罪事実について公訴提起された結果，被疑者Ａの勾留が被告人Ａの勾留に自動的に切り替わったことを前提に，この被告人Ａの勾留につき，Ａを保釈すべきか否かの判断を求めるものである。

2　「第一回の公判期日」前の勾留に関する処分

　ところで，**課題２**の場合，保釈の判断を担当する「保釈担当裁判官」は，どのような裁判官であろうか。

　原則として，公訴の提起がされた具体的事件に関する諸手続は，当該具体的事件を審理し，裁判を行う機関である訴訟法上の裁判所（受訴裁判所）が行う。しかしながら，予断排除の要請から，公訴の提起がされた後，「第一回の公判期日」（単に形式的な意味で第１回目の公判手続が開かれた期日を意味するのではなく，

冒頭手続〔法291条〕がなされて終了した公判期日を意味する）までは，勾留に関する処分は，受訴裁判所を構成していない裁判官がこれを行うこととされている（法280条1項，規則187条。なお，**講義2「公判手続」Ⅳ5**参照）。

課題2では，第1回公判期日前に，B弁護人から保釈請求があり，検察官から意見が述べられたことを前提としているので，原則として，受訴裁判所を構成していない裁判官が保釈の判断をすることとなる。なお，「参考記録」102頁の勾留期間更新決定と同106頁の保釈許可決定を参照してもらいたい。「参考記録」の事件は，住居侵入，現住建造物等放火被告事件であり，いわゆる法定合議事件（裁26条2項参照）であるが，これらの決定については，「篠原佳子」という訴訟法上の裁判所を構成していない裁判官が1人で行っている。これは，これらの決定が第1回公判期日前に行われているため，法280条1項が適用されることによるものである。

Ⅳ　保釈について

保釈とは，勾留中の被告人に対し，保釈保証金を納付させ，更に裁判所又は裁判官が適当と認める条件を付し，被告人において一定の取消事由が生じた場合には，その保釈が取り消され，更に納付した保釈保証金が没取されることがあるとの心理的負担を課することによって，被告人の逃亡及び罪証隠滅の防止という勾留の目的を全うしつつ被告人の身柄の拘束を解く制度である。

保釈には，権利保釈と裁量保釈の2種類がある。

1　権利保釈

(1)　権利保釈の意義と法89条各号に定める除外事由

裁判所は，法89条各号所定の除外事由がある場合を除き，必ず保釈を許さなくてはならない（法89条）。これを権利保釈という。

なお，保釈は，保釈保証金の没取という経済的苦痛を威嚇として逃亡を防止する制度であるから，逃亡のおそれは除外事由とされていない。

同条1号から3号の各要件は，保釈保証金による担保でも逃亡を防止できないと定型的に考えられるため除外事由とされている。1号及び2号は，いずれ

も法定刑を基準にして判断される。常習性（3号）の要件は，常習性が犯罪の構成要件要素となっている場合だけではなく，広く一般にその罪が常習として行われた場合を含む。常習性は，前科の有無を問わず，諸般の事情から認められればよい。

罪証隠滅のおそれ（4号）の定義に関しては，理論的には法60条1項2号と同じ内容であると解されるが，被疑者を勾留する段階と異なり，公訴提起の時点で検察官の証拠収集は一応終了しているはずであるから，捜査当初と比較すればそのおそれは相対的に減少している場合が多い。

なお，仮に保釈請求を却下する場合には，その理由として法89条のいずれの号に該当するか（複数に該当するときはそのすべて）を示すことから，保釈を判断するには同条各号すべてにつき検討が必要である。

(2) 本問の検討

(ア) 法89条1号　Aは傷害罪で起訴されているところ，その法定刑は1月以上15年以下の懲役又は1万円以上50万円以下の罰金であるから（刑204条・12条1項・15条），1号に該当しないことは明らかである。

(イ) 法89条2号　Aには平成17年に傷害罪の罰金前科があるところ，傷害罪の法定刑は(ア)に記載したとおりであるから，Aは長期10年を超える懲役に当たる罪につき有罪の宣告を受けたことがあるときに当たるようにも思われる。

　　しかしながら，刑法34条の2は，罰金刑の言渡しは刑の執行を受け終わってから5年を経過すれば効力を失うとしており，Aが罰金刑の言渡しを受けて罰金を納付したのが平成17年であることからすると，保釈の許否の判断をする平成25年10月の段階では，平成17年のAの罰金前科は言渡しの効力は失われているから，結局，2号には該当しないこととなる。

(ウ) 法89条3号　Aには(イ)のとおり同種の罰金前科1犯があり（なお，常習性は前科の有無を問わないので，前科の刑の言渡しの効力が失われていることは影響しない），器物損壊罪の前科も考慮すると，Aには飲酒して粗暴な行為に出る傾向がうかがえるものの，上記前科以外に傷害の常習性を裏付け

る証拠はなく，3号に該当するとまではいえない。
　㈔　法89条4号　V及びWへの働きかけの可能性については，勾留の際に検討したとおりである。また，Aの供述内容が公訴提起の時点においてもV及びWのそれと齟齬したままである点も十分考慮する必要がある。したがって，罪証隠滅のおそれはいまだ否定できず，4号の事由が認められる。
　　もっとも，極めて重要な証拠であるV及びWの各供述に関しては，既に検察官面前調書が作成されていること，AはVに対して怪我をさせた責任を感じており，治療費の支払いを行ったことからすると，Aの罪証隠滅の主観的可能性は減少しているといえるので，罪証隠滅のおそれは相当程度減少していると考えられる。
　㈗　法89条5号　AがB弁護人を通じてVと示談交渉をしていることなどを考慮すると，AがVやWに対して害を加えたり，畏怖させたりする可能性は乏しく，5号に該当するとまではいえない。
　㈻　法89条6号　Aは乙市内のアパートに住んでおり，6号に該当しないことは明らかである。

　以上から，本問において，4号の事由が認められ，保釈を許さなければならない場合（権利保釈）には当たらないと思われる。

2　裁量保釈

⑴　裁量保釈の意義
　裁判所は，保釈の請求が法89条各号に当たる場合であっても，適当と認めるときは，職権（裁量）で保釈を許すことができる（法90条）。
　裁量保釈の許否は，事件の内容（事件の軽重，事案の性質・内容，犯情），被告人の経歴，行状，性格，前科・前歴，健康状態，家族関係，公判審理や公判前整理手続の進行状況等諸般の事情を考慮して判断される。

⑵　本問の検討
　権利保釈の除外事由が存在しても，裁量保釈の可否について検討する必要が

ある。本問において，裁量保釈の考慮要素として，次のような事情が認められる。

① Vに対する治療費150万円の支払い
② 罪証隠滅のおそれは，上記のとおり相当程度減少したと考えられること
③ 母親Mが身柄引受けを約束しており，Aに対する監督が期待できること
④ 勾留が継続されることによる仕事への悪影響（解雇されるおそれ）
⑤ 店長Tが引き続き雇用することも考えている旨上申していること

以上を考慮すると，本問では，少なくとも裁量によりAを保釈することが相当と思われる。

3 保釈保証金・保釈条件

(1) 保証金額の決定

保釈を許す場合には，保証金額を定めなければならない（法93条1項）。

保証金額は，①犯罪の性質及び情状，②証拠の種類，性質，証明の程度，③被告人の性格及び資産のほか，④被告人の年齢，就労状況，住居の安定度，家族関係又は身柄引受人の有無等を考慮して，被告人の出頭を保証するに足りる相当な金額でなければならない（法93条2項）。一般的には，保証金額が100万円を下回る例は少なく，150万円前後の金額が定められる例が多い。

(2) 保釈条件

保釈を許す場合には，被告人の住居を制限しその他適当と認める条件を付すことができる（法93条3項）。これを保釈の任意的条件という。

実務上，任意的条件として，以下のような条件を付した決定をするのが一般的である（「参考記録」106頁参照）。

① 制限住居
② 住居変更の制限
③ 召喚を受けた場合の出頭義務
④ 逃亡や罪証隠滅と思われるような行為の禁止

⑤　旅行の制限（ある日数以上の旅行につき裁判所の許可を必要とするものや海外渡航を禁止するもの）
⑥　共犯者，被害者，関係者等との接触禁止

(3) 本問の検討

本件の犯情やAの供述状況，更には母親Mからの聴取内容を踏まえると，保証金額は200万円前後になると思われる。

任意的条件としては，①の制限住居としては母親M方を指定し，⑥に関しては，V及びWと本件終了に至るまでの間の接触禁止の条件を付すことになろう。その他②〜⑤の条件も付すのが妥当であろう。

講義 2 公判手続

課題 1

次の①から⑱までの各手続を，刑事第一審公判手続において通常行われる順序に並び替えなさい。なお，前提とする事件は，傷害被告事件（合議体で審理及び裁判する旨の決定〔裁 26 条 2 項 1 号〕がされている。このような事件を裁定合議事件という）であるが，事実関係にはおおむね争いはなく，弁護人も情状に関する立証のみを行うものとする。また，公判前整理手続には付されておらず，簡易公判手続及び即決裁判手続はとられていないものとする。

① 裁判長が，判決を宣告する。
② 裁判長が，被告人及び弁護人に対し，被告事件について陳述する機会を与える。
③ 弁護人が，情状に関する証拠の取調べを請求する。
④ 検察官が，起訴状を朗読する。
⑤ 検察官が，論告を行う。
⑥ 弁護人請求の証拠につき，証拠調手続を行う。
⑦ 検察官が，事件の審判に必要と認める証拠の取調べを請求する。
⑧ 被害者参加人が，事実又は法律の適用について意見を陳述する。
⑨ 弁護人が，弁論を行い，被告人が，最終陳述を行う。
⑩ 検察官が，弁護人の証拠調請求に対して証拠意見を述べ，裁判所が，その証拠の採否を判断する。
⑪ 裁判長が，被告人に対し，終始沈黙し，又は個々の質問に対し陳述

を拒むことができる旨その他裁判所の規則で定める被告人の権利を保護するため必要な事項を告げる。
⑫　被告人質問を行う。
⑬　裁判長が，被告人に対し，その人違いでないことを確かめるに足りる事項を問う。
⑭　裁判長が，被告人に対し，上訴期間及び上訴申立書を差し出すべき裁判所を告知する。
⑮　検察官請求の証拠につき，証拠調手続を行う。
⑯　検察官が，冒頭陳述を行う。
⑰　被害者が，被害に関する心情その他被告事件に対する意見を陳述する。
⑱　弁護人が，検察官の証拠調請求に対して証拠意見を述べ，裁判所が，その証拠の採否を判断する。

課題2

刑事第一審公判手続に関し，以下の各問に答えなさい。
(1)　検察官は，起訴状のすべての記載事項を朗読しなければならないか。
(2)　弁護人は，必ず冒頭陳述をしなければならないか。
(3)　採用された証拠書類は，公判廷において，その内容をすべて朗読しなければならないか。
(4)　採用された証拠物は，どのようにして取り調べられるか。また，取り調べられた証拠物は，その後どのように取り扱われるか。
(5)　証人尋問において，誘導尋問が許されるのは，どのような場合か。
(6)　証人尋問において，写真や図面を示すことが許されるのは，どのような場合か。また，示された写真等は，その後どのように取り扱われるか。

講義

I　はじめに

　本講義では，刑事訴訟法の教科書を読んだだけではイメージしにくい刑事第一審公判手続の概要について学修する。もっとも，本講義は，「参考記録」の事案とは異なり，公判前整理手続制度や裁判員制度の導入以前から行われてきた公判手続を前提にしている。学生諸君には，まず公判手続の流れと実務上の問題点をしっかり学修してもらった上で，公判前整理手続及び裁判員の参加する刑事裁判（以下「裁判員裁判」という）の学修に取り組んでもらいたい。

II　刑事訴訟記録の編成

　法曹実務家にとって訴訟記録を読みこなすのは基本中の基本であるから，各手続の検討の前に，刑事訴訟記録の編成について簡単に触れておく。刑事第一審の訴訟記録は，大きく5つに分類するように定められている（「5分方式」）が，細かく分けると以下の6つの部分に分かれている。

① 　冒頭部分（記録表紙等）[「参考記録」I～IV]　　まず，表紙のおもてには，審理を担当する裁判所（裁判官名），被告人の氏名，被告事件名等当該被告事件の基本情報が記載されており，一見してどのような事件であるのか分かるようになっている。表紙のうらには，公判期日の指定欄等が設けられている。次いで，裁判所が証拠調べを終えた証拠物を領置した場合（法310条本文・101条）に作成される押収物総目録がつづられる。更に，訴訟費用の種類（刑事費2条，法律支援39条2項参照）やその支給金額等が分かる訴訟費用明細書がつづられる。

② 　第1分類（手続関係書類）[「参考記録」1-30頁]　　第1分類には，公判手続の中でも，起訴状，公判調書や判決書といったまさに手続に関する書類がつづられる。ここを見れば，その事件の手続の流れを把握することができる。ただし，すべての手続が公判調書に記載されているわけではな

い。「参考記録」19頁の第1回公判調書を見ても,起訴状の朗読や黙秘権の告知についての記載がないが,被告事件に対する被告人及び弁護人の陳述について記載があるから,当然それに先立つ起訴状の朗読等もなされたものと考えられるのである(公判調書の記載事項については,規則44条参照)。
③　第2分類(証拠関係書類)[「参考記録」31-96頁]　　第2分類には,審理において取り扱った証拠に関する書類及び証拠書類等がつづられる。審理において証拠がどのように取り扱われたかは,証拠等関係カードを見ることによってすべて把握することができる。証拠書類は,取り調べた順序につづられるが,証拠物は,訴訟記録とは別途保管される。
④　第3分類(身柄関係書類)[「参考記録」97-109頁]　　第3分類には,逮捕状,勾留状といった被告人の身柄に関する書類がつづられる。
⑤　第4分類(その他の書類)[「参考記録」111-124頁]　　第4分類には,弁護人選任に関する書類その他第1ないし第3分類及び第5分類に関する書類以外の書類がつづられる。
⑥　第5分類(裁判員等選任手続関係書類)[「参考記録」125-126頁]　　第5分類には,裁判員候補者の呼出しに関する書類,裁判員等選任手続に関する書類等がつづられる。

Ⅲ　公判手続の全体像

　刑事第一審公判手続(公判前整理手続に付されていない場合)の全体的な流れを述べると,**課題1**の各手続は,以下のとおりの順序になるのが一般的である。
　⑬　裁判長が,被告人に対し,その人違いでないことを確かめるに足りる事項を問う。
　④　検察官が,起訴状を朗読する。
　⑪　裁判長が,被告人に対し,終始沈黙し,又は個々の質問に対し陳述を拒むことができる旨その他裁判所の規則で定める被告人の権利を保護するため必要な事項を告げる。
　②　裁判長が,被告人及び弁護人に対し,被告事件について陳述する機会を与える。

⑯　検察官が，冒頭陳述を行う。
⑦　検察官が，事件の審判に必要と認める証拠の取調べを請求する。
⑱　弁護人が，検察官の証拠調請求に対して証拠意見を述べ，裁判所が，その証拠の採否を判断する。
⑮　検察官請求の証拠につき，証拠調手続を行う。
③　弁護人が，情状に関する証拠の取調べを請求する。
⑩　検察官が，弁護人の証拠調請求に対して証拠意見を述べ，裁判所が，その証拠の採否を判断する。
⑥　弁護人請求の証拠につき，証拠調手続を行う。
⑫　被告人質問を行う。
⑰　被害者が，被害に関する心情その他被告事件に対する意見を陳述する。
⑤　検察官が，論告を行う。
⑧　被害者参加人が，事実又は法律の適用について意見を陳述する。
⑨　弁護人が，弁論を行い，被告人が，最終陳述を行う。
①　裁判長が，判決を宣告する。
⑭　裁判長が，被告人に対し，上訴期間及び上訴申立書を差し出すべき裁判所を告知する。

そして，一般に，⑬④⑪②が冒頭手続，⑯⑦⑱⑮③⑩⑥⑫（⑰）が証拠調手続，⑤⑧⑨が弁論手続（論告，弁論），①⑭が判決宣告手続と呼ばれている。

Ⅳ　冒頭手続

　冒頭手続は，まず人定質問に始まり，起訴状の朗読，権利保護事項の告知，被告人及び弁護人の被告事件についての陳述の順に行われる。なお，被告人が日本語に通じていない場合には，人定質問に先立って通訳人（法175条参照）の宣誓手続が行われる。

1　人定質問

　裁判長は，検察官の起訴状の朗読に先立ち，被告人に対し，その人違いでないことを確かめるに足りる事項を問わなければならない（規則196条）。これを

人定質問という。その方式については特に法定されていないが，実務では，起訴状の記載に従い，氏名，生年月日，本籍（外国人の場合は国籍等），住居，職業を確認するのが一般的である。

なお，「参考記録」では，人定質問の際，被告人は，住居について起訴状記載の住居と異なるものを述べている（「参考記録」19頁）。この住居は，保釈の制限住居（「参考記録」106頁）であり，記録上明らかであるから，裁判長も当然知っているように思われるかもしれない。しかし，人定質問の段階では，「第一回の公判期日」（法280条1項）が終了しておらず，裁判所（受訴裁判所）の手元には保釈許可決定を含む勾留に関する処分の書類がないため，裁判長は人定質問において初めて被告人の現在の住居を知ることとなったのである（後述5参照）。

2 起訴状の朗読

人定質問の後，検察官は，まず，起訴状を朗読しなければならない（法291条1項）。これは，口頭主義，弁論主義に基づき，公判廷において，まず審判の対象を明らかにした上で実質的な審理を進行させようとするものである。したがって，起訴状は必ず朗読することを要し，朗読を省略したり，要旨を告知することで代えたりすることはできない。ただし，実務において朗読されているのは，起訴状の記載事項のうち，公訴事実と罪名・罰条の部分である（課題2(1)）。公訴事実及びそれを補完する罪名・罰条が朗読されれば，上記の趣旨が満たされているからである。もっとも，法290条の2によって被害者特定事項の秘匿決定がなされた場合には，公訴事実のうち被害者の氏名等被害者の特定にわたる事項は読み上げられないことになる（法291条2項）。

なお，もし朗読された起訴状の文言，内容に不明な点があれば，裁判長は，検察官に釈明を求めることができる（規則208条1項）。これを求釈明という。また，被告人及び弁護人は，裁判長に対し，釈明のための発問を求めることができる（規則208条3項）。

3 権利保護事項の告知

裁判長は，起訴状の朗読が終わった後，被告人に対し，①終始沈黙し，又は

個々の質問に対し陳述を拒むことができる旨，②陳述をすることもできる旨，③陳述をすれば自己に不利益な証拠ともなり又利益な証拠ともなるべき旨を告げなければならない（法291条3項前段，規則197条1項）。

4 被告人及び弁護人の被告事件についての陳述

裁判長は，被告人及び弁護人に対し，被告事件について陳述する機会を与えなければならない（法291条3項後段）。一般には「罪状認否」といわれる手続であるが，正式な法令用語ではない。この機会に，被告人及び弁護人から，公訴事実そのものの認否，正当防衛等の法律上の犯罪成立阻却事由の主張等がなされるが，この陳述は起訴状の朗読に対するものであるから，その内容はそれに対応する程度の概括的なもので足りる。このような陳述の機会を被告人及び弁護人に与えるのは，審理の冒頭段階において，被告人側に防御権行使の機会を与えるとともに，事件についての被告人側の概括的な意見を聴くことによって，争点を明らかにし，以後の審理方針を明確にするためである。

「参考記録」では，第1回公判期日におけるこの機会に，被告人及び弁護人から，被告人は本件の犯人ではない旨の主張がなされている（「参考記録」19頁）。

5 「第一回の公判期日」の終了

刑事訴訟法は，勾留に関する処分（法280条1項），検察官による証人尋問請求（法226条・227条）及び被告人，被疑者又は弁護人による証拠保全の請求（法179条）につき，「第一回の公判期日」の前後によって訴訟上の取扱いを異にしている。これらの条文は予断排除の要請によるものであるから，「第一回の公判期日」は，形式的に第1回公判期日が開かれたということではなく，事件が実体審理に入ったこと，すなわち冒頭手続の終了を意味すると解されている（なお，上記4のうち，被告人の陳述が終わっただけでよいか，弁護人の陳述まで終わることを要するかについては実務上も取扱いが分かれている）。

勾留に関する処分（法280条1項）についていえば，冒頭手続が終了するまでは，受訴裁判所を構成する裁判官でない裁判官がこれを行い（規則187条），冒頭手続が終了した後は，受訴裁判所がこれを行うこととなる（講義1「令状審

査（勾留・保釈）」Ⅲ2参照）。

　なお，上記の裁判官に提出された逮捕状，勾留状及び第1回公判期日までになされた勾留に関する処分の書類は，「第一回の公判期日」の終了後，速やかに同裁判官から受訴裁判所に送付される（規則167条3項）。実務上は，第1回公判期日までは書記官が勾留に関する処分の書類を保管等しておき，第1回公判期日において冒頭手続が終了し，検察官の冒頭陳述が始まる前の時点で，法壇の前に座っている書記官が法壇上の裁判長に対し，勾留に関する処分の書類を手渡している例が多い。

Ⅴ　証拠調手続

1　検察官の冒頭陳述

　検察官は，証拠調べの始めに，証拠により証明すべき事実を明らかにしなければならない（法296条）。これを冒頭陳述という。これは，証拠調べの冒頭において検察官に事件の全貌を明らかにする主張を行う機会を与えることにより，裁判所に対し，審理方針の樹立と証拠の関連性等の判断資料を提供するとともに，被告人側に対し，防御の便に資するため，具体的な防御の対象を示すものである（「参考記録」19頁，21-22頁参照）。

　なお，冒頭陳述が裁判所に不当な先入観を与えることのないよう，検察官は，証拠とすることができず又は証拠として取調べを請求する意思のない資料に基づいて，裁判所に事件について偏見又は予断を生ぜしめるおそれのある事項を述べることができない（法296条但書）。

2　被告人側の冒頭陳述

　公判前整理手続に付されていない事件について，裁判所は，検察官の冒頭陳述の後，被告人又は弁護人にも，証拠により証明すべき事実を明らかにすることを許すことができる（規則198条1項）。この場合，被告人側の冒頭陳述は必要的でないので，実務においては，事実関係に争いがあっても，被告人側が冒頭陳述を行うことはあまり多くない（課題2(2)）。被告人側が冒頭陳述を行う場合，その時期については，検察官の冒頭陳述の後という制約があるだけで，そ

の直後でも，検察側立証が終了した後の被告人側立証の冒頭でもよい。

他方，公判前整理手続に付された事件（裁判員裁判対象事件は必要的に公判前整理手続に付される〔裁判員49条〕）について，証拠により証明すべき事実その他の事実上及び法律上の主張があるときは，被告人側も必ず冒頭陳述をしなくてはならない。この場合，被告人側の冒頭陳述は，検察官の冒頭陳述に引き続いて行われなければならない（法316条の30。「参考記録」19頁，23頁参照）。

3　公判前整理手続の結果の顕出

公判前整理手続に付されている事件においては，検察官及び被告人側の冒頭陳述が行われた後，公判前整理手続の結果を顕出しなくてはならない（法316条の31。「参考記録」19頁参照）。

4　証拠調請求

公判前整理手続に付されていない事件の場合，通常，上記 **1** の冒頭陳述に引き続いて，検察官が証拠調べを請求する（法298条1項）。立証責任は検察官にあることから，まず検察官において，事件の審判に必要と認められるすべての証拠の取調べを請求することが必要となる（規則193条1項）。また，争点を中心に充実した証拠調べが行われるために，証拠調請求は，証明すべき事実の立証に必要な証拠を厳選して行わなければならない（規則189条の2）。

実務上，検察官請求証拠は，甲号証と乙号証に分けて請求される（甲号証を更に書証と人証に分ける場合もある）。甲号証は，犯罪事実等に関する証拠で被告人の供述調書等を除いた証拠（書証，物証，人証のすべてを含む）であり，乙号証は，被告人の供述調書，供述書，身上・前科関係の証拠である（「参考記録」の証拠等関係カードのうち33-38頁が甲号証であり，同39-40頁が乙号証である）。

この点に関し，法301条によると，被告人の供述が自白である場合には，犯罪事実に関する他の証拠が取り調べられた後でなければ，その取調べを請求することはできないとされているが，実務においては，甲号証と乙号証は同時に証拠調請求され，争いのない事件においては，同時に採用決定されるのが一般的である。これは，自白調書等よりも前に甲号証が取り調べられている限り，同条には違反しないと解されているからであり（最決昭和26・5・31刑集5巻6

号1211頁参照），実際，同時に採用決定されても，まずは甲号証及びそれに関連する証人を取り調べてから，乙号証を取り調べるというのが実務上一般的な訴訟進行である。

　証拠調請求は，証拠と証明すべき事実との関係を具体的に明示してしなければならない（規則189条1項）。上記関係のことを証拠の立証趣旨といい，証拠等関係カード上は，証拠の標目の下の欄に記載されている（例えば，「参考記録」33頁記載の甲1号証実況見分調書の立証趣旨は「犯行現場及び焼損の状況等」である）。これは，裁判所が証拠決定をするに際し，証拠能力や必要性を判断する手掛かりとするために記載される。立証趣旨に拘束力はないと一般に解されているが，第一義的には立証趣旨によって当該証拠の要証事実（当事者がその証拠によって立証しようとしている事実）が示されるので，要証事実によって証拠能力に差異が生じる場合（供述内容の真実性が問題となるのか，供述の存在自体が問題となるのか）には，その意味内容が重要となる（この点は**講義3**「**証拠法（実況見分調書）**」で詳しく説明する）。

　なお，「参考記録」の事案では，公判前整理手続に付されているため，証拠調請求はすべて公判前整理手続の期間内になされている（「参考記録」33頁以下の証拠等関係カードの請求期日欄参照）。

5　証拠決定，証拠意見

　証拠決定（規則190条1項）を行うに当たって，裁判所は，証拠調請求に基づく場合には，請求した当事者の相手方の意見を，職権による場合（法298条2項）には，検察官及び被告人又は弁護人の意見を聴かなければならない（規則190条2項）。当事者の上記意見のことを証拠意見という。

　実務上，証拠意見としては，「異議あり」，「異議なし」，「しかるべく（裁判所の判断に委ねる旨の意思表示）」，「必要なし」等の意見が述べられ，「異議あり」の意見には，その理由（「違法収集証拠である」等）が付加されることも多い（この証拠意見としての「異議」は，法309条の異議とは異なるものである）。更に，書証については，証拠とすることに同意する旨の意見（法326条1項）を，証拠意見の形で述べるのが一般的である。

　「参考記録」33頁以下の証拠等関係カードにおいて，書証である甲2号証

(現場資料採取報告書）について「同意」（法 326 条 1 項）の意見が，同じく書証である甲 5 号証（鑑定書）について「不同意」の意見が，証拠物である甲 8 号証（簡易ライター 1 個）については「異議あり」の意見（後に「異議あり」の意見が撤回されて「異議なし」の意見に変更）が，証人である甲 19 号証（証人田村信夫）について「しかるべく」の意見が，同じく証人である甲 22 号証（証人鍛冶昌子）について「必要なし」の意見が，それぞれ述べられている。

6　証拠調べの施行①（証拠書類と証拠物）

　証拠調べの順序は，まず検察官が取調べを請求した証拠で事件の審判に必要と認めるすべてのものを取り調べ，これが終わった後，被告人側が取調べを請求した証拠で事件の審判に必要と認めるものを取り調べることとなる（規則 199 条 1 項）。

　証拠調べの方式として，まず，証拠書類（書面の言語的内容が証拠となるもの）については，裁判長は，その取調べを請求した者にこれを公判廷で朗読させなければならない（法 305 条 1 項）。ただし，裁判長は，訴訟関係人の意見を聴き，相当と認めるときは，朗読に代えて，その取調べを請求した者等にその要旨を告げさせることができる（規則 203 条の 2。「要旨の告知」という）。

　これまでの実務においては，証拠書類の取調べは，要旨の告知により行う場合がほとんどであった。しかも，その際の訴訟関係人の上記意見も黙示によっており，特段の要求がない限り，要旨の告知により行うことが当然視されていた。ただ，裁判員裁判では，原則どおり，証拠書類を全文朗読して取り調べることが多くなっている（この変化については，**講義 6「裁判員裁判」**で説明する）。

　以上から，**課題 2 (3)** につき，書証はすべて公判廷において朗読して取り調べなければならないわけではなく，要旨の告知の方法によることも可能であり，事案の性質や証拠の種類等によって，適切に 2 つの方法が使い分けられる必要がある。

　次に，証拠物（その物の存在又は状態が証拠となるもの）については，裁判長は，請求をした者にこれを公判廷で示させなければならない（法 306 条 1 項）。このように証拠物をその存在及び状態を視覚で認識できるようにすることを展示という（**課題 2 (4)**）。

証拠調べを終わった証拠書類又は証拠物は，遅滞なくこれを裁判所に提出しなければならない（法310条）。提出された証拠書類は，順次訴訟記録に編綴される。提出された証拠物について，裁判所が自ら保管するためには，その提出された証拠物が捜査機関によって既に押収されている場合であっても，実務上，改めて領置決定（法101条）が必要とされている。もっとも，証拠物は，常にこれを領置しなければならないわけではない。裁判所が自ら保管しておくまでもないと考えた場合には，領置決定をせず，一旦提出された証拠物を，その取調べを請求した者に返還することになる（課題2(4)）。

　「参考記録」45－80頁の部分が，記録に編綴された証拠書類である。また，証拠物である簡易ライター（甲8号証）は，証拠物であることから，展示により取り調べられ，その後，裁判所はこれを領置している（「参考記録」34頁の甲8号証の結果欄に「済・領置」の記載がある。また，「参考記録」Ⅲ頁の押収物総目録が作成されている）。

7　証拠調べの施行②（証人尋問等）

(1)　証人尋問が実施される場合

　実務では，「参考記録」のように，請求した証拠書類（例えば，甲1号証の実況見分調書，甲12号証の検察官調書）が不同意（又は一部不同意）とされると，その作成者や原供述者の証人尋問を請求するというのが一般的である。ただ，特に裁判員裁判においては，公判中心主義の実質化という観点から，不同意とされなくても積極的に人証（証人尋問）を採用する動きが広がっている（この点についても，**講義6「裁判員裁判」**で説明する）。

(2)　証人尋問の手続

　証人尋問の順序・手続について，法304条1項は，原則として，まず裁判長（裁判官）が尋問し，その後で当事者が尋問すべきものとしている。しかしながら，当事者主義の原則からしても，当事者からまず尋問させるのが相当であるため，実務上，ほとんどすべての場合に交互尋問の方法（規則199条の2ないし199条の7）がとられ，裁判長（裁判官）の尋問は補充尋問として行われている。
　交互尋問の方法による場合，訴訟関係人がまず証人を尋問するが，この場

合，証人尋問を請求した者の尋問である主尋問，相手方の尋問である反対尋問，証人尋問を請求した者の再度の尋問である再主尋問までは行うことができる（規則199条の2第1項）。訴訟関係人が更に尋問したいときは，裁判長の許可を受ける必要がある（同条2項）。

(3) 証人尋問の方法（誘導尋問）

主尋問においては，原則として，誘導尋問をしてはならない（規則199条の3第3項）。その他，主尋問，反対尋問を問わず，個別的かつ具体的で簡潔な尋問によらなければならず（規則199条の13第1項），威嚇的又は侮辱的な尋問等をしてはならない（同条2項）。

課題2(5)につき，誘導尋問には証人を暗示にかけて真実を語らしめない危険があり，特に主尋問の場合，通常，尋問者と証人とが友好的な関係にあるため，そのような危険が大きいことから，誘導尋問は原則として禁止されている。他方，そのような危険が少ないとされる場合には，誘導尋問も許される。反対尋問で誘導尋問が許されるのは，上記の危険が一般的にはないからである。また，主尋問においても，規則199条の3第3項の各号の場合には，上記の危険がないと考えられることから，誘導尋問が許容される。

「参考記録」において，犯行現場の実況見分をした警察官である田村信夫に対する証人尋問のうち，主尋問である検察官からの最初の4問（「参考記録」81頁）は，明らかに誘導尋問であるが，これらの尋問は，証人田村の身分関係と同人が実況見分を行い血こんを発見・採取したという訴訟関係人に争いのないことが明らかな事項に関するものであるため，規則199条の3第3項2号より例外的に許される誘導尋問であるばかりか，規則198条の2によれば，誘導尋問を活用して尋問すべき事項といえる。したがって，仮にこれらの尋問に対し，弁護人が誘導尋問である旨の異議（法309条1項。なお，後述(4)参照）を申し立てても，異議は棄却されることとなる。

なお，田村に対する証人尋問において，検察官の「その血こんは，新しいものでしたか」との質問に対し，弁護人から誘導尋問である旨の異議が出て，これが認められている（「参考記録」81-82頁）。この検察官の質問は，まさに，田村が証人として公判廷において供述すべき事項（争いになっている事項）に関す

る質問，つまり，実況見分時に発見・採取した血こんが新しいものであったかどうかについてのものであるから，この点を誘導して質問するのは許されない誘導尋問ということになる。

(4) 証人尋問の方法（異議の取扱い）

上記(3)でも触れたように，当事者が証人尋問において誘導尋問等の許されない尋問をしたような場合には，反対当事者から異議が申し立てられることとなる。

法309条1項は，検察官，被告人又は弁護人は，証拠調べに関して異議を申し立てることができるとしており，証人尋問の際に当事者（尋問者）がした個々の尋問についての反対当事者の異議は，同条項に基づくものである。

異議の申立ては，個々の行為（証人尋問でいえば個々の尋問）ごとに，簡潔にその理由を示して，直ちにしなければならず（規則205条の2），また，裁判所は，異議の申立てについては，遅滞なく決定をしなければならない（法309条3項，規則205条の3）。異議の理由は，法令の違反があること，又は相当でないことである（規則205条1項本文）。ただし，証拠調べに関する決定に対しては，相当でないことを理由として異議を申し立てることはできない（同項但書）。

なお，裁判所が，証人尋問の際に当事者（尋問者）がした尋問について反対当事者から出された異議の申立てにつき決定をするに当たっては，異議の相手側，すなわち尋問者の意見（陳述）を聴く必要がある（規則33条1項）。

異議が申し立てられた場合の裁判所の決定につき，①時機に遅れてされた異議の申立て，訴訟を遅延させる目的のみでされたことの明らかな異議の申立て，その他不適法な異議の申立てについては，却下の決定がされることとなり（規則205条の4本文），②理由がないと認められる異議の申立てについては，棄却の決定がされることとなり（規則205条の5），③理由があると認められる異議の申立てについては，異議を申し立てられた行為の中止，撤回，取消し又は変更を命ずるなど，その申立てに対応する決定がされることとなる（規則205条の6第1項）。

ただし，異議の申立ての中には，単に尋問者に対して尋問方法等について注意を喚起する意思表示に過ぎない場合や，裁判長の職権発動（法295条1項ない

し3項，規則201条参照）を促すものに過ぎない場合もある。例えば，異議の申立てがあったが，その申立てを受けて尋問者が自ら質問を変更したような場合には，当該異議の申立ては，尋問者に対して注意喚起をする意思表示であったと考えられ，また，異議の申立てを受けて裁判長が訴訟指揮により尋問者に尋問方法等について注意をし，これを受けて尋問者が質問を変更したような場合には，当該異議の申立ては，裁判長の職権発動を促すものであったと考えられる。いずれの場合においても，裁判所は，当該異議の申立てにつき，上記①ないし③のような決定等の措置をとらないこととなる。

　異議の申立てについて決定があったときは，その決定で判断された事項については，重ねて異議を申し立てることはできず（規則206条），また，同決定に対しては抗告をすることもできない（法420条1項）。

(5) 証人尋問における書面等の利用

　課題2(6)につき，証人尋問においては，書面又は物を示して尋問することができる。具体的には，①書面又は物に関しその成立，同一性その他これに準ずる事項について証人を尋問する場合において必要があるとき（規則199条の10。なお，この場合，裁判長の許可は不要である），②証人の記憶が明らかでない事項についてその記憶を喚起するため必要がある場合であって，裁判長の許可があるとき（規則199条の11），③証人の供述を明確にするため必要がある場合であって，裁判長の許可があるとき（規則199条の12）には，書面又は物を示して（又は図面，写真，模型，装置等を利用して）尋問をすることができる。

　「参考記録」において，田村の証人尋問の中で，検察官は，捜査報告書（甲23号証）添付の血こんの写真を複数示しているが（「参考記録」81頁），これは，実況見分時に発見・採取した血こんの状態についての証人田村の供述を明確にするために行っているのである。この場合，公判調書上に記載はされないが，検察官は，規則199条の12第1項による裁判長の許可を得た上で，証人田村に対し写真を示して尋問しているのである。

　また，「参考記録」における菅野麻里子の証人尋問の中で，検察官は，実況見分調書（甲24号証）添付の現場見取図から地点を特定している①②③の記号及び説明文を削除したものを示しているが（「参考記録」87頁），これも，怪し

い男性を見た際の状況についての証人菅野の供述を明確にするために行っているのである。ただし，証人菅野に示した図面は，証人田村に示した写真と異なり，証拠調べを終わった実況見分調書（甲24号証）添付の現場見取図そのものではなく，同現場見取図から①②③の記号及び説明文を削除したものであるから，厳密には，示した図面自体は証拠調べを終わっていないものということになる。したがって，この図面を証人菅野に示すためには，規則199条の12第2項により準用される規則199条の10第2項により，原則として，あらかじめ相手方（本件では弁護人）にこれを閲覧する機会を与えなければならないこととなる。したがって，これも公判調書上は記載されていないが，検察官は，規則199条の12第2項（規則199条の10第2項）により，一部修正した図面を弁護人に閲覧させ，更に規則199条の12第1項による裁判長の許可を得た上で尋問しているのである。

なお，**課題2**(6)につき，尋問で示された写真や図面等は，規則49条により，証人尋問調書に添付することができ（「参考記録」91頁参照），実務上も尋問内容を明確にするために添付する例が多い。この場合，添付された写真等は独立した証拠として取り扱われるわけではないので，当事者の同意を得る必要はない。ただ，証人が示された写真等の内容を実質的に引用しながら証言した場合，引用された限度で写真等の内容は証言の一部となっているので，そのような証言全体を事実認定の用に供することはできる（最決平成23・9・14刑集65巻6号949頁，最決平成25・2・26刑集67巻2号143頁参照）。

8　被告人質問

被告人は終始沈黙し，又は個々の質問に対し，供述を拒むことができるが（法311条1項），被告人が任意に供述をする場合には，裁判長は，いつでも，（陪席裁判官，検察官，弁護人等は裁判長に告げて），必要とする事項について被告人の供述を求めることができる（同条2項・3項）。これを被告人質問という。

被告人の任意の供述は，被告人にとって有利不利を問わず証拠となることから，被告人質問も広い意味で証拠調べの性質を持つとされ，その方式は，実務上，前述した証人尋問の方式（規則199条の2ないし199条の7）にならって行われるのが一般的である。ただ，刑事第一審公判手続においては，特に証拠調べ

の請求，決定等はなされず，また，証人尋問と異なり，宣誓手続もなされない。

9　被害者等の意見の陳述

　裁判所は，被害者等（その意義については，法290条の2第1項参照）から，被害に関する心情その他の被告事件に対する意見の陳述の申出があるときは，原則として，公判期日において，その意見を陳述させなければならない（法292条の2）。これは，被害者保護の観点から，被害者等が刑事手続に主体的に関与して，自己の心情等を述べる機会を設けたものである。この意見の陳述自体は証拠調べではないので，犯罪事実の認定には使用できないが，被害者等の心情等という量刑の一資料として取り扱うことはできる。実務的には，証拠調べの終了後，当事者の意見が述べられる前に実施される例が多い。

VI　論告・弁論・最終陳述・判決

1　論告・弁論・最終陳述

　証拠調べが終わった後，検察官は，事実及び法律の適用について意見を陳述しなければならない（法293条1項）。これを論告といい，この際にあわせて求刑がなされる。また，被告人及び弁護人は，意見を陳述することができるとされ（法293条2項），これを弁論という。実務上，まず検察官が論告・求刑を行い，続いて弁護人が弁論を行い，最後に被告人が最終陳述を行っている。これらの意見陳述は，証拠調べ後できる限り速やかに行わなければならず（規則211条の2），また，争いのある事実については，その意見と証拠との関係を具体的に明示して行わなければならない（規則211条の3）。なお，被告人又は弁護人には最終に陳述する機会が与えられている（規則211条）から，被告人の最終陳述が行われた後で，補充の論告がなされた場合，被告人側には再度意見陳述の機会が与えられなければならない。

　「参考記録」では，第2回公判期日において，検察官の論告・求刑，弁護人の弁論，被告人の最終陳述が行われている（「参考記録」24-29頁）。

2 被害者参加人等による意見陳述

法316条の33第1項に規定された罪に係る被告事件の被害者等は，裁判所の許可を得て，当該被告事件の手続に参加することができる。これを被害者参加というが，自らが被害を受けた事件に係る刑事裁判の推移・結果に関与したいという被害者等の心情に配慮して設けられたものである。被害者参加人（又はその委託を受けた弁護士）は，一定の限度で自ら訴訟活動を行うことができる（例えば，法316条の36に基づく証人への尋問や法316条の37に基づく被告人への質問等）。更に，被害者参加人等は，裁判所の許可を得て，当該被告事件の事実又は法律の適用（量刑に関するものも含まれる）について意見を陳述することができる（法316条の38第1項）。この被害者参加人等による意見の陳述は，上記の検察官の論告・求刑後，速やかにしなければならない（規則217条の36）。

3 判決宣告

判決は，公判廷において，宣告によりこれを告知する（法342条）。

判決を告知するのは，裁判長であり，主文及び理由を朗読し，又は主文の朗読と同時に理由の要旨を告げなければならない（規則35条1項・2項）。

なお，民事訴訟法252条は「判決の言渡しは，判決書の原本に基づいてする」と規定しているのに対し，刑事訴訟法にはそのような規定はないことから，刑事裁判では判決宣告の際に判決書の原本が作成されている必要はなく，判決主文等の朗読は，何らかの紙片に書かれた主文等を朗読することで足りるとされている。

「参考記録」では，第3回公判期日において，判決が宣告されている（「参考記録」30頁）。

有罪の判決の宣告をする場合には，被告人に対し，上訴期間及び上訴申立書を差し出すべき裁判所を告知しなければならない（規則220条）。また，裁判長は，判決の宣告をした後，被告人に対し，その将来について適当な訓戒をすることができる（規則221条）。

刑事裁判実務の基礎

講義 3 証拠法（実況見分調書）

課題

「参考記録」の事案（住居侵入，現住建造物等放火被告事件で，被告人の犯人性が争点となっている）について，仮に，検察官が，下記の実況見分調書を，「菅野麻里子が放火犯人を目撃した状況」を立証趣旨として証拠調請求したとする。同実況見分調書の証拠能力について検討しなさい。

記

この実況見分調書は，司法警察員警部田村信夫が，犯行現場である都荘の西側に隣接するドリームハイツ101号室内から都荘西側通路を歩く犯人と思われる人物を目撃した菅野麻里子を立会人として，菅野の目撃状況について，事件発生当日，犯行現場周辺において行った実況見分につき作成されたものである。

同実況見分調書には，実況見分の日時，場所，立会人等が記載されているほか，実況見分の内容として，犯行現場である都荘及び菅野の目撃場所であるドリームハイツの位置関係，都荘西側通路及びドリームハイツ101号室の状況，菅野の目撃状況等が詳細に記載されている（「参考記録」72頁参照）。そのうち，菅野の目撃状況については，「立会人菅野に対し，犯人と思われる人物を目撃した状況を確認したところ，『私が，ドリームハイツ101号室の玄関ドアの小窓から都荘の方を見ると，都荘の通路を南の方に歩いている黒い革ジャンを着た身長1m70cmくらいの中肉中背

の男性が見えました。そのときのその男性の位置は，そこです』と説明したことから，当署巡査部長○○○○を犯人役として，事件発生現場である都荘102号室前から都荘西側通路を南進させ，立会人菅野が説明した地点に同巡査部長を停止させて計測したところ，その地点は，都荘の南側門扉から5m40cm，都荘の建物の壁から60cmの位置で，現場見取図の①地点であった。なお，ドリームハイツ101号室の玄関ドアの小窓から見ると，①地点の状況が十分視認できた」との記載がある。

講 義

I　はじめに

　本講義は，証拠法がテーマである。「刑事訴訟実務の基礎」で取り扱うことが多い証拠法上の論点としては，法321条1項2号後段の書面，自白調書の任意性・信用性，証拠物（関連性），情状に関する証拠（厳格な証明・自由な証明）等々があるが，今回は，学生諸君が悩むことの多い実況見分調書の証拠能力を中心に講義する。実況見分調書の証拠能力について学修することによって，伝聞証拠に関する基本的な理解を深めてもらいたい。もっとも，現在の実務，特に裁判員裁判をめぐっては，公判廷外で作成された調書をいかにして法廷に顕出するかといった伝聞法則の例外規定の議論よりも，人証を活用するなどして立証したい具体的な内容をいかに分かりやすく法廷にあらわすかという議論が盛んである。このような新しい議論については，**講義6「裁判員裁判」**で詳しく説明する予定である。今回の講義では，その土台となるところをしっかりと理解してもらいたい。

II　実務における伝聞証拠の取扱い

　講義の冒頭に，実務における伝聞証拠の採否判断の基本的な流れを押さえておきたい。

まず，検討対象となる証拠が伝聞証拠に当たるか否か，すなわち「公判期日における供述に代えて書面を証拠とし，又は公判期日外における他の者の供述を内容とする供述を証拠とする」場合（法320条1項）に当たるか否かを判断しなければならない。この判断に当たっては，証拠調請求をした当事者が，供述内容の真実性を立証しようとしているのか，それとも供述の存在自体を立証しようとしているのかを，立証趣旨等を参考にしながら判断することになる。伝聞証拠に当たると判断されれば，その証拠は原則として証拠とすることはできないことになる（法320条1項）。

　もっとも，法は，証拠の性質等に応じて，様々な伝聞例外等の規定を設けており（法321条ないし328条），伝聞証拠であっても証拠とすることができる場合がある。そこで，次に，その証拠が法321条ないし328条に規定された伝聞例外の要件を満たすか否かを判断することになる。実務においては，証拠調請求の相手方が法326条の同意をすることによって伝聞例外の要件を満たす場合が多い。

　他方で，同意がされない場合には，他の伝聞例外の要件に該当しない限り，その供述をした本人を証人として証拠調請求するのが通常である。このように，同意の有無によって，その後の訴訟の進行は大きく変わることになる。実務において，法326条の同意が重視されるゆえんはここにある。

　なお，伝聞例外の要件については，学説上様々な議論がされているが，学生諸君には，まず判例・実務の基本的な考え方を押さえておいてもらいたい。

　以下，実況見分調書を題材として，実務における伝聞証拠の採否判断の実際について講義する。

Ⅲ　法321条3項

1　法321条3項の意義

　実況見分調書の証拠能力を考える前提として，その適用が問題となる法321条3項について検討しておきたい。法321条3項は，「検察官，検察事務官又は司法警察職員の検証の結果を記載した書面は，その供述者が公判期日において証人として尋問を受け，その真正に作成されたものであることを供述したと

きは，第1項の規定にかかわらず，これを証拠とすることができる」と規定する。ここでいう「検証」とは，視覚・聴覚等の五官の作用によって物・場所・人等の存在・形状・作用等を実験認識することを強制処分として行うものをいう。

そして，検証をした者（検証者）が検証した結果について作成した供述書が検証調書（「検証の結果を記載した書面」）である。したがって，検証調書を証拠とするということは，検証者の「公判期日における供述に代えて書面を証拠」とすることにほかならないから，検証調書は，原則として法320条1項によって「証拠とすることはできない」が，法321条3項の要件を満たせば，検証調書を「証拠とすることができる」ことになる。

仮に法321条3項の規定が存在しないとすると，検証調書は，法326条の同意がされない限り，法321条1項3号によらなければ証拠とすることができないはずである。それでは，なぜ検証調書について法321条3項が規定され，法321条1項3号よりも緩やかな要件によって証拠能力が認められているのであろうか。法321条3項を規定する「必要性」と「許容性」について確認をしておきたい。

法321条3項を規定する「必要性」とは何か。

犯行現場や物体等の検証対象の精密詳細な状況については，それを検証者に口頭で報告させても，事柄の性質上，微細な点については記憶の減退等により正確性を欠くことが多いが，検証者が検証した直後に記録した書面であれば，微細な点についてまで正確な内容であることが期待できる。この点が法321条3項を規定する「必要性」，すなわち検証調書という書面を証拠として用いる必要性である。このことは，「参考記録」の甲23号証（「参考記録」45-52頁）及び甲24号証（「参考記録」72-73頁）を見れば明らかであろう。これらに記載されている各現場の精密詳細な状況を，実況見分を行った警察官田村に証人として供述してもらうのは極めて困難であると思われる。

次に，法321条3項を規定する「許容性」とは何か。

検証は，物・場所・人等の形状・位置関係・作用等という，それ自体としては価値中立的な対象に関して行われるものであるから，その性質上，検証を行う者の主観や意図によって，その内容が歪められるおそれは少ない。そのた

め，相当な方法で行われた検証の結果を正確に記載した検証調書であれば，その内容は類型的に信用性が高いといえる。この点が法321条3項を規定する「許容性」，すなわち検証調書という書面を証拠として用いる許容性である。

2 法321条3項が規定する要件

　上記の「必要性」と「許容性」の観点，特に「許容性」の観点は，法321条3項に限らず，伝聞例外の要件を理解するのに有用である。すなわち「許容性」の根拠となる内容が，すべてその書面自体の性質・属性として含まれている場合には，その書面に該当しさえすれば，伝聞例外として証拠能力が認められる。つまり，法が伝聞例外として規定する書面に該当することのみが伝聞例外の要件となる。例えば，法323条は，同条各号で規定されている書面に該当しさえすれば，伝聞例外として証拠能力が認められるとしている。

　他方，「許容性」の根拠となる内容のすべてが，その書面自体の性質・属性として含まれていない場合には，その含まれていない内容について吟味するために，法は，その書面に該当することに加えて，他の要件を満たすことを求めている。例えば，法321条1項2号後段は，同号に規定する検察官面前調書に当たることに加えて，特信性等の要件を満たすことを求めているのである。

　このことを法321条3項について見てみると，先に検討した同項を規定する「許容性」の内容からすれば，検証者が相当な方法により真摯に検証した上で，その結果を正確に検証調書に記載したといえなければ，「許容性」の根拠となる内容が充足されたとはいえないであろう。そのために，同項は，検討対象とされる書面が検証調書に当たることに加え，検証を行って検証調書を作成した者（同項に規定する「供述者」）が，公判期日において証人として尋問を受け，「その真正に作成されたものであることを供述したとき」に，検証調書を証拠とすることができると規定しているのである。

3 「その真正に作成されたものであることを供述したとき」の意義

　以上の検討を踏まえ，「その真正に作成されたものであることを供述したとき」の意義について考えてみたい。

(1) 「真正に作成されたものであること」の意義

これについては、①作成名義の真正（検証者が検証調書を作成し、かつ、その作成者〔検証者〕と検証調書の作成名義人が一致していること）を意味するとの説、②作成名義の真正に加え、記載内容の真正（検証者が相当な方法により真摯に検証し、その結果を正確に記載したこと）を意味するとの説、③作成名義及び記載内容の各真正に加え、検証内容の真実性（調書に記載された内容が真実〔客観的状態〕に合致すること）を意味するとの説がある。

先述した法321条3項を規定する「許容性」の内容からすれば、②説が相当であることは明らかであり、実務もこの説によっている。①説では、検証者が相当な方法により真摯に検証した上で、その結果を正確に検証調書に記載したことが明らかとならず、法321条3項が書面該当性のほかに要件を付加した趣旨が満たされない。また、③説によると、検証調書が法321条3項により証拠能力を認められるためには、検証者が検証の内容・結果についてまで証言することが必要となるが、これでは検証調書につき緩やかな要件で証拠能力を認めた意味がほとんどなくなり、上記「許容性」の観点から過剰であるばかりか、その「必要性」との関係でも問題が生ずる。

なお、②説によれば、検証調書の記載内容が見分対象の客観的状態と合致しているか否かという問題は、検証調書の証拠能力の問題としてではなく、その信用性（証明力）の問題として議論されることになる。

(2) 「供述したとき」の意義

「供述したとき」とは、一般に、作成名義及び記載内容の各真正についての証言内容が反対尋問によっても崩れなかったことを意味するとされている。すなわち、検証を行って検証調書を作成した者が、相当な方法により真摯に検証し、その結果をそのまま検証調書に記載したことを、証人として供述すれば足りるというわけではなく、弁護人からの反対尋問にも耐えて、かかる事実の存在が立証されなければならないのである。

4 真正立証の実際

実務において検証調書の真正立証（作成名義及び記載内容の各真正の立証）がど

のように行われているかについて触れておきたい。

　警察官（司法警察職員）作成の検証調書が弁護人から不同意とされると、検察官は、「検証調書の作成の真正」を立証趣旨として、検証者であり、かつ検証調書の作成者（法321条3項の「供述者」）である警察官の証人尋問を請求する。その請求を受けて、裁判所は、弁護人の意見を聴いた上で、その証拠調べを決定する。その証人尋問において、検察官は、証人である警察官に対し、まず、警察官としての経歴やこれまでに検証や実況見分を実施してその調書を作成した件数（職務経験）等を尋ねる。この尋問は、検討対象となっている書面が「検察官、検察事務官又は司法警察職員」による検証の結果を記載した書面であることを明らかにするとともに、その職務経験等からして検証者が行った検証が相当な方法によるものであることをうかがわせるものである。その後、検察官は、下記のような内容の尋問を行う。

　　検察官：証人は、平成○年○月○日、被告人に対する殺人被告事件に関して、□□市□□1丁目2番3号被告人方居宅及びその付近の検証をしましたね。
　　証　人：はい。
　　検察官：その検証の経過と結果を書面にしましたか。
　　証　人：はい、平成○年○月○日付けの検証調書を作成しました。
　　検察官：（規則199条の10により平成○年○月○日付けの検証調書を示す）
　　　　　　証人が作成した検証調書はこれですか。
　　証　人：はい。
　　検察官：表紙の署名押印は、あなたのもので間違いないですか。
　　証　人：はい。
　　検察官：この検証調書には、証人が検証した経過と結果をありのまま正確に記載しましたか。
　　証　人：はい。

　以上の尋問に加えて、検察官は、当該検証の方法や実施状況について尋問を行い、検証者が相当な方法により真摯に検証を行ったことを明らかにする。
　なお、先述した実務の考えによると、弁護人による反対尋問の範囲は、主尋問の範囲である作成名義及び記載内容の各真正に限定されることとなるが、実

務上は，弁護人に検証内容の真実性についても相応の尋問をすることを許容している例が多い。検証内容の真実性は，本来的には証明力の問題であるが，検証調書の記載内容が犯行現場等の客観的状態と明らかに齟齬矛盾しているなど検証内容の真実性について著しい疑義がある場合には，作成者（検証者）が相当な方法により真摯に検証した上で，その結果を正確に検証調書に記載したかについても疑問が生じることから，作成者に対する反対尋問の機会に，真正立証に関連する尋問として許容しているものと理解できよう。

ところで，検証調書について，弁護人が「同意はしないが，検証調書の作成の真正は争わない。その点に関する作成者への反対尋問権も行使しない」との意見を述べた場合にも，作成者の証人尋問を行う必要があるのであろうか。条文上，真正立証においては証人尋問を行うことが必須となっているが，作成名義及び記載内容の各真正に全く争いがないのであれば，法321条3項が規定する要件は実質的に満たされていると解されるので，作成者の証人尋問を行わなくても，真正立証がされたものとして法321条3項により証拠とすることができると考えられる（東京高判平成18・6・13高刑集59巻2号1頁参照）。

Ⅳ 実況見分調書

1 実況見分調書の意義

実況見分とは，視覚・聴覚等の五官の作用によって，物・場所・人等の存在・形状・作用等を実験認識することを任意処分として行うものをいう。そして，その結果を記載した書面が実況見分調書である。

実況見分は，様々な目的で行われるものであり，一つの事件の捜査において複数の実況見分調書が作成されることも多い（犯罪捜査規範104条・106条等参照）。実況見分調書の種類としては，犯行現場において現場の状況を見分した結果を記載した現場実況見分調書や，被疑者や被害者等に犯行状況や被害状況等を再現させて見分した結果を記載した再現実況見分調書や，犯行の再現実験を行ってその状況を見分した結果を記載した実況見分調書等があるが，犯行現場における再現状況についての実況見分調書のように複数の性格を併有するものもある。

このように，実際の実況見分調書は様々な内容を含むものであるから，いずれの種類の実況見分調書に当たるかを判断しさえすれば，自動的に証拠能力の要件が導き出されるわけではない。現場実況見分調書だからといって，法321条3項の要件を充足すれば，その記載内容全体について証拠能力が認められるわけではない。この点は，後記**3**で詳しく検討する。また，再現実況見分調書であっても，立証趣旨によっては（例えば，「犯行可能性」，「任意性」等），法321条1項や法322条1項の要件を充足する必要はないのである。例えば，住居侵入，窃盗被告事件において，被告人が，犯行現場で，侵入口とされる高窓から侵入することが可能かどうかを明らかにするために侵入状況を再現した再現実況見分調書のように，実際に犯行が再現できたことを立証しようとする場合には，再現実況見分調書だからといって法322条1項の要件を充足する必要はないのである。

以下，実況見分調書の証拠能力について詳しく検討する。

2 実況見分調書の証拠能力

実況見分調書は，作成者である見分者の供述書（実況見分の結果の報告）であるから，伝聞法則（法320条1項）の適用を受ける。したがって，法326条の同意がない場合，伝聞法則の例外規定である法321条3項により証拠能力が認められるか，すなわち実況見分調書が同項の「検証の結果を記載した書面」に含まれるかが問題となる。

検証と実況見分の共通点を考えてみると，その本質は，いずれも視覚・聴覚等の五官の作用によって物・場所・人等の存在・形状・作用等を実験認識することである。そして，検証調書について法321条3項が規定された「必要性」と「許容性」が，任意処分である実況見分の結果を記載した実況見分調書にも該当するのであれば，実況見分調書も検証調書と同様の取扱いをすることが可能といえよう。

そこで，検討すると，まず「必要性」であるが，実況見分は，検証として行うのと同じ内容を任意処分として行うだけなので，その結果を記載した書面の内容自体に違いはない。そうすると，実況見分の対象の精密詳細な状況については，見分直後に作成された書面であれば正確であることが期待できるから，

書面による必要性が高いという点において，検証調書と実況見分調書の間に異なるところはないといえよう。

次に「許容性」であるが，検証について法が厳格な方式（原則として裁判官の発する令状を必要とする〔法218条1項〕）を求めているのは，それが対象者の意思に反してでも実施される強制処分だからであり，検証の正確性を担保するためではない。いずれも価値中立的な対象に関して行われるものであるため，その性質上，主観や意図によって内容が歪められるおそれが少ないという点において，検証調書と実況見分調書の間に異なるところはないといえよう。

以上によれば，実況見分調書は，法321条3項の「検証の結果を記載した書面」に含まれると解されるであろう。判例・実務も同様に解している（最判昭和35・9・8刑集14巻11号1437頁参照）。したがって，これから検討する内容は，検証調書及び実況見分調書のいずれにも該当することであるが，以下では，実況見分調書に対象を絞って講義を進める。

3　実況見分における立会人の指示説明

(1)　意　　義

捜査機関は，実況見分を行うに当たり必要があると認めるときは，被疑者，被害者，目撃者等の事件関係者を立ち会わせ，これらの立会人をして実況見分の目的物その他必要な状態を任意に指示説明させることができ，更に，この指示説明を実況見分調書に記載することができる（犯罪捜査規範104条2項・105条参照）。この記載は，「立会人の指示説明」などといわれ，実況見分調書中の「実況見分の経過」欄にその内容が記載されるのが通例である。

課題の実況見分調書でいえば，立会人菅野の指示説明部分は，実況見分調書中の二重かぎ括弧（『　』）内の部分である。それ以外の部分（小窓からの見通し状況等）は，見分者である警察官田村が，実況見分において自ら認識した内容である。

そして，実況見分調書に記載されている立会人の指示説明には，見分すべき対象を特定するためになされる「現場指示」と，「現場指示」の要素を含まない立会人の事件等に関する説明である「現場供述」があるとされている。

(2) 「現場指示」と「現場供述」

　このように，実況見分調書には作成者自身の供述部分のほかに立会人の指示説明が含まれるのが一般的であるが，この指示説明部分の証拠能力をどのように考えるべきか。

　判例は，周知のように，実況見分調書の立会人の指示説明部分について，「立会人の指示，説明を求めるのは，要するに，実況見分の一つの手段であるに過ぎず，被疑者及び被疑者以外の者を取り調べ，その供述を求めるのとは性質を異にし，従って，右立会人の指示，説明を実況見分調書に記載するのは結局実況見分の結果を記載するに外ならず，被疑者及び被疑者以外の者の供述としてこれを録取するのとは異なる」，「たとえ立会人として被疑者又は被疑者以外の者の指示説明を聴き，その供述を記載した実況見分調書を一体として，即ち右供述部分をも含めて証拠に引用する場合においても，右は該指示説明に基く見分の結果を記載した実況見分調書を刑訴321条3項所定の書面として採証するに外ならず，立会人たる被疑者又は被疑者以外の者の供述記載自体を採証するわけではない」としている（最判昭和36・5・26刑集15巻5号893頁）。上記判例のいう「立会人の指示，説明」は，「現場指示」を指すものと解されるが，実務上も実況見分調書に記載された「現場指示」としての立会人の指示説明は，実況見分の動機・手段であり，見分者がこのような立会人の指示説明を聞くことも実況見分の一部であるとして，その記載部分も実況見分調書と一体のものとして法321条3項により証拠能力を認めることができるとされている。

　これに対し，「現場供述」としての立会人の指示説明は，実況見分の機会になされた立会人の過去の体験事実の報告にほかならず，見分者においてこれを聞くことが実況見分の一部であると解するのは困難である。したがって，「現場供述」としての立会人の指示説明を記載した部分は，見分者が立会人の供述を録取したものと考えるほかなく，伝聞法則による規制を別途受けることになる。すなわち，この記載部分を証拠として用いるためには，法321条3項の要件のみならず，立会人が被告人以外の者である場合には法321条1項2号又は3号の，被告人である場合には法322条1項の各要件を満たす必要があるとされている。この点は，犯行・被害状況を再現した写真を添付した実況見分調書の証拠能力に関する最決平成17・9・27刑集59巻7号753頁と同旨である。

つまり，実況見分の見分者以外の者の「供述」について，その内容の真実性が問題となる場合には，当該「供述」の性質に応じた伝聞法則による規制が働くのである。

(3) 立会人の指示説明の証拠能力をめぐる問題点

それでは，**課題**の実況見分調書記載の立会人菅野の指示説明部分は，「現場指示」であろうか，それとも「現場供述」であろうか。

厳密に「現場指示」として最低限必要と思われる内容に絞り込めば，「私が都荘の通路を南の方に歩いている男性を最初に発見したときのその人の位置は，そこです」といったもので足りるはずである。そうすると，**課題**における立会人菅野の指示説明部分は，「現場指示」としては過剰な内容を含むものであり，立会人菅野の「現場供述」ということになるようにも思われる。仮に「現場供述」ということになれば，法321条3項だけでは証拠能力を認めることができないので，この指示説明部分は削除しなければならないはずである。しかし，そうなると，この指示説明部分に関連する実況見分の具体的な意味が分からなくなってしまうから，このような指示説明部分であっても，証拠能力を認めるべきであろう。ただ，その場合，過剰な部分はどうすべきか。実際には実況見分調書に記載されていない「現場指示」として最低限必要と思われる内容，すなわち「私が都荘の通路を南の方に歩いている男性を最初に発見したときのその人の位置は，そこです」という内容が，あたかも実況見分調書に記載されているかのように読み替えなければならないのであろうか。

立会人の指示説明をめぐって上記のような疑問を抱える学生諸君は少なくないと思われる。その原因の一つは，「現場指示」と「現場供述」の定義をあたかも「規範」のように考えて実際の実況見分調書にあてはめ，その結論によって機械的に証拠能力を判断しようとする考え方にあるように思われる。実際の実況見分においては，**課題**の実況見分調書のように，立会人が，見分者である警察官に対し，「現場指示」をしながら，必ずしも実況見分をするのに不可欠とは思われない「現場供述」に当たるようなことを話したり，目撃した内容等を再現したりするのがむしろ一般的である。このように，当該指示説明部分が「現場指示」であるのか「現場供述」であるのか明瞭ではないことから，立会

人の指示説明部分の証拠能力を一義的に判断することは困難なのである。したがって、この問題点の解決には、記載態様の如何を問わず、立会人の指示説明として記載されている内容が警察官等の見分者に「見分」できることなのか否か、別の言い方をすれば、見分者を真正立証の証人として尋問をすることによって、「その内容の真実性」が明らかとなるものであるか否かという観点からの考察が必要となってくる（この点について更に学修を深めたい者は、植村立郎「実況見分調書の証拠能力等について(上)」研修771号〔2012年〕10頁以下を参照されたい）。

　以下詳述する。

(4) 「現場指示」によって立証できる事実

　上記(3)の問題を解決するには、まず、立会人の指示説明部分が「現場指示」であって実況見分調書と一体のものとして証拠能力が認められた場合、その指示説明部分によって何を立証することができるのかを考えることが必要となってくる。

　伝聞法則の観点から立会人の指示説明部分が実況見分調書に記載されるまでの過程を確認すると、立会人は、まず、犯行等を体験、目撃するなどして、指示説明すべき事柄を知覚、記憶する。そして、実況見分において、警察官等の見分者に対し、その知覚、記憶した内容を、指示説明という形で表現する。見分者は、立会人の指示説明の内容を知覚、記憶するとともに、それを契機として見分した現場の状況等の客観的状態を自ら知覚、記憶し、これらの内容を調書に記載するという形で表現するのである。この場合、立会人が知覚、記憶、表現した各過程の正確性を担保するための手段（例えば、犯行目撃状況等についての尋問や実況見分調書への立会人の署名押印）は一般的にとられていないのであるから、当該指示説明部分を、それに含まれる立会人の過去の体験事実が存在したことを立証する証拠として用いることは、伝聞法則によりできない。したがって、見分者を尋問しても指示説明部分の内容の真実性は明らかにならないのである。もし立会人の指示説明部分に含まれる過去の体験事実自体の真実性を立証したいのであれば、結局のところ、立会人を公判期日において証人として尋問し、当該指示説明部分の内容どおりの証言を得ることが必要になるので

ある。

　以上の検討から明らかなように，見分者の尋問によって明らかになるのは，立会人の指示説明部分が実況見分の動機・手段を示すものとして必要なものであったということにとどまり，それに含まれる過去の体験事実の真実性は明らかにならないのである。言い換えれば，指示説明の内容の真実性まで明らかにする必要はなく，指示説明が存在したことのみで意味を持ち得る場合，その指示説明部分は，原則として「現場指示」となり，実況見分調書と一体のものとして法321条3項により証拠能力を認められることになるのである。

(5) 立証趣旨との関係

　それでは，立会人の指示説明が存在したことのみで意味を持ち得るかどうかは，どのようにして判断すべきであろうか。

　この問題を考えるに当たっては，証拠調べを請求してきた当事者が当該指示説明部分をどのように用いようとしているのか（何を立証するために用いるのか）という観点から検討することが必要である。まず，検察官が当該指示説明部分を証拠としてどのように用いようとしているのかは，検察官の設定した立証趣旨によって判断される。もちろん検察官の立証趣旨があいまいなものであれば，裁判所が必要な求釈明（規則208条1項）をして，その内容を明らかにさせることになる。ただ，検察官の設定した立証趣旨に拘束されると，およそ無意味な証拠に証拠能力を付与することになりかねないような例外的な場合には，裁判所が検察官の設定した立証趣旨に拘束されずに，検察官がその実況見分調書の指示説明部分によって何を立証しようとしているのかを実質的に考慮することになる（前掲最決平成17・9・27参照）。

　以上の点を踏まえ，具体的に検討すると，検察官が，「犯行現場の状況」を立証趣旨として，犯行直後に犯行現場を見分した結果を記載した実況見分調書を証拠調請求してきた場合，検察官は，あくまでも犯行現場の客観的状況を立証しようとしているのであるから，記載されている立会人の指示説明部分も，基本的には犯行現場を見分する動機・手段を示すものであるといえよう。したがって，仮に実況見分をするのに不可欠とは思われない内容が含まれていたとしても，全体として「現場指示」としての意味を有しているのであれば，法

321条3項により実況見分調書と一体のものとして証拠能力が認められることになる。

　他方で、立会人の指示説明部分に「現場指示」としての要素が全く含まれないような場合（すなわち「現場供述」としか取り扱えない場合）は、当該指示説明部分は、検察官の設定した立証趣旨からすると、およそ無意味な記載ということになり、法321条3項のみでは証拠能力が認められないことになる。仮に検察官が当該指示説明部分はあくまでも「現場指示」である旨主張したとしても、関連性がないことから証拠能力は認められないことになろう。もっとも、このような場合、実務においては、証拠の必要性という観点から証拠として採用しないという取扱いがなされることが多い。先述したように、「現場指示」と「現場供述」の区別は明瞭ではないため、関連性の有無という形で判断することは難しいが、証拠として取り調べる必要性は乏しいとの判断は比較的容易にできることから、「証拠の関連性はともかく、いずれにしても必要性がないから証拠として採用しない」とされることが多いのである。

(6)　法326条の同意の効力との関係

　以上の検討とは前提を変えて、弁護人が、立会人の指示説明が記載された実況見分調書につき同意をした場合について考えてみたい。

　この点について、同意があれば、原則として、「現場指示」はもとより、「現場供述」もその内容の真実性の立証に用いることができるとする考えがある。これによると、同意による場合は、法321条3項により証拠能力を取得する場合と異なる効果が生じることになる。

　しかし、同意があれば常にそのようにいえるかは疑問であり、弁護人の同意の趣旨がどのようなものかによるというべきであろう。そもそも、実況見分調書は見分者が公判期日における供述に代えて書面により報告する点で伝聞証拠であるところ、その中に記載された「現場供述」は再伝聞供述に当たり、2段階の伝聞過程を含むものである（上記(4)参照）。この場合、弁護人としては、実況見分調書の伝聞性についてのみ同意することもできれば、そこに含まれる再伝聞供述も含めて同意することもできる。そして、弁護人の同意の趣旨が後者のものである場合には、立会人の「現場供述」も内容の真実性の立証に用いる

ことができることになる。このように，同意が，2段階からなる伝聞過程の双方についてなされたのか，書面による報告過程についてのみなされたのかにより結論を異にすると考えるべきであろう。

それでは，弁護人が単に「同意」との意見を述べた場合，裁判所としては，その同意の趣旨をどのように解すればよいのであろうか。

実況見分調書は，そもそも見分者が見分した結果を書面で報告するために作成するものであるから，弁護人の念頭にあるのは，実況見分調書の作成者（見分者）の証人尋問を経ずして証拠能力を認めてよいかという問題，すなわち公判期日における供述に代えて書面により報告する過程の伝聞性であり，立会人の「現場供述」の伝聞性ではない。そうすると，弁護人の「同意」の趣旨は，一般には，実況見分調書の伝聞性についてのものと解すべきであろう。

これに対し，被告人・弁護人が事実を認めている事案においては，弁護人が再伝聞供述についても同意する趣旨であると理解できる場合も多い。そのような場合，「現場供述」は，供述証拠として証拠能力を取得し，内容の真実性の立証に用いることができることになる。なお，この場合，裁判所としては，弁護人に対して「同意」の趣旨について求釈明を行い，この点を明らかにしておく必要があろう。

V　課題の検討

課題の実況見分調書において，立会人菅野の指示説明部分には，①地点にいた犯人らしき人物の特徴等といった内容も含まれている。先述したとおり，「現場指示」として最低限必要と思われる内容に絞り込めば，「私が都荘の通路を南の方に歩いている男性を最初に発見したときのその人の位置は，そこです」といったもので足りるはずであるから，「現場指示」としての内容を超えているようにも思われる。

しかしながら，この記載は，「現場指示」としての要素を含まないもの，すなわち内容の真実性を立証することでしか意味のないものではない。「菅野麻里子が放火犯人を目撃した状況」という立証趣旨からして，検察官は，この実況見分調書によって立会人菅野が犯人と思われる人物を目撃した際の客観的状

況を立証しようとしているのであり，上記指示説明部分は，そのような客観的状況を見分するきっかけ（動機）を見分者である警察官田村に与えているという意味において，「現場指示」としての要素を含んでいるのである。したがって，立会人菅野の指示説明部分は，その記載全体が「現場指示」と評価でき，実況見分調書と一体として法321条3項により証拠能力を認めることができる。

　もっとも，「現場指示」として証拠能力を与えられたとしても，上記指示説明部分により立証できるのは，立会人菅野が「都荘の通路を南の方に歩いている黒い革ジャンを着た身長1m70cmくらいの中肉中背の男性が見え」た地点として①地点を示した事実とその①地点がどの場所にあるのかという事実（これらは見分者である警察官田村自身が認識した事実）にとどまるのであって，立会人菅野が①地点で見た人物が「黒い革ジャンを着た身長1m70cmくらいの中肉中背の男性」であったという事実を立証することはできないのである。もし立会人菅野が目撃した人物の特徴について立証したいのであれば，立会人菅野を証人として尋問することが必要となるのである。

　このように，**課題**における立会人菅野の指示説明部分は，法321条3項により証拠能力が認められるのであるから，同項の要件を満たせば，そのまま法廷で顕出されることになるはずである。

　しかしながら，裁判員裁判において，そのような証拠調べがなされた場合，この指示説明部分が朗読されるのを聴いた裁判員は，立会人菅野が目撃した犯人らしき人物は「黒い革ジャンを着た身長1m70cmくらいの中肉中背の男性」であるとの心証を持ってしまうのではなかろうか。これでは適正な事実認定がなされるのか疑問が生じてこよう。ここに，証拠法における従前からの議論と裁判員裁判のあるべき運用論との間の隔たりが見てとれる。この点については，**講義6「裁判員裁判」**で詳しく説明することとしたい。

講義 4　事実認定

刑事裁判実務の基礎

課題

刑事裁判における事実認定に関し，以下の各問について検討しなさい。
(1) 要証事実とは何か。間接事実とは何か。
(2) 直接証拠とは何か。間接証拠とは何か。
(3) 証拠の証明力とは何か。
(4) 有罪が認定されるためには，どの程度の立証がなされる必要があるか。
(5) 争点とは何か。争点は，どのようにして把握するのか。
(6) 証拠構造とは何か。なぜ証拠構造を把握する必要があるのか。
(7) 供述証拠の信用性を判断するには，どのような点に注意すべきか。
(8) 情況証拠（間接事実からの推認）による事実認定は，どのようになされるのか。

講義

I　はじめに

　法曹となるには，法律知識を身に付けるだけでは不十分であり，法律を適用する対象である「事実」を的確に認定できなくてはならない。学生諸君にはあまりピンとこないかもしれないが，実務家は法律解釈よりも事実認定に頭を悩ましていることがはるかに多いのである。

そこで，**講義4**では，刑事裁判における事実認定（刑事事実認定）について講義する。もっとも，事実認定については，主に司法修習の中で学修することが想定されているので，ここでは，司法修習への導入となる事実認定の「基礎の基礎」について講義を行いたい。適切な事実認定を行う能力は，一朝一夕に身に付くものではなく，法曹人生を通じて追い求めなければならないものとされている。この講義を事実認定能力獲得の第一歩としてもらいたい。

なお，刑事事実認定について学修を進めるに当たっては，石井一正『刑事事実認定入門〔第2版〕』（判例タイムズ社，2010年）を参照してもらいたい。

II 刑事事実認定における基本的概念

まず，刑事事実認定を学修する上で理解しておくべき基本的な事項について説明する。

1 要証事実（主要事実）と間接事実

最初に，刑事事実認定の対象について押さえておきたい。刑事裁判において，裁判官は，適法な公訴提起を受け，公判手続において適法に取り調べた証拠により過去に発生した事実の存否を判断し，被告人の有罪無罪を明らかにした上で，有罪の場合には被告人に対し適切な刑を言い渡さなければならない。このような刑事裁判において一定の判断をする際に必要な事実のうち証明を要するものを，広く「要証事実」という。要証事実という言葉は，伝聞法則の適用の有無に関して使用されることが多い（例えば，最判昭和38・10・17刑集17巻10号1795頁〔白鳥事件〕等）が，ここで取り上げる要証事実は，特定の証拠との結びつきを前提にしない，最も広い意味で使用されるものである（**講義2**「公判手続」**V 4**の中で言及した「要証事実」の意味とは異なることに注意）。刑事裁判における要証事実は，犯罪事実を中心とする実体法的な事実と，訴訟手続に関する訴訟法的な事実に分けられるが，刑事裁判において最も重要な判断は，刑罰権実現の根拠となる起訴状記載の「公訴事実」の存否をめぐるものであるから，刑事事実認定において最も重要な要証事実は，「公訴事実」として記載されるところの犯罪構成要件に該当し，違法かつ有責な具体的事実ということに

なる。これには、刑の加重減免事由のほか、当該構成要件該当事実を充足している犯人と被告人との同一性（犯人性）も含まれる。実務上、この狭義の要証事実のことを「主要事実」又は「犯罪事実」という。主要事実については、証拠能力があり、かつ適式の証拠調べを経た証拠による証明、すなわち厳格な証明が必要とされている（法317条）（**課題**(1)）。

これに対して、間接事実とは、広い意味では要証事実の存在を推認させる事実のことであるが、主に主要事実の存在を推認させる事実という意味で用いられるものである。間接事実から主要事実の存在を推認する際に使われるのが経験則といわれるものである。ここでいう経験則とは、社会生活上の経験から導かれるところの事実認定における一種の法則であるが、反対事実の存在を完全に排斥するものではないから、通常は、単独の間接事実によって主要事実の存在を認定することはできず、複数の間接事実を総合することによって主要事実の存在が証明されることになる。間接事実も証明の対象となり、厳格な証明によらなければならないとされている（**課題**(1)）。

2　直接証拠と間接証拠

ここでは、直接証拠と間接証拠について検討したい。両者は、証拠と要証事実との関係によって区別される。

直接証拠とは、主要事実の存在を直接証明する証拠のことをいう。例としては、犯行状況や犯人性に関する目撃者の供述、被害状況や犯人性に関する被害者の供述、共同犯行状況や共謀に関する共犯者の供述等がある（**課題**(2)）。

> **補論**
> **実務における自白の取扱い**
>
> 被告人の自白も、性質上は直接証拠であるが、補強証拠が必要とされる（法319条2項。自白の補強法則）ため、それのみでは主要事実の認定はできない。また、自白は、判断者の心証に与える影響が大きい一方で、その任意性や信用性が問題になることが多い。そのため、自白については、まず自白以外の証拠から客観的な事実関係を認定した上で、その事実関係から主要事実をどの程度推認できるかを検討するとともに、自白の信用性を検討し、自白の信用性が肯定される場

合には，最終的に，推認できた事実関係と自白とを合わせて主要事実が認定できるか否かを検討するというのが実務の大勢である。

　実務においては，直接証拠が供述証拠である場合が多く，この場合，直接証拠である供述証拠の信用性判断が結論を大きく左右することになる。供述証拠の信用性判断については後記Ⅲ**3**で詳しく説明する。
　次に，間接証拠とは，主要事実の存在を推認させる事実である間接事実を証明する証拠のことをいう。したがって，その信用性が肯定できても，主要事実の存在を直ちに証明することはできないが，これにより認定できる間接事実から主要事実の存在を証明することとなる。なお，間接事実自体の存在も他の事実（再間接事実）によって認定され得る。間接証拠は，「情況証拠」ともいわれるが，この用語は，間接証拠のみならず，それにより認定される間接事実（場合によっては，再間接事実）をも含むものとして取り扱われる場合もあるので，使用する際には注意を要する（**課題(2)**）。
　直接証拠と間接証拠の具体的なイメージを持ってもらうために，簡単な事例を用いて説明する。起訴状記載の公訴事実が「被告人は，平成〇〇年〇月〇日午後〇時ころ，公園において，Ｖの左胸部をナイフで刺して殺害した」という被告人Ａに対する殺人被告事件において，Ａが「全く身に覚えがない」と主張しているとする。この場合，被告人Ａと起訴された殺人被告事件の犯人との同一性（犯人性）という主要事実の存否が問題となり，この点をめぐって両当事者の攻防が尽くされることになる。この事件で，W_1が証人として尋問され，その中で，W_1が「Ａは友人で，昔からよく知っている。犯行日時ころ，公園を歩いていると，ＡがＶの左胸をナイフで刺すところを目撃した」と証言したとする。この証言が信用できれば，直ちに「Ａが犯人である」という主要事実を認定することができる。したがって，W_1の証言は直接証拠といえる。
　他方，同じ事例において，W_1ではなく，犯行直後に現場付近でＡを目撃したW_2という人物がいたとする。W_2の証人尋問の中で，同人が「Ａは仕事の上で付き合いのある知人である。犯行日時ころ，公園を歩いていると，Ａが植え込みから突然出てきて，慌てた様子で走り去るのを目撃した。不審に思っ

て植え込みの近くまで行ってみると，そこにはVが左胸から血を流して倒れていた」と証言したとする。この証言の信用性が認められたとしても，W_2はAが本件殺人を行うところを目撃したわけではないから，直ちにAが犯人であるとは認定できない。したがって，W_2の証言は直接証拠とはいえないことになる。しかし，W_2の証言によれば，「Aが犯行直後に犯行現場にいた」との事実を認定することができる。「犯行直後に犯行現場にいた人物は犯人である可能性が高い」との経験則によれば，「Aが犯行直後に犯行現場にいた」との事実から，Aが犯人であることを推認することができる。このように，W_2の証言によって認定できる事実は，主要事実の存在を推認させる事実，すなわち間接事実であり，その認定根拠となるW_2の証言は間接証拠ということになる。

なお，直接証拠，間接証拠のほかに，補助証拠というものが存在する。これは，証拠の証明力（後述**3**参照）の判定に役立つ事実（補助事実）を認定するための証拠である。例えば，上記の事例で，「W_2の目撃した際のAとW_2との距離が5mであった事実」が認められる場合，この事実は，目撃者であるW_2の目撃証言の信用性に関わる事実，すなわち補助事実であって，それを立証するための実況見分調書等が存在するのであれば，それが補助証拠ということになる。

3 証拠の信用性と狭義の証明力

ここでは，証拠を的確に評価するための枠組みについて説明しておきたい。

証拠は，事実を証明する力を持っているが，一般に「証明力」とは，証拠が事実認定に役立ち得る実質的価値をいう。価値ということであるから，当然にその程度が問題となる。証明力は，更に「証拠の信用性」と「狭義の証明力」に分けて考えることができる。「証拠の信用性」とは，その証拠が信用できるかということである。信用できないと判断された証拠は，事実認定に役立ち得る価値がないということになり，事実認定の用に供されないことになる。他方，「狭義の証明力」とは，その証拠がどこまで要証事実の存否について認定する力を持っているかということである。「狭義の証明力」の高い証拠は，事実認定に役立ち得る価値が高いことになる（**課題(3)**）。

「証拠の信用性」と「狭義の証明力」の違いを理解するために，簡単な事例を用いて説明すると，先の事例において，犯行時刻の直前にVと言い争いをしている人物を目撃したW₃とW₄が存在したとする。その人物の特徴について，W₃は「その人物は，男性で，スーツ姿だった」と証言し，W₄は「その人物は，中肉中背の男性で，身長は175cmくらい，メガネをかけ，灰色のスーツに青いネクタイだった」と証言したところ，犯行当時のAの特徴は，男性，中肉中背，身長174cm，普段からメガネ着用，灰色のスーツに青色のネクタイ着用であったとする。W₃もW₄もAやVとは特段の人間関係はなく，いずれの目撃条件も同じであり，証言態度にも特に問題がないのであれば，2つの証言の「証拠の信用性」に違いはないといえるが，被告人と犯人との同一性という要証事実を認定するに当たって，W₃の証言よりもW₄の証言の方が事実認定に役立ち得る価値が高い，すなわち「狭義の証明力」が高いといえる。

　なお，証明力，すなわち「証拠の信用性」と「狭義の証明力」の評価は，いずれも裁判官の自由な判断に委ねられており（法318条），このことを自由心証主義という。この原則の例外として，自白の補強法則（法319条2項）がある。

4　証明の程度と立証（挙証）責任

(1)　証明の程度

　ここで取り上げるのは，主要事実が存在するといえるためには，どの程度の証明が必要かという問題である。裁判における証明は，科学実験のように実験結果以外の科学的・論理的可能性の完全な排斥を求めるものではなく，「真実の高度な蓋然性」をもって満足するほかないのである（最判昭和23・8・5刑集2巻9号1123頁）。そして，主要事実を認定するには，一般的に合理的な疑いをいれない程度の立証が必要とされている。先述したように，間接事実からの推認は，「Aという事実（間接事実）があれば，経験則上，Bという事実（主要事実）があった蓋然性がある」ということであって，反対事実が存在する可能性を完全に排斥するものではない。しかし，主要事実の存在を推認する間接事実が複数存在し，それらを総合すれば，反対事実が存在する可能性はほとんどないということはできる。これについて，最決平成19・10・16刑集61巻7号677頁は，「刑事裁判における有罪の認定に当たっては，合理的な疑いを差し

挟む余地のない程度の立証が必要である。ここに合理的な疑いを差し挟む余地がないというのは，反対事実が存在する疑いを全く残さない場合をいうものではなく，抽象的な可能性としては反対事実が存在するとの疑いをいれる余地があっても，健全な社会常識に照らして，その疑いに合理性がないと一般的に判断される場合には，有罪認定を可能とする趣旨である」としている（課題(4)）。

　また，直接証拠による証明と情況証拠（間接事実からの推認）による証明の間に，求められる証明の程度に違いはないとされている（前掲最決平成19・10・16）。これに関して，被告人の犯人性が問題となった最判平成22・4・27刑集64巻3号233頁は，「〔犯人性を証明する〕直接証拠がないのであるから，情況証拠によって認められる間接事実中に，被告人が犯人でないとしたならば合理的に説明することができない（あるいは，少なくとも説明が極めて困難である）事実関係が含まれていることを要する」としている。上記の判文からすると，情況証拠によって犯人性を認定するには，特別な要件を満たす必要があるかのようにも思われるが，そのように解すべきではない。この判例が求めているのは，各間接事実が主要事実である犯人性を推認するだけでは足りず，それらを総合することによって，被告人が犯人でないとしたならば，このような間接事実が複数同時に存在することが合理的に説明できないといえなければならないということであろう。言い換えれば，被告人が犯人であることを指し示す事実が複数存在していても，それらが同時に存在することが，被告人が犯人でなくても説明可能であるならば，被告人が犯人であるかどうか合理的な疑いが残るということであるが，このことは，間接事実からの推認による証明の性質上，当然のことである。前掲最判平成22・4・27は，情況証拠による有罪認定に当たっては，主要事実の存在を肯定する方向の検討のみをするのではなく，反対事実の存在可能性の吟味も必要であることを再確認したものといえよう。

(2) 立証（挙証）責任

　ここでは，主要事実の存在を立証すべき責任は誰にあるのかという問題を取り上げる。

　実質的立証（挙証）責任とは，証明のための手段が尽くされても要証事実の存否が判定できない場合に不利益な認定を受ける当事者の地位のことである。

刑事裁判においては,「疑わしきは被告人の利益に」の原則があるため,主要事実については,原則として検察官が立証責任を負担する。正当防衛や中止犯といった犯罪成立阻却事由や刑罰減免事由についても,その点が争いになった場合には,検察官がその不存在を立証しなければならない。民事裁判においては,両当事者に立証責任が分配され,その分配をどのようにすべきか(要件事実論)が問題となるのとは大きく異なる。したがって,検察官の立証が不十分であるならば,無罪,縮小認定又は刑の減免という結果になる。ただし,同時傷害の特例(刑207条)や名誉毀損の真実性の証明(刑230条の2)等の例外があることに注意を要する。

他方,証拠調べの過程で,ある事実の存在が一応証明された状態(又はその存在に疑いのある状態)が生ずるが,その場合,当該事実の存在(又は不存在)によって不利益を受ける当事者において,その不存在(又は存在)を立証しなければならない必要又は負担が生じることになる。このことを形式的立証(挙証)責任という。

実質的立証責任は,その所在が固定化されているが,形式的立証責任は,訴訟の進行に応じて当事者間で移動する点に違いがある。また,実質的立証責任は,証拠調べの最終段階で問題となるが,形式的立証責任は,証拠調べの進行過程において問題となる点にも違いがある。

Ⅲ　刑事事実認定の基本構造

Ⅱの検討を踏まえて,「参考記録」を題材に,刑事裁判においてどのようにして事実認定がなされるのか,その流れを見ていきたい。

1　争点の把握

適正な事実認定を行うには,まず,主要事実のどの部分に争いがあるのか,すなわち争点を的確に把握する必要がある。争点を把握することによって,当該事件においてどのような審理を行うべきなのか,裁判所として検討すべき問題は何なのかが明らかになる。その意味で,争点の確定は,適切な事実認定を行う上で重要な作業といえる。そして,裁判所は,確定した争点に関して必要

かつ十分な証拠調べを実施することになる。

　それでは，どのようにすれば争点を的確に把握できるのであろうか。通常の事件であれば，第1回公判期日における被告事件に対する陳述（いわゆる罪状認否）の内容によって被告人側の主張の概要が分かる。その後，検察官による冒頭陳述や証拠調請求があり，その証拠調請求に対する被告人側の認否といった一連の手続の中で，被告人側が何を争っているのかを具体的に把握することができる。その中でも，裁判長は，随時，求釈明権（規則208条1項）を行使するなどして争点を明確化・顕在化させなければならない。もっとも，公判前整理手続に付された事件では，その手続の中で両当事者の主張がより具体的になされるので，争点の把握は第1回公判期日前の時点において十分なされていることになる（課題(5)）。

　「参考記録」の事案において，検察官主張の公訴事実は，被告人が，被害者方居室内に侵入した上，同居室内の段ボール箱に所携の簡易ライターで点火して火を放ち，柱等に燃え移らせ，もって現に人が住居に使用している建物を焼損したというものである（「参考記録」1頁参照）。これに対して，被告人側は，予定主張記載書面において，被告人は公訴事実記載の犯行を行っていないと主張する一方，公訴事実記載の犯行が実際に行われ，同記載の被害が生じたことについては争っていない（「参考記録」14頁参照）。これにより，「被告人と本件犯人との同一性」が争点であると把握できる。このことは，第2回公判前整理手続期日において確認され，第1回公判期日における被告事件に対する陳述からも明らかである（「参考記録」16頁，19頁参照）。

　なお，刑事裁判においては，争点についてだけ判断すれば足りるというわけにはいかず，要証事実はすべて証明されなければならないことに注意しなければならない。要証事実の中には，当然のことながら，争点以外に当事者間に争いがない事実も存在する。民事裁判においては，争いがない事実（自白した事実又は自白したとみなされた事実）は証明を要しない事実とされ，裁判所はこの事実が存在するものとしてそのまま判決の基礎としなければならない。これに対して，刑事裁判における争いがない事実とは，被告人側がその内容について異を唱えないことによって審理の上で争いにならないという意味にとどまるのであって，検察官は，争いがない要証事実についても証拠によってその存在を

証明しなければならず、裁判所は、当事者間に争いがない事実であっても、それを証拠により認定する必要がある。例えば、「参考記録」の事案において、公訴事実記載の犯行が実際に行われ、同記載の被害が生じたことは当事者間に争いはないが、検察官は、これらの争いがない要証事実についても捜査報告書（甲23号証）等の証拠によりその存在を証明し、裁判所もこれらの事実を証拠により認定しなくてはならないのである。

2　争点に関する証拠構造の把握

次に、争点に関して、検察官がどのような証拠を用いて立証しようとしているのか、いわゆる証拠構造を把握する必要がある。証拠構造は、直接証拠の有無を基準として、大きく2つに区別される。直接証拠がある事件では、直接証拠の信用性判断が最重要課題となる。そして、直接証拠の信用性が肯定できれば、争点となっている要証事実の存在が認定できることになる。他方、直接証拠がない事件では、間接事実からの推認により争点となっている要証事実の存在を証明することになるが、そのためには、まず間接証拠の信用性を判断して、間接事実が認定できるか否かを検討しなくてはならない。その上で、認定された間接事実から経験則により当該要証事実が推認できるか否かを検討する必要がある。更に、認定された複数の間接事実を総合して、合理的な疑いをいれずに当該要証事実が認定できるかを検討しなければならない。このように、証拠構造によって証拠の検討方法・内容が大きく変わってくることから、適正な事実認定を行うためには、証拠構造を把握する必要があるのである（**課題**(6)）。

もっとも、実際には、直接証拠がある事件であっても同時に間接証拠もあるという場合が多い。この場合、直接証拠があるからといって、間接証拠について何ら検討する必要がないというわけではない。間接証拠が、直接証拠の信用性を支える証拠、すなわち補助証拠（裏付け証拠）となっている場合があるからである。また、直接証拠があっても、その信用性が認められない場合には、改めて間接事実からの推認によって認定できるか否かを検討しなければならない。したがって、直接証拠がある場合にも間接証拠の信用性について十分検討しなければならないのである。

証拠構造を把握するためには，検察官請求の証拠関係を検討しなければならない。公判前整理手続に付された事件であれば，検察官作成の証明予定事実記載書によって，それ以外の事件であれば，検察官の冒頭陳述と証拠請求によって検察官の立証方針を把握することになる。

「参考記録」の事案において，検察官は，証明予定事実記載書の中で，5つの間接事実により被告人の犯人性が認定されるとしているので，当該事案においては，直接証拠は存在せず，間接事実からの推認によって争点である犯人性を認定する証拠構造であることが分かる（「参考記録」12頁以下参照）。

3 供述証拠の信用性判断

(1) 供述証拠の危険性

先述したように，直接証拠による証明であっても，情況証拠による証明であっても，供述証拠の信用性判断を的確に行うことは，適正な事実認定を行う上で極めて重要である。しかし，供述証拠は，様々な利害関係を有する人間が提供者である以上，いろいろな事情から虚偽の内容が混入される可能性がある。また，供述証拠は，不確実な人間の知覚・記憶に基づくものであることから，意図的ではなくとも，真実とは異なる内容となってしまう可能性もある。このように，供述証拠というものは，供述者が事象を知覚し，記憶し，叙述（表現）する過程のどこかで何らかの誤りが入り込む可能性が多分にあり，供述者の述べる内容が真実とはいえない危険性を伴うものである。以下で検討する供述証拠の信用性判断の指標は，そのような供述証拠の持つ危険性の有無を検証するために実務上考えられてきたものである。

(2) 信用性判断の指標（課題(7)）

① 事件又は被告人との利害関係（虚偽供述の利益の有無）　まず，供述者が事件や被告人との間で特殊な関係を有しているため，虚偽の事実を述べることにより利益を得るような場合，その供述の信用性を慎重に検討しなければならないことは明らかであろう。例えば，供述者が共犯者である場合，自己の刑事責任の軽減を図るために，全く無関係の被告人を犯人に仕立て上げる危険（引き込みの危険）や，被告人が主犯であり，自らは従たる

立場にすぎなかったとする危険（押しつけの危険）が考えられる。また，犯人性を争っている被告人の親族が被告人のアリバイを供述するような場合も，その信用性は慎重に判断しなければならないであろう。

　他方，被害者や目撃者のように，当該事件における関係を除いては，被告人との間で特段の人間関係を有していない人物の場合，被告人に不利益な虚偽の事実を供述すれば，被告人等から無用の恨みを買うことになるのであるから，あえて虚偽を述べていることは少ないと考えられ，基本的にその信用性は肯定されよう。ただし，加害者である被告人への怒りから被害内容（例えば，殴られた回数等）を誇張するようなこともないとはいえないから，被害者であるからといって信用性に全く疑問がないと簡単に結論付けることはできない。

　このように，利害関係を有する人物の供述の信用性は慎重に検討しなければならないが，利害関係があるからといって，それだけで信用性がないというわけではないことに留意しなければならない。いずれにしても，利害関係の検討のみによって供述証拠の信用性を結論付けることはできないのであるから，他の指標についても十分検討する必要がある。

② 　知覚や記憶の条件　　目撃者のように①の利害関係がない人物の供述であっても，見間違いや聞き間違いといったことは起こり得るから，目撃等をした際の知覚の条件や知覚後の記憶の条件も問題となる。

　まず，知覚の条件，すなわち供述者が対象物を知覚（認知）しやすい状態にあったかどうかが問題となる。具体的には，目撃した際の明るさ，目撃した際の対象物との距離・角度，目撃した時間等といった客観的知覚条件と，目撃者の年齢・知能程度，視力・聴力，精神状態（意識性），既知性の有無といった主観的知覚条件が問題となる。

　また，記憶の条件，すなわち知覚して記憶した内容が変容していないかどうかが問題となる。具体的には，目撃・体験の内容自体が記憶に残りやすいかどうか，目撃・体験してから供述するまでの時間的間隔の程度，その間に記憶を変容させるような出来事はなかったかどうかといったことが問題となる。

　なお，犯人の同一性に関する識別供述は，目撃した犯人と被告人（被疑

者）との同一性を確認するもので，有罪認定において非常に重要な証拠であることから，その信用性判断については特別な考慮が必要とされており，いわゆる面割りの方法（単独面割りか否か）や捜査官からの暗示の有無（犯人であることを前提にした質問であったか否か）といった点が問題となる。
③　他の証拠との符合・他の証拠による裏付け　　他の証拠との符合や他の証拠による裏付けが信用性判断の指標の一つとして挙げられるのは，供述者が真実を語っているのであれば，他の証拠関係と一致する（矛盾しない）はずだからである。ただ，他の供述証拠との符合については，供述者の間で口裏合わせをしている可能性もあるので，物的証拠，客観的証拠との符合がより重要である。

　また，供述の中のどこでもよいから裏付けがありさえすれば足りるというものではない。例えば，犯人性が問題となっている事案で，犯行前の目撃者の行動について裏付けがあるからといって，犯行時に被告人が犯人であると識別した旨の目撃者の供述の信用性が高まるわけではない。

　このように，裏付けられる部分が，供述の中でも要証事実の存否に関係する部分であれば，また，より客観性の高い証拠等による裏付けが存在すれば，その供述の信用性は高まるといえるから，「供述内容のどの部分にどの程度の裏付けが存在するのか」という視点で検討しなければならない。
④　供述内容自体の自然性・合理性，具体性・迫真性　　実際には体験していない事実を供述するとなると，人間の想像力には限界があるから，供述内容の具体性・迫真性には自ずと限界がある。同様に，想像で供述しているうちに供述内容に不自然・不合理な点が出てくることもある。このため，供述内容自体の自然性・合理性，具体性・迫真性も信用性判断の指標となる。

　しかしながら，人間は必ずしも同じ状況下で同じ行動をとるとは限らないし，常に合理的な行動をとるともいえない。また，事前に十分練り上げられた虚偽の事実を供述する場合や，実際の体験事実に虚偽の事実を織り交ぜて供述する場合もある。このような場合には，供述内容から信用性を適切に判断し得ないのである。

加えて，供述内容の評価は多分に主観的なものであることから，供述内容自体の指標については，信用性判断に当たって過大に評価しないよう注意すべきである。

⑤　供述経過（変遷の有無・一貫性）　真実を述べているのであれば，いかなるときでもその内容は変わらないはずであるから，捜査・公判を通じて供述内容が一貫していることも信用性判断の指標となる。取り調べられる前から供述内容を準備している者はほとんどいないので，事件直後又は逮捕直後から供述内容が一貫している場合，その供述の信用性は一般的に高いといえる。

　逆に，途中で供述内容が変遷しているようであれば，その供述の信用性は一般的に低いと評価される。また，変遷した部分が供述の重要部分であればあるほど，信用性の評価は下がることになる。もっとも，供述の変遷に合理的な理由が存する場合もある。そのような場合であれば，信用性に与える影響は少ないといえよう。

　したがって，供述経過を検討するに当たっては，「供述内容のどの部分が変遷しているのか」（変遷部分の供述内容に占める重要性）ということと，「その変遷には合理的理由があるのか」（変遷理由の合理性）ということを考慮しなければならない。

⑥　供述態度　自らが体験した事実とそうでない事実を明確に分けて供述している場合や記憶にない点についてその旨明言して供述している場合，そのような供述者の態度からは，自らが記憶するところをありのまま答えようとしていることがうかがわれ，その供述の信用性は高いといえる。

　他方で，記憶していて当然だと思われる事情についてあいまいな供述をする場合，質問に対して正面から答えようとせず回避的である場合，主尋問と反対尋問で供述内容が変わる場合等は，その供述態度から記憶どおりの供述をしていないことがうかがわれ，信用性は低く評価せざるを得ない。

　ただし，慣れない法廷で緊張してしまい，不明確な供述に終始してしまう証人もいれば，落ち着き払って堂々と虚偽の事実を述べる証人もいる。したがって，供述態度の指標も主観的な評価によるところが大きく，補充

的なものと考えるべきである。

(3) 信用性の総合評価

(2)の①ないし⑥の指標を用いた評価を行った上で，それらを総合して当該供述証拠が信用できるか否かを判断することになる。その場合の重要な視点は，争点となっている要証事実との関係である。争点と関連する部分の供述が他の客観的な証拠と矛盾している場合は，供述の核心部分の信用性に問題があることになるから，供述全体の信用性に影響が及ぶことになる。他方で，争点と関連しない部分の供述の信用性について疑問を抱かせるような事情があったとしても，供述の核心部分の信用性には影響を及ぼさないことは十分あり得る。いずれにしても，供述証拠の信用性判断が総合的な判断であることに留意しなければならない。

「参考記録」の事案において，遺留された血こんの状態に関する証人田村信夫及び放火犯人を目撃した状況に関する証人菅野麻里子の証人尋問が実施されているが，尋問の中で証言の信用性にかかわる事情についても尋問がなされている。例えば，証人菅野が犯人らしき人物を目撃した通路の明るさ（「参考記録」89 頁参照）や証人菅野の視力（「参考記録」90 頁参照）等について尋問がなされている。その他，供述内容の具体性・合理性等を考慮して各証言の信用性が判断されることになる。

4 情況証拠による認定

ここでは，情況証拠（間接事実からの推認）により争点となっている要証事実を認定する過程を検討する（課題(8)）。

(1) 間接事実の認定

まず，間接証拠の信用性を検討して，争点となっている要証事実の存在を推認する間接事実が認定できるかどうかを検討しなければならない。間接証拠が供述証拠であるならば，上記 **3** のとおりの信用性判断を行う必要がある。

なお，間接事実を認定する場合にも，合理的な疑いをいれない程度の証明が必要であるとされている（最判昭和 45・7・31 刑集 24 巻 8 号 597 頁参照）。

(2) 間接事実の評価

次に，(1)において認定された間接事実から争点となっている要証事実の存在が推認されるか，すなわち，その推認過程が論理則，経験則に照らして合理的なものか否かを検討しなければならない。

推認が合理的であると判断された上で，当該間接事実が要証事実の存在を推認する力（推認力）はどの程度なのかを検討しなければならない。後述するように，認定された複数の間接事実を総合して，最終的に合理的な疑いを差し挟まずに要証事実が認定できるか否かを検討しなければならないが，そのような総合評価を行う前提として，個々の間接事実の持つ推認力を適正に評価しておく必要があるのである。

それでは，推認力はどのように評価すればよいのであろうか。ここで，「推認力を持つ」ということの意味を今一度掘り下げて考えてみたい。Aという事実（間接事実）があれば，経験則上，Bという事実（要証事実）があった蓋然性が認められる場合，AにはBを推認する力があるという。しかし，経験則には多種多様なものがある。別の経験則によれば，Aという事実から，CというBとは別の事実があった可能性も認められるという場合もある。もし，B以外の事実が存在する可能性の方が高いというのであれば，AがBを推認する力は「弱い」といわざるを得ないであろう。他方で，B以外の事実が存在する可能性があったとしても，その可能性が経験則上乏しいのであれば，AがBを推認する力は「強い」といえるであろう。このように，推認力の評価とは，実質的に間接事実から要証事実以外の事実が推認される可能性の評価ということになる。この可能性の評価は，結局のところ，使われる経験則によるのであるが，明文で規定されていない経験則の評価は非常に難しく，この点が情況証拠（間接事実からの推認）による事実認定の難しさの一因となっている。

(3) 間接事実の総合

先述したように，個々の間接事実の推認力には強弱があり，1つの間接事実だけでは合理的な疑いを払拭できなくても，複数の間接事実を総合することによって合理的な疑いは存在しないといい得る場合がある。そのため，認定された複数の間接事実を総合して，最終的に合理的な疑いを差し挟まずに要証事実

が認定できるか否かを検討しなければならないのである。

　ただ，間接事実の総合といっても，単に複数の間接事実を並べることでは足りず，複数の間接事実が存在することによって合理的な疑いを差し挟まない状況にあることが説明されなければならない。具体的には，個々の間接事実が持つ推認力を踏まえて，その相互の関係を検討し，更には間接事実からの推認を妨げるような事実をも検討し，合理的な疑いが存在しないことを明らかにしなければならない。例えば，強い推認力を持つ事実が複数存在し，それらが互いに独立して生起したものであるならば，偶然によってそのような事実が複数同時に存在するに至った可能性，言い換えれば要証事実以外の事実が存在する可能性はかなり乏しいといえよう。このような場合には，まさに被告人が犯人でなければ説明が極めて困難な事実関係が存在しているといえるであろう。他方で，弱い推認力しかない事実が多数認定できたとしても，それらを総合したところで，要証事実以外の事実が存在する可能性，すなわち合理的な疑いを払拭できないであろう。

　「参考記録」の事案において，犯人の受傷状況と被告人の受傷状況とが符合するという事実及び被害者方に遺留された血こんのDNA型等が被告人のそれと一致した事実は，いずれも強い推認力を有している。そのほか，証人菅野が目撃した犯人らしき人物と被告人とが体格，年齢等において類似していた事実や被告人には本件犯行を行う動機があったとの事実も存在し，それぞれ被告人の犯人性について弱いながらも推認力を有している。そして，これらの複数の間接事実が偶然によって同時に存在するに至った可能性は，社会生活上ほとんどないといえよう。他方で，被告人は，アリバイを主張しているけれども，その主張は裏付けもなくアリバイがあったとは認められないから，最終的には被告人が犯人であったと認定できよう。

講義5 公判前整理手続

刑事裁判実務の基礎

課題1

次の①から⑨までの各手続を，刑事第一審における公判前整理手続において通常行われる順序に並び替えなさい。

① 検察官が，請求証拠以外の証拠のうち法316条の15第1項各号に規定する類型に該当する証拠であって，被告人又は弁護人（以下「被告人側」という）から開示の請求があったものについて，法の規定する要件を考慮・検討した上で，これを開示する。

② 弁護人が，検察官請求証拠に対する意見を述べ，また，その証明予定事実その他の公判期日においてすることを予定している事実上及び法律上の主張を記載した書面（予定主張記載書面）を提出するとともに，証拠調請求をし，あわせて証拠調請求した証拠を検察官に開示する。これに対し，検察官が，弁護人請求証拠に対する意見を述べる。

③ 裁判所が，検察官及び弁護人の意見を聴いた上で，公判前整理手続に付する旨の決定をする。

④ 検察官が，証明予定事実（公判期日において証拠により証明しようとする事実）を記載した書面（証明予定事実記載書）を提出するとともに，証拠調請求をし，あわせて証拠調請求した証拠を弁護人に開示する。

⑤ 弁護人が，開示された検察官請求証拠以外の証拠であって，法316条の15第1項各号に規定する類型に該当する証拠につき，証拠の開示を請求する。

⑥ 裁判所が，検察官及び弁護人との間で，事件の争点及び証拠の整理

の結果を確認して，公判前整理手続を終了する。
⑦　検察官が，証明予定事実を追加し又は変更する必要があると認めるときは証明予定事実記載書を，弁護人が，事実上及び法律上の主張を追加し又は変更する必要があると認めるときは予定主張記載書面を，更に裁判所に提出する。
⑧　検察官が，弁護人の主張に関連すると認められる証拠であって，弁護人から開示の請求があったものについて，法の規定する要件を考慮・検討した上で，これを開示する。
⑨　弁護人が，その主張に関連する証拠につき，法の規定する事項を明らかにした上で，証拠の開示を請求する。

課題2

「参考記録」の事案につき，以下の各問に答えなさい。
(1)　公判前整理手続において，検察官が，証明予定事実記載書（「参考記録」11頁以下）の提出とともに，証拠等関係カード（「参考記録」33頁以下）記載の甲1号証ないし18号証及び乙1号証ないし6号証の証拠調べを請求し，あわせて被告人側に証拠調請求した証拠を開示した場合，弁護人は，検察官に対し，いかなる証拠について法316条の15第1項各号に規定された証拠として開示を請求することが考えられるか。
(2)　公判前整理手続において，弁護人は，予定主張記載書面（「参考記録」14頁）を提出し，同記載のような主張をしているが，この主張に関連し，弁護人は，検察官に対し，いかなる証拠について開示を請求することが考えられるか。

講 義

I はじめに

　講義2「公判手続」では，公判前整理手続に付されていない刑事第一審公判手続の概要について学修したが，本講義では，**講義2**を前提として，公判前整理手続について学修する。

　公判前整理手続の学修においては，まず公判前整理手続に付された場合の手続の流れを修得した上で，具体的にどのようにして事件の争点及び証拠の整理が行われるのかを理解する必要がある。後述するように，当事者の主張を整理し，争点を明らかにするためには，事実認定能力が身に付いていなければならない。また，争点に関して取り調べるべき証拠の範囲・方法等を選択して，無駄のない審理計画を立てるためには，証拠法の知識が必要である。このように，公判前整理手続においては，刑事事件に携わる法曹としての総合力が試される。そのため，公判前整理手続の講義を第5回に設定したのである。

　そこで，以下，まず公判前整理手続の概要を説明した後，公判前整理手続における争点及び証拠の整理，更には証拠開示制度について検討していくこととする。

II 公判前整理手続の概要

1 目　的

　公判前整理手続は，充実した公判の審理を継続的，計画的かつ迅速に行うことを目的としたものである（法316条の2第1項・316条の3第1項，規則217条の2第1項）。

　争点中心の充実した公判審理を集中的，連日的に行うためには，あらかじめ，当事者双方の主張を十分に整理し，争点となる事項を明らかにし（なお，争点の的確な把握が適正な事実認定につながることについては，**講義4「事実認定」**III 1参照），どのような証拠をどのような順序，方法で取り調べるかを決定し，

更に，証拠調べ等公判審理において行われる諸手続に要する時間を見積もり，必要な回数の公判期日をあらかじめ指定しておく必要がある。特に，裁判員裁判では，裁判員にとって分かりやすい公判審理を行うとともに，審理に関与すべき期間もあらかじめ明確になっていることが必要不可欠である。

この点に関し，規則178条の2以下に規定のある事前準備手続は，基本的に，検察官及び被告人側の公判審理に向けた自主的な準備を促すものにとどまり，受訴裁判所の役割も当事者への連絡，調整といった補佐的なものであるため，争点の多い複雑困難な事案等では十分な効果が得られないこともあった。

そこで，先述した趣旨から，公判前整理手続が，裁判員の参加する刑事裁判に関する法律（裁判員法）の成立と同時に，平成16年の刑事訴訟法の改正により新設されたのである。公判前整理手続は，受訴裁判所の主宰の下，検察官及び被告人側双方が，公判においてする予定の主張を明らかにし，その証明に用いる証拠の取調べを請求することなどを通じて，事件の争点を明らかにし，明確な審理計画を策定するものである。その手続においては，受訴裁判所が積極的・主体的役割を果たすことが予定されているとともに，当事者も手続の進行に協力する義務を負っている（法316条の3）。

2 関与者

手続の主宰者は，上記のとおり，起訴された具体的な事件を審理裁判する受訴裁判所（公判裁判所）である（法316条の2第1項・316条の3第1項，規則217条の2第1項）。公判前整理手続は，裁判所が心証を形成するための手続ではなく，また，両当事者が参加して公平中立に進められるものであるから，受訴裁判所が公判前整理手続を主宰することは予断排除の原則に抵触するものではない。

また，被告人に弁護人がいなければ手続を行うことができず，被告人に弁護人がいないときは，裁判長は職権で弁護人を付さなければならない（法316条の4）。公判前整理手続に付される事件は複雑困難な事件であることが多く，検察官との間で十分な争点及び証拠の整理を行うには，専門家である弁護人が必要的とされたのである。

公判前整理手続期日には，検察官と弁護人が必ず出頭するものとし（法316

条の7），被告人は出頭することができるとされている（法316条の9第1項）。裁判所は，必要と認めるときは，被告人に期日への出頭を求めることができる（同条2項）。

　なお，公判前整理手続期日における被告人の供述は，弁論の全趣旨又は裁判所に顕著な事実として補助証拠となり得る（例えば，公判前整理手続期日における供述内容が公判期日において変遷した場合）ことなどから，被告人が出頭する最初の公判前整理手続期日において，裁判長は，まず，被告人に対し，終始沈黙し，又は個々の質問に対し陳述を拒むことができる旨を告知しなければならない（同条3項）。

3　対象事件

　裁判所は，充実した公判の審理を継続的，計画的かつ迅速に行うために必要がある場合には，事件を公判前整理手続に付することができ（法316条の2第1項），対象とすることができる事件について法定刑の軽重等による制限はない。

　一般に，裁判所は，当事者の意見を踏まえ，事案の性質（内容の複雑さ，関係者の多寡，争点の数等），取調べが見込まれる証拠の内容・量，証拠の取調時間や開廷数のほか，公判前整理手続においては証拠開示に関する規定の適用があることから，当事者間における証拠開示に関する調整の要否等をも考慮して，事件を公判前整理手続に付するか否かを決することとなる。

　なお，裁判員裁判対象事件は，公判前整理手続を必要的に行わなければならないとされており（裁判員49条），上記のような考慮要素の内容如何にかかわらず，必ず公判前整理手続に付されることとなる。

4　方　　法

　公判前整理手続には，①公判前整理手続期日を開いて，これに訴訟関係人を出頭させて陳述させる方法と，②訴訟関係人に書面を提出させる方法があり（法316条の2第2項），これらを適宜織り交ぜることもできる。

　なお，公判前整理手続は，性質上，公判の準備であるから，①の方法によって公判前整理手続期日を開く場合でも，公開の法廷で行う必要はない。

5 内　　容

　裁判所が公判前整理手続において行うことのできる事項は，法316条の5に具体的に列挙されており，争点の整理，証拠調べの請求，証拠決定，証拠開示に関する裁定，公判期日の指定等12項目が掲げられている。

　なお，裁判所は，公判前整理手続において，証拠決定等をするために必要があるときは事実の取調べ（法43条3項，規則33条3項）を行うことができる。したがって，証拠の採否を決定するために証人尋問等を行うことも可能である。ただし，公判中心主義の観点から，実施できる内容には，おのずと限界があることに注意しなければならない。

Ⅲ　公判前整理手続に付された場合の手続の流れ

1　公判前整理手続の流れ

　公判前整理手続の全体的な流れを述べると，課題1の各手続は，以下のとおりの順序になるのが一般的である。

(1)　裁判所による公判前整理手続に付する旨の決定（手続③）

　最初に，裁判所が，検察官及び被告人側の意見を聴いた上で，公判前整理手続に付する旨の決定をする（法316条の2第1項）。なお，裁判員裁判対象事件は必要的に公判前整理手続に付することとなるので，検察官及び被告人側の意見を聴かずに公判前整理手続に付する旨の決定をする。裁判員裁判対象事件であっても，公判前整理手続に付する旨の決定が必要であることに注意してもらいたい。

　そして，裁判所は，検察官及び被告人側の意見を聴いた上で，検察官の証明予定事実記載書の提出期限と請求証拠の請求期限を決める（法316条の13第4項）。

　「参考記録」では，平成21年12月24日に事件を公判前整理手続に付する旨の決定がされ（「参考記録」3頁），更に同日，証明予定事実記載書の提出期限及びその事実を証明するために用いる証拠の請求期限を平成22年1月12日と定

める旨の決定もされている（「参考記録」6頁）。提出期限を定める決定をするに当たっては当事者の意見が聴かれているのに対し（「参考記録」4頁，5頁），公判前整理手続に付する旨の決定をするに当たっては当事者の意見が聴かれていない点を確認してもらいたい。

(2) 検察官による証明予定事実記載書の提出，証拠調請求，請求証拠の開示（手続④）

　検察官は，定められた期限までに証明予定事実記載書の提出（法316条の13第1項）とそれを証明するための証拠調べの請求をし（同条2項），被告人側に対し，速やかに請求証拠の開示を行わなければならない（法316条の14）。

　「参考記録」では，平成22年1月12日に，検察官から証明予定事実記載書が提出されるとともに（「参考記録」11頁），甲1号証ないし18号証及び乙1号証ないし6号証の証拠調べが請求されている（「参考記録」33頁以下の証拠等関係カード請求期日欄参照）。記録上は明らかではないが，請求された証拠についての開示が検察官によってなされたものと考えられる。

(3) 被告人側からの類型証拠開示の請求（手続⑤）

　検察官からの請求証拠の開示を受けて，被告人側は，特定の検察官請求証拠の証明力を判断するために重要であると考える証拠につき，法316条の15第1項各号に規定する証拠の類型及び開示の請求に係る証拠を識別するに足りる事項等を明らかにして，検察官に対し類型証拠の開示を請求する（法316条の15第2項）。

　証拠開示の請求は，基本的に，裁判所を介することなく当事者間においてなされるものであるから，どのような証拠開示の請求がなされたかは裁判所には明らかではない。「参考記録」においても，類型証拠開示に関する事情は明らかではない。

(4) 検察官による類型証拠の開示（手続①）

　検察官は，被告人側からの類型証拠開示の請求を受けて，法316条の15第1項各号に規定する証拠の類型のいずれかに該当し，かつ，特定の検察官請求

証拠の証明力を判断するために重要であると認められる証拠につき，その重要性の程度その他の被告人の防御の準備のために当該証拠を開示することの必要性の程度並びに当該開示によって生じるおそれのある弊害の内容及び程度を考慮し，相当と認めるときは，速やかに開示をしなければならない（法316条の15第1項）。

　特定の検察官請求証拠の証明力を判断するために重要であるということ（重要性）は，基本的に，当該証拠が，特定の検察官請求証拠によって証明される事実と齟齬矛盾したり，両立しない事実を指し示したりする内容を包含する証拠であり得るということである。この「重要性」は，開示の必要性を裏付ける中核的な要素であるが，開示の必要性は，「重要性」のほかにも，①当該事案の重大性，②特定の検察官請求証拠によって証明される事実の当該事案における重み，③当該事実を証明する上で特定の検察官請求証拠が持つ重み等の諸事情を考慮して判断される。

　「参考記録」において，どのような類型証拠開示がなされたかは明らかではないが（この点については，後にⅤにおいて検討する），実務では，類型証拠開示が広く行われている。

(5) 被告人側の検察官請求証拠に対する意見，予定主張記載書面の提出，証拠調請求，請求証拠の開示等（手続②）

　被告人側は，類型証拠開示請求により開示を受けた証拠も含め，検察官から開示を受けた証拠を検討し，検察官請求証拠につき，法326条の同意をするかどうか又はその取調べの請求に関し異議がないかどうかの意見を明らかにしなければならない（法316条の16第1項）。

　また，被告人側は，その証明予定事実その他の公判期日においてすることを予定している事実上及び法律上の主張があるときは，裁判所及び検察官に対し，これを明らかにしなければならず（法316条の17第1項。一般に，これを記載した書面を「予定主張記載書面」という），上記の証明予定事実がある場合には，それを証明するための証拠調請求をし（同条2項），当該証拠につき証拠開示を行わなければならない（法316条の18）。開示を受けた検察官は，当該証拠について，法326条の同意をするかどうか又はその取調べの請求に関し異議がない

かどうかの意見を明らかにしなければならない（法316条の19第1項）。

なお，裁判所は，検察官及び被告人側の意見を聴いた上で，①検察官請求証拠につき意見を明らかにする期限（法316条の16第2項），②被告人側の予定主張記載書面の提出期限と請求証拠の請求期限（法316条の17第3項）を定めることができる。

「参考記録」では，平成22年1月25日に，①検察官請求証拠につき意見を明らかにする期限及び②被告人側の予定主張記載書面の提出期限を同年2月8日と定める旨の決定がされ（「参考記録」9頁。なお，この期限を定める決定をするに当たっては当事者の意見が聴かれている〔「参考記録」7頁，8頁〕），期限日の2月8日に，弁護人から予定主張記載書面が提出されるとともに（「参考記録」14頁），検察官請求証拠である甲1号証ないし18号証及び乙1号証ないし6号証の請求につき，それぞれ意見が述べられている（「参考記録」33頁以下の証拠等関係カード意見期日欄参照）。

(6)　**被告人側からの主張関連証拠開示の請求（手続⑨）**

被告人側は，その主張に関連する証拠（主張関連証拠）につき，開示の請求に係る証拠を識別するに足りる事項等を明らかにして，検察官に対し開示を請求する（法316条の20）。

主張関連証拠開示の請求も，類型証拠開示の請求と同様に，基本的に裁判所を介することなく当事者間においてなされるものであるから，どのような証拠開示の請求がなされたかは裁判所には明らかではない。「参考記録」においても，主張関連証拠開示の請求に関する事情は明らかではない。

(7)　**検察官による主張関連証拠の開示（手続⑧）**

検察官は，被告人側からの主張関連証拠開示の請求を受けて，被告人側の主張に関連すると認められる証拠につき，その関連性の程度その他の被告人の防御の準備のために当該証拠を開示することの必要性の程度並びに当該開示によって生じるおそれのある弊害の内容及び程度を考慮し，相当と認めるときは，速やかに開示をしなければならない（法316条の20第1項）。

なお，「参考記録」では，主張関連証拠の開示がなされたか否かは明らかで

はない（この点については，後にⅤにおいて検討する）。

(8) 検察官からの証明予定事実の追加又は変更，被告人側の予定主張の追加又は変更（手続⑦）

検察官は，被告人側の提出した予定主張記載書面やその請求証拠を前提として，証明予定事実を追加し又は変更する必要があると認めるときは，その内容を記載した証明予定事実記載書を裁判所に提出し，必要があれば新たな証拠の取調べを請求する（法316条の21）。

また，被告人側は，主張関連証拠開示請求によって開示された証拠の内容等を前提として，その主張を追加し又は変更する必要があると認めるときは，その内容を記載した予定主張記載書面を裁判所に提出し，必要があれば新たな証拠の取調べを請求する（法316条の22）。

「参考記録」では，証明予定事実記載書（「参考記録」11頁以下）と予定主張記載書面（「参考記録」14頁）のほかに，当事者から追加の書面が出されていないが，実務においては，検察官及び被告人側が，上記のプロセスを繰り返す中で，争点が整理され，公判における証拠調べの範囲・順序等が決定されていくこととなる。

(9) 争点及び証拠の整理の結果の確認（手続⑥）

裁判所は，公判前整理手続を終了するに当たり，検察官及び被告人側との間で，事件の争点及び証拠の整理の結果を確認しなければならない（法316条の24）。

「参考記録」では，第2回公判前整理手続期日において，争点及び証拠の整理の結果の確認がなされている（「参考記録」16頁）。

2 公判前整理手続を経た公判手続の特則

公判前整理手続を経た後の公判手続は，以下の点で通常の公判手続と異なっている。

(1) 被告人側の冒頭陳述

　公判前整理手続を経た後の公判手続においては，公判前整理手続に付されていない公判手続と同様に，まず冒頭手続，検察官の冒頭陳述が行われるが，被告人側は，証拠により証明すべき事実その他の事実上及び法律上の主張があるときは，検察官の冒頭陳述の後に，その主張を明らかにしなければならないこととされているため，検察官の冒頭陳述に引き続き，被告人側の冒頭陳述を行うこととなる（法316条の30前段）。なお，法296条但書（予断・偏見を生じさせるおそれのある事項の陳述禁止）の規制がかかるのは，検察官の冒頭陳述と同じである（法316条の30後段）。

(2) 公判前整理手続の結果の顕出

　裁判所は，検察官及び被告人側の各冒頭陳述に引き続き，公判前整理手続の結果を顕出する（法316条の31第1項）。これは，公判前整理手続では争点及び証拠の整理が行われるが，そこで行われることはあくまでも公判の準備であるため，その結果を公判において明らかにしなければならないからである。

　前記Ⅱ2で触れたように，公判に顕出された公判前整理手続の結果は，弁論の全趣旨又は裁判所に顕著な事実として補助証拠となり得る。

(3) 証拠調請求の制限

　証拠調手続以降の手続は，公判前整理手続に付されていない公判手続と同様である。ただし，公判前整理手続を経た後の公判手続においては，公判前整理手続における争点及び証拠の整理に実効性を持たせ，また，公判手続における新たな証拠請求を受けた反対当事者が準備するために公判手続が中断されるようなことがないように，検察官及び被告人側は，やむを得ない事由によって公判前整理手続において請求することができなかったものを除き，新たな証拠調請求をすることはできない（法316条の32第1項）。もっとも，裁判所が，必要と認めるときに，職権で証拠調べをすることは可能である（同条2項）。

Ⅳ 公判前整理手続における争点及び証拠の整理

公判前整理手続は，Ⅲ 1 記載のような流れで手続が行われるが，その手続の流れの中でどのようにして事件の争点及び証拠が整理されていくのかを以下で検討する。

1 争点の整理

(1) 検察官提出の証明予定事実記載書

検察官の証明予定事実記載書は，検察官の証拠請求の必要性判断や証拠開示の判断の前提となるだけでなく，被告人側の証拠意見及び主張の明示義務（予定主張記載書面の提出）の前提となり，更に，裁判所が争点及び証拠を整理し，審理計画を策定するための出発点となることから，証明予定事実記載書には，必要な事項が，過不足なく具体的に，それでいて必要な限度を超えず簡潔に，記載される必要がある（規則217条の19第1項）。ここで「簡潔に」記載することが求められているのは，検察官が事件の経緯等について必要以上に詳細な主張を行えば，あまり重要ではない点が争点とされるなど議論が拡散し，公判前整理手続が長期化するおそれがあるからである。

そこで，証明予定事実記載書に記載されるべき事実としては，通常，犯罪構成要件に該当する具体的な事実（主要事実）のほか，それを立証するための間接事実や重要な情状に関する事実が挙げられる。

また，証明予定事実を明らかにするに当たっては，事実とこれを証明するために用いる主要な証拠との関係を具体的に明示することその他適当な方法によって，事件の争点及び証拠の整理が円滑に行われるよう努めなければならない（規則217条の20）。

「参考記録」において，被告人は捜査段階から犯人性を争っているが，被告人の犯人性を直接証明する証拠（直接証拠）がなく，間接事実の積み重ねから被告人の犯人性を推認させる立証を行う必要があるので，検察官は，被告人の犯人性を推認する間接事実を挙げた上で，要証事実と間接事実との関係，間接事実と請求証拠との関係を意識した証明予定事実を，争点及び証拠の整理に必要な限度で具体的に記載した証明予定事実記載書を提出する必要があるとこ

ろ，検察官提出の証明予定事実記載書は，被告人の犯人性に関して証明しようとする間接事実の内容を要証事実や請求証拠を意識して具体的かつ簡潔に明示している（「参考記録」11－12頁）。

(2) 弁護人の予定主張の明示

　弁護人は，検察官の証明予定事実の内容を踏まえ，開示を受けた請求証拠のほか，類型証拠を十分に検討し，疑問点について検察官に釈明を求めるなど主体的かつ積極的に準備を進めなければならない。そして，争点中心の充実した審理を連日的に集中して行うには，弁護人においても，公判期日においてすることを予定している事実上及び法律上の主張があるときは，これを公判前整理手続の中で明らかにする必要がある（法316条の17第1項）。確かに，公判前整理手続を経ても，公判の中で新たな主張をすること自体は妨げられないが，公判段階での新たな証拠調請求は制限される（法316条の32第1項）ことから，公判前整理手続段階で主張を明示し，あわせて必要な証拠を請求しておかないと，公判段階で効果的な防御活動ができないことになる。弁護人としては，この点を十分に理解した上で弁護活動をする必要がある。

　そこで，弁護人としては，予定主張記載書面において，アリバイ等の主張をするほか，検察官が主張する各間接事実につき，①そもそも間接事実の存在自体を争う旨主張するのか，②間接事実の存在は争わないが，その事実によって主要事実は推認されないと主張するのか，更に，①の場合，(i)検察官が間接事実の認定根拠とする証拠の信用性を争う旨主張するのか，(ii)検察官が間接事実の認定根拠とする証拠の信用性は争わないが，それによって間接事実は認定（推認）されないと主張するのかを明確にするとともに，検察官の証拠調請求に対し，その主張に対応する証拠意見を述べる必要がある。

　「参考記録」において，弁護人は，起訴状記載の日時・場所において，被害者宅の一部が焼損したこと自体は争わず，被告人が公訴事実記載の犯行を行っていないこと（被告人の犯人性）を争っている。そして，弁護人は被告人にはアリバイがある旨主張するとともに，検察官が被告人の犯人性を推認させるものとして主張する各間接事実について，その証拠構造を踏まえた上で，本件との関連性を否定するなどして当該間接事実の存在を否認する主張をしているほ

か，間接事実の認定根拠となる証人の信用性を争い，また，間接事実の推認力を争う主張もしている（「参考記録」14 頁）。

(3) 裁判所による争点の整理

　裁判所は，前述した検察官の証明予定事実記載書や請求証拠及び弁護人の予定主張記載書面や証拠意見等を前提として争点を整理していくこととなる。

　なお，争点の整理を進めるに当たっては，証拠構造の理解が重要である。**講義 4「事実認定」Ⅲ 2** で述べたように，この証拠構造が分からないと，どの間接事実の存否が争いになっているのか，どの証拠の信用性が問題となっているのかが明確にならず，的確な争点の整理ができないこととなる。このように，公判前整理手続において的確な訴訟活動を行うためには，事実認定能力が必要なのである。

　「参考記録」では，第 2 回公判前整理手続期日において，争点は「被告人と本件犯人との同一性」とされている（「参考記録」16 頁）。参考記録のようにスムーズな争点の整理が可能となったのは，検察官及び弁護人双方が，的確に争点の把握に努めたこと，特に，弁護人が，証拠構造も含め，検察官の主張構造を十分に理解した上で，どの間接事実につき，どのような疑問を持っているのかを明示したことによるところが大きいと考えられる。

2　証拠の整理

(1) 請求証拠の厳選

　証拠の整理においては，争点の判断に真に必要なものに証拠を厳選することが重要である。すなわち，要証事実（主要事実，その立証に必要な間接事実，量刑上重要な情状事実）の立証に必要な証拠に厳選して証拠調べをすべきであって，周辺部分に関するものや重複するものについてまで証拠調べをする必要性は乏しいといえる。検察官が証拠の絞り込みのリスクを懸念して必要以上に証拠調請求をしたり，事件の背景や経緯について細部にわたる証拠調請求をしたりすると，あまり重要ではない点が争点とされ，証拠調べに必要以上に時間を要することとなるため，証拠調べの請求は，証明すべき事実の立証に必要な証拠を厳選して行わなければならない（規則 189 条の 2）。

もっとも，提示命令（規則192条）により証拠の提示を命じない限り，証拠の内容を見ることのできない裁判所が，当該証拠の必要性を判断するのが困難な場合もあるので，そのような場合には，公判前整理手続においては採否の判断を留保し，証拠調べの進行状況によって最終的な判断をすることもある。「参考記録」でも，検察官からの飯塚光雄（甲20号証）と鍛治昌子（甲22号証）の証人尋問請求については，採否の判断が留保されている（「参考記録」16頁）。

(2) 証拠意見の重要性

　上記のとおり，当事者は請求証拠を厳選すべきであるが，仮に必要以上の証拠調べが請求されていると思われる場合には，裁判所が，立証趣旨を基に請求した側にその必要性を説明させ，最良証拠か，重複はないかなどについて相手方の意見を聴きつつチェックし，必要性に疑問があるときには撤回を求めることもある。

　しかし，裁判所は公判前整理手続の段階では基本的に証拠の内容を見ることができないから，当事者は，証拠の整理を行うに当たって，相手方の証拠の内容を十分に検討して，裁判所から証拠調べの必要性等に関し意見を求められた際には的確かつ十分な意見を述べられるように準備しておくことが重要である。

　前述したとおり，「参考記録」において，飯塚光雄及び鍛治昌子の証人尋問請求については，採否の判断が留保され，最終的にはいずれも証拠調べがなされなかった（公判期日において，飯塚光雄については，検察官が請求を撤回し，鍛治昌子については，請求が却下されている）。このような処理がなされたのは，弁護人の「必要なし」との証拠意見が影響しているものと考えられる（「参考記録」36頁，37頁）。

(3) 分かりやすい証拠調べを行うための証拠の整理

　裁判員裁判においては，裁判員が法廷での証拠調べを見て聞いて，それだけで証拠の内容を理解できるようでなければならない（詳しくは，**講義6「裁判員裁判」**で説明する）。そのためには，法廷で取り調べる証拠が分かりやすいものでなくてはならない。

例えば，争いのない事実についての立証は，必要な情報が過不足なくまとめられた証拠によって行われるべきであろうから，実務においては，内容が網羅的で整理されたものではない捜査段階の捜査書類をそのまま証拠として取り調べるのではなく，内容を整理した新たな捜査報告書を作成して立証することが広く行われている。

また，争いのない事実であっても複数の証拠によって立証されるとなると，情報が分散されているために分かりにくい場合がある。関連する情報は統合して一つの証拠にまとめて立証される方がはるかに分かりやすい。そこで，実務においては，関連する証拠を統合した書面（統合捜査報告書）を作成する例が多い。

「参考記録」においても，甲1号証に代えて甲23号証が，甲11号証に代えて甲24号証が，甲15号証に代えて甲27号証が，甲18号証に代えて甲25号証が，甲2号証ないし6号証に代えて甲26号証が，それぞれ作成され採用されている一方，元の証拠調べの請求は撤回されている（「参考記録」33頁以下）。

(4) 審理計画との関連

裁判所は，上記(1)ないし(3)の観点からの証拠の整理を進めていくとともに，更に，弁護人の不同意意見によって，検察官の証明予定事実のどの事実が書証によって立証できなくなるのかを明らかにし，その事実が公訴事実の立証においてどのような意味を持つのかを検討した上で，証人尋問の要否等を決めていくことになる。このようにして取り調べるべき証拠の範囲が明らかになり，審理計画を具体的に策定できるようになるのである。

V 証拠開示制度

1 従前の証拠開示の状況

証拠開示制度が創設される以前は，相手方の証拠の内容について知る機会は，法299条1項により認められた範囲（証人等については，その氏名と住居，証拠書類又は証拠物については，その閲覧）に限られていた。そのため，証人尋問に際して当該証人の供述調書の開示を求める弁護人とこれを拒絶する検察官の対

立が先鋭化していった。この問題について，最決昭和44・4・25刑集23巻4号248頁は，①証拠調べの段階に入った後，②弁護人から，具体的な必要性を示して，一定の証拠の開示の申出がなされた場合，裁判所は，③事案の性質，審理の状況，閲覧を求める証拠の種類及び内容，閲覧の時期，程度及び方法，その他諸般の事情を勘案し，④被告人の防御のため特に重要であり，かつ，これにより罪証隠滅，証人威迫等の弊害を招来するおそれがなく，相当と認めるときは，訴訟指揮権に基づいて証拠開示を命ずる権限を有していることを明らかにした。

しかし，この枠組みでは，対象となる証拠の範囲が狭く，その時期も遅いため，弁護側の反証準備のために十分なものとはいえなかったことから，その後も証拠開示をめぐって紛糾することが多かった。

2 証拠開示制度の意義

刑事裁判の充実・迅速化，とりわけ裁判員裁判を念頭に置くと，争点中心の審理を徹底する必要があるが，これを実現するためには，公判前整理手続において十分な争点及び証拠の整理を行って審理計画を策定することが必要不可欠である。そして，充実した争点及び証拠の整理を行うためには，その前提として証拠開示の拡充が必要であると考えられた。そこで，裁判員裁判の導入に伴って，平成16年の刑事訴訟法の改正により公判前整理手続制度が導入されるのと同時に証拠開示制度が整備された。

3 証拠開示制度の基本的な仕組み

証拠開示制度は，証拠開示に伴う弊害の防止に配慮しつつ，被告人側の訴訟準備と争点及び証拠の整理が十分になされるように，基本的に，開示の必要性と開示に伴う弊害の双方を勘案して開示の要否を判断する仕組みが採用されている。この仕組みは，上記の最高裁判例及びその後の裁判実務の運用をベースとしながら，これをかなり拡充し，裁判所による裁定や不服申立て等の手続を定めるなどそのルールを明確化し，更に，争点及び証拠の整理の必要性から，公判前整理手続の段階における証拠開示を可能としたものである。

4　証拠開示の類型

証拠開示制度は，以下のような類型に分けて理解することができる。

(1)　請求証拠の開示

検察官及び被告人側は，取調べを請求した証拠については，速やかに，相手方に対し，開示しなければならない（法316条の14・316条の18）。なお，請求証拠を開示する時期は，条文上は証拠調請求後の速やかな時期とされているが，証拠調請求前の開示が禁止されているわけではないから，証拠調請求前又は請求と同時に開示することも可能であり，訴訟促進の観点からは，むしろそのような運用が望ましいといえよう。

証拠調べを請求した者は，相手方に対して，証拠書類又は証拠物については，閲覧のみならず謄写する機会（ただし，被告人は閲覧のみ）を与えなければならず，また，証人等の尋問については，証人等の氏名及び住居を知る機会を与えるだけではなく，その供述内容が明らかとなる供述録取書等を開示しなければならない（法316条の14・316条の18）とされており，公判期日における請求証拠の開示について定めた法299条1項よりも幅広く証拠の内容について開示することが求められている。

前述したとおり，「参考記録」において，検察官は，平成22年1月12日に，甲1号証ないし18号証及び乙1号証ないし6号証の証拠調べを請求している。「参考記録」においては明らかではないが，検察官は，これらの証拠につき，速やかに被告人側に開示していると考えられる。

(2)　類型証拠の開示

検察官は，被告人側の請求があるときは，検察官が取調べを請求した証拠の証明力を判断するために重要な一定の類型の証拠（類型証拠）について，開示の必要性及び弊害を勘案して，相当と認めるときは開示しなければならない（法316条の15）。

類型証拠の開示は，検察官による証明予定事実等の提示と証拠請求（法316条の13），請求証拠の開示（法316条の14）によって，検察官の主張立証の全体

像が明らかになったところで，被告人側がその防御方針を決めることができるようにするため，法の規定する類型に該当する証拠の開示を，被告人側の予定主張の明示や証拠請求とその開示（法316条の17・316条の18）の前の段階において，一定の要件の下で認めたものである。法316条の15第1項各号にどのような証拠が類型証拠に該当するかが規定されている。大きく，①客観的な証拠に関するもの（1号・2号・3号・4号），②被告人以外の者の供述録取書等に関するもの（5号・6号），③被告人の供述録取書等及びその取調べに関するもの（7号・8号）に分類される。

　前述したとおり，「参考記録」において，弁護人が，いかなる証拠につき類型証拠として開示を請求したか明らかではないが，本件の争点及び証拠構造等を考慮して開示を求めるべき類型証拠について検討してみよう（課題2⑴）。

　検察官は，証明予定事実記載書（「参考記録」11頁以下）において，被告人が本件の犯人であることの根拠として，被害者宅に被告人の新鮮な血こんが残されていたことを主張しているが，弁護人としては，血こんの状況が本当に新鮮なものであったかを確認しておく必要があろう。そこで，弁護人は，検察官に対し，法316条の15第1項3号に該当する証拠として，既に検察官が証拠調請求しているもの以外の実況見分調書や捜査報告書等の開示を請求することが考えられる。

　また，弁護人としては，被告人以外の人物が犯人である可能性を示す痕跡が犯行現場に残されていないかについて確認する必要もあろう。法316条の15第1項4号に該当する証拠として捜査機関が被害者宅において発見，押収した遺留物についての鑑定書等につき，証拠の開示を請求することが考えられる。

　更に，検察官は，証明予定事実記載書において，被告人の犯人性を推認させる間接事実の一つとして，菅野麻里子が，犯行直後，被害者宅の玄関前通路で被告人を目撃した旨の事実を主張しており，同事実を立証する証拠として菅野の供述調書（甲12号証）の証拠調請求をしているが，被告人側が同調書につき不同意の意見を述べた場合，検察官が菅野の証人尋問を請求することが当然に予想される。そこで，弁護人としては，検察官に対し，法316条の15第1項5号ロに該当する類型証拠として，既に検察官が証拠調請求している供述調書以外の，菅野の供述調書につき開示を請求することが考えられる。

(3) 主張関連証拠の開示

　検察官は，被告人側の請求があるときは，被告人側が明らかにした主張に関連する証拠（主張関連証拠）について，開示の必要性及び弊害を勘案して，相当と認めるときは開示しなければならない（法316条の20）。

　主張関連証拠の開示は，当該開示によって被告人側の主張の当否について判断する材料を加えることによって争点及び証拠の整理を一層促進し，審理計画の策定を円滑に行わせるとともに，被告人側の防御にも資するものである。

　前述したとおり，「参考記録」において，弁護人がいかなる証拠につき主張関連証拠として開示を請求したか明らかではないが，弁護人提出の予定主張記載書面（「参考記録」14頁）の内容を踏まえて開示を求めるべき主張関連証拠について検討してみよう（**課題2**(2)）。

　弁護人は，同書面において，被告人は，犯行があったとされる時刻には，当時住んでいた部屋におり，犯行現場にはいなかった旨のアリバイを主張し，その裏付けとして，同時刻，同部屋に電話を掛けた旨の古田洋一の陳述（弁1号証）を挙げている。そこで，弁護人は，この主張に関連するものとして，古田洋一の供述調書，被告人宅の電話番号の通話（受信）履歴，古田洋一の通話（発信）履歴等を開示請求することが考えられる。

　また，弁護人は，被告人の犯人性を推認させる事実として検察官が主張する被告人の左手の負傷につき，被告人は，当時，珍味亭というラーメン店で働いており，同店で大根の漬け物を漬ける手伝いをした際に左手を負傷した旨主張している。そこで，弁護人は，この主張に関連するものとして，珍味亭の関係者の供述調書等を開示請求することが考えられる。

5　証拠開示に関する裁判所の裁定

　以上のように，証拠開示制度は，基本的に，検察官と被告人側との間で法に規定されたルールに従って互いに証拠を開示するものであるが，証拠開示の要否等をめぐって争いが生じた場合には，裁判所がこれを裁定する以下のような仕組みが整備されている。

　証拠開示の裁定については，①開示義務者側からの請求による請求証拠の開示の時期・方法の指定等に関する裁定請求（法316条の25第1項）と②開示請

求権者側からの証拠（請求証拠，類型証拠，主張関連証拠）の開示に関する裁定請求（法316条の26第1項）がある。

　上記①②のいずれについても，裁判所は，裁定をするに当たり相手方の意見を聴かなければならず（法316条の25第2項・316条の26第2項），必要があるときは，当該請求に係る証拠の提示を命ずることができる（法316条の27第1項）。また，被告人側の②の請求について，裁判所は，必要があるときは，検察官に対して証拠の標目を記載した一覧表の提示を命ずることができる（同条2項）。

　①の裁定としては，方法・時期を指定し，条件を付加する決定（当事者の請求に拘束されるわけではなく，より制限的でない方法の指定等も可能である）と請求棄却の決定がある。②の裁定としては，証拠開示を命じる決定（方法・時期の指定，条件の付加もできる）と請求棄却の決定がある。

　①②のいずれについても，裁定に不服がある当事者は即時抗告ができる（法316条の25第3項・316条の26第3項）。

講義 6 裁判員裁判

刑事裁判実務の基礎

課題 1

裁判員裁判に関し，以下の各問について検討しなさい。
(1) 裁判員制度が導入された目的は何か。
(2) 裁判員裁判の対象となるのは，どのような事件か。
(3) 裁判員の参加する合議体の構成は，どのようなものか。
(4) 裁判員裁判において，裁判官及び裁判員の合議により判断される事項は何か。また，その判断をするに当たって，裁判員にどのような権限が与えられているか。
(5) 裁判員裁判の手続において，裁判員の理解を助けるためにどのような方策がとられているか。
(6) 裁判員裁判における評議及び評決は，どのようにしてなされるのか。

課題 2

裁判員制度の導入を契機として，刑事裁判における証拠調べの在り方が見直されているが，その具体的内容と見直しの理由について，「参考記録」の事案における証拠調べの方法等も参照しつつ検討しなさい。

講義

I　はじめに

　平成21年5月21日に裁判員の参加する刑事裁判に関する法律（以下「裁判員法」という）が全面的に施行された。学生諸君も報道等により裁判員裁判について見聞きすることが多いと思うが，正規のカリキュラムの中で裁判員制度について学ぶ機会はあまり多くないのではなかろうか。そこでここでは，裁判員制度の概要について学修してもらうとともに，裁判員制度の導入によって従前の刑事裁判実務がどのように変化しているのかについて講義を行うこととする。

　なお，裁判員制度について学修を進めるに当たっては，池田修『解説裁判員法〔第2版〕』（弘文堂，2009年）を参照してもらいたい。

II　裁判員制度の概要

1　裁判員制度の意義・目的（課題1(1)）

　裁判員制度は，国民の中から選ばれた複数名の裁判員が刑事裁判に参加し，裁判官とともに，被告人が有罪か否か，有罪となる場合にはどのような刑にするのかを決める制度である。

　裁判員制度は，広く国民が裁判の過程に参加することによって，「司法に対する国民の理解の増進とその信頼の向上に資すること」を目的としている（裁判員1条）。裁判員制度の導入によって，司法は，より強固な国民的基盤を得ることになるといえよう。

　ところで，仕事や家庭を持つ一般の国民が裁判に参加しやすいようにするためには，裁判が計画的かつ迅速に行われなければならない。また，国民が実質的に裁判に参加したといえるためには，裁判の手続や判決の内容等が法律の専門家でない裁判員にとって分かりやすいものでなければならない。従前の刑事裁判実務においては，裁判の長期化や審理・判決内容の難解さといった問題点

が指摘されてきたが，裁判員制度の導入によってこれら長年の懸案が解消されることが期待されている。

2　裁判員裁判の対象となる事件（課題1(2)）

裁判員裁判の対象となる事件（対象事件）は，裁判員法2条1項に定められており，
① 　死刑又は無期の懲役若しくは禁錮に当たる罪に係る事件
② 　裁判所法26条2項2号に掲げる事件（法定刑が短期1年以上の自由刑に当たるもので，強盗等の一部の罪を除いたもの）であって，故意の犯罪行為により被害者を死亡させた罪に係るもの（①に該当するものを除く。例えば，傷害致死や危険運転致死等が②に当たる）

とされている。いずれも重大な犯罪であって，国民の関心も高く，社会的影響も大きいことから裁判員裁判の対象とされている。これらの事件については，当事者の選択等によらず，原則として裁判員の参加する合議体により取り扱われることとなる。

実際に裁判員裁判により取り扱われる事件の罪名のうち件数（新受及び終局の各人員）の多いものとしては，順に，強盗致傷，殺人，現住建造物等放火，覚せい剤取締法違反，傷害致死がある。

このように，裁判員裁判対象事件については，原則として裁判員の参加する合議体により取り扱われるが，裁判員やその親族等に対する危害行為が行われるおそれがあり，そのために裁判員が強く畏怖して裁判員の職務を行うことができないと認められる場合には，裁判員等に過大な負担を強いることにならないように，例外的に，裁判官のみで審理及び裁判することができるとされている（裁判員3条）。ただ，前述した裁判員制度導入の意義等から，この規定の運用は慎重になされており，実際にこの規定が適用された事例はごく少数である。

3　裁判員の参加する合議体の構成（課題1(3)）

原則として，裁判員の参加する合議体の裁判官の員数は3人，裁判員の員数は6人とされている（裁判員2条2項本文）。なお，対象事件のうち，公訴事実

に争いがないと認められ，事件の内容その他の事情を考慮して適当と認められるものについては，例外的に，裁判官1人，裁判員4人からなる合議体を構成して審理及び裁判をすることもできるとされている（同項但書）。

このように，裁判員の参加する合議体は裁判官と裁判員で構成されるが，裁判員法は補充裁判員についても規定している。補充裁判員とは，裁判員の関与する判断をするための審理に立ち会い，裁判員の員数に不足が生じた場合には，あらかじめ定める順序に従い，これに代わって裁判員に選任されることとなる者であり，裁判所は審判の期間その他の事情を考慮して必要があると認めるときは，補充裁判員を置くことができるとされている（裁判員10条）。審理が複数の期日にわたる場合，審理の途中で選任された裁判員が出頭できなくなるなどして裁判員が欠けた場合には，これに代わる新たな裁判員を選任しなければならないが，そのための手続を行うとなると，公判審理を相当期間中断せざるを得ないこととなる。また，新たに裁判員が選任されると公判手続の更新（裁判員61条参照）を行わなければならず，訴訟経済に反するばかりか，他の裁判員にとっても負担となる。そこで，そのような事態を可能な限り回避するために補充裁判員制度が設けられた。実際の裁判員裁判においては，複数の補充裁判員が置かれるのが一般的である。

4　裁判官と裁判員の権限（課題1(4)）

裁判員裁判では，裁判官と裁判員の合議により，有罪判決（法333条・334条），無罪判決（法336条）及び少年法55条による家庭裁判所移送の決定に係る事実認定，法令の適用（いわゆる「法のあてはめ」）及び刑の量定が判断される（裁判員6条1項）。裁判員は，上記の判断に必要な事項について，裁判長に告げて，証人に尋問し，被告人に質問するなどの権限を有している（裁判員56条ないし59条）ほか，評議の際には裁判官と同じ1票を持つ（後述**6**参照）。

これに対し，法令の解釈に係る判断，訴訟手続に関する判断（少年法55条の決定を除く），その他裁判員の関与する判断以外の判断については，裁判員の参加する合議体の構成員である裁判官（構成裁判官）だけの合議で判断される（裁判員6条2項）。これらの判断は，いずれも専門性が高く，一般の国民の常識を反映させるべきものとはいえないからである。ただし，これらの事項について

も，構成裁判官は，その合議により，裁判員の意見を聴くことができる（裁判員68条3項）。実務においては，法321条1項2号後段書面の該当性や法322条1項に基づく被告人の供述調書等の採否の判断に際して裁判員の意見を聴くことがある。

5　裁判員裁判の手続（課題1(5)）

(1)　公判前整理手続

広く一般の国民に裁判員として参加してもらうためには，集中的かつ計画的な審理を行う必要がある。そのような審理計画を策定するためには公判前整理手続における争点の整理，証拠の整理が必須であることから，裁判員裁判対象事件については，必ず公判前整理手続に付さなければならないとされている（裁判員49条）。その具体的な内容は，**講義5「公判前整理手続」**で述べたとおりであるが，裁判員裁判においては，より実効性のある審理計画を立てる必要がある。

なお，裁判員裁判対象事件の中には鑑定を実施する必要があるものも存在するが，従前の刑事裁判実務においては，鑑定を実施すると，そのために審理が長期間中断する例が多かった。仮に裁判員裁判において同様の方法により鑑定を実施するとなると，それまでに行った証拠調べに関する裁判員の記憶が中断期間中に薄れてしまうおそれがあり，再開後に裁判員の記憶を喚起するにしても，そのために余分な期日が必要になる。そこで，公判前整理手続において鑑定を行うことを決定した場合において，当該鑑定の結果の報告がなされるまでに相当の期間を要すると認めるときは，公判前整理手続において鑑定の手続（鑑定の経過及び結果の報告を除く）を行う旨の決定（鑑定手続実施決定）をすることができるとされた（裁判員50条1項）。

(2)　公判手続

裁判員の負担を軽減するとともに，裁判員が事件の実体について十分理解し，適切な判断ができるようにするために，法曹三者は，審理を迅速で分かりやすいものにしなければならない（裁判員51条）。特に，「検察官及び弁護人は，裁判員が審理の内容を踏まえて自らの意見を形成できるよう，裁判員に分

かりやすい立証及び弁論を行うように努めなければならない」（裁判員規42条）。

　まず，冒頭陳述において，検察官及び弁護人等は，「証拠により証明すべき事実を明らかにするに当たっては，公判前整理手続における争点及び証拠の整理の結果に基づき，証拠との関係を具体的に明示しなければならない」（裁判員55条）。これまでの冒頭陳述は，いわゆる物語式に被告人の生い立ちから犯行後の状況に至るまで詳細に述べるものが多かった。しかし，裁判員裁判においてそのような詳細な冒頭陳述がなされると，裁判員は，主張と証拠の区別がつかなくなり，冒頭陳述で述べられた内容があたかも事実であるかのように受け取ってしまう危険性がある。そもそも冒頭陳述は心証形成のためのものではなく，事件に初めて接する裁判員に対して事件の概要と争点を的確に把握してもらうためのものであり，更に，証拠との関係を具体的に明示することによって，これから取り調べる証拠が争点との関係でどのような意味があるのかを理解してもらうためのものであるといえよう。とするならば，冒頭陳述は詳細である必要はないのである。

　次に，証拠調べにおいて，まず，取り調べるべき証拠を厳選することが必要である（証拠請求に関し，規則189条の2参照）。その上で，争いのない事実については，誘導尋問，同意された書面等を活用するなどして，当該事実や証拠の内容及び性質に応じた適切な証拠調べが行われなければならない（規則198条の2）。また，裁判員が適切に判断できるように，犯罪事実に関しないことが明らかな情状に関する証拠の取調べは，できる限り，犯罪事実に関する証拠の取調べと区別して行うよう努めなければならない（規則198条の3）。例えば，被告人の犯人性が争いになっている事件において，被告人の前科に関する証拠を取り調べる場合には格段の配慮が必要になろう（具体的な証拠調べの在り方については，後記Ⅲ参照）。

　更に，論告・弁論についても，裁判員の記憶が鮮明なうち，すなわち証拠調べ終了後速やかに行われなければならない（規則211条の2）。

6　裁判員裁判における評議と評決（課題1⑹）

　裁判員の関与する判断のための評議は，構成裁判官と裁判員が行う（裁判員

66条1項)。裁判員は，評議において，自らの意見を述べなければならず（同条2項)，構成裁判官の合議による法令の解釈に係る判断及び訴訟手続に関する判断が示された場合には，これに従わなければならない（同条3項・4項)。他方，評議を主宰する裁判長は，裁判員がその職責を十分に果たせるように，裁判員に対して，必要な法令に関する説明を丁寧に行うとともに，評議を裁判員に分かりやすいものとなるように整理し，裁判員が発言する機会を十分に設けるなどの配慮をしなければならない（同条5項)。

裁判員の関与する判断のための評決は，構成裁判官及び裁判員の双方の意見を含む合議体の員数の過半数の意見によらなければならない（裁判員67条1項)。したがって，裁判員のみによる多数では，被告人にとって不利益な判断はできないことになる。例えば，被告人の犯人性が争点となっている事件において，裁判員6人が被告人の犯人性を肯定する意見であっても，構成裁判官3人がそれに反対する意見であれば，被告人を犯人であると認定することはできないことになる。

また，刑の量定について意見が分かれ，その説が各々，構成裁判官及び裁判員の双方の意見を含む合議体の員数の過半数の意見とならないときは，その合議体の判断は，構成裁判官及び裁判員の双方の意見を含む合議体の員数の過半数の意見になるまで，被告人に最も不利な意見の数を順次利益な意見の数に加え，その中で最も利益な意見によるとされている（裁判員67条2項)。例えば，量刑の意見について，裁判員6人のうち，懲役10年の者が1人，懲役9年の者が2人，懲役8年の者が1人，懲役7年の者が2人で，裁判官3人のうち，懲役8年の者が1人，懲役7年の者が2人であった場合，被告人に最も不利な意見である懲役10年の1人を懲役9年の員数に加えても過半数に達しないばかりか，構成裁判官の意見も含まれていないので，懲役9年を言い渡すことはできない。そこで，更にそれらを懲役8年の員数に加えると裁判員（4人）と構成裁判官（1人）を含めた員数が過半数となるので，この事件の刑は懲役8年となる。

Ⅲ 裁判員裁判における証拠調べの在り方（課題2）

1 従前の証拠調べの問題点

　従前の刑事裁判実務においては，捜査段階で作成された証拠書類（書証）がそのままの形で大量に公判廷に持ち込まれ，詳細な証拠調べがなされていた。しかし，捜査段階に作成された書証を何の手当もせずに大量に取り調べることについては，以下のような問題がある。

　① 捜査段階では網羅性を最優先して詳細な証拠収集がされるので，捜査段階で作成された書証は，公判前整理手続において絞られた争点を前提にすると，余計な情報が記載されていることが多い。そのため，このような書証を取り調べても時間を要するばかりで，どこがポイントなのかを容易に把握できない。

　② 捜査段階で作成された書証は，ある特定のカテゴリーに属する事実が複数の書証に散在していることが多い。そのため，それらの書証をそのまま公判廷で取り調べても当該カテゴリーに属する事実を体系的に理解することが難しい。

　③ 被告人等の供述調書等については，警察官に対するものと検察官に対するものが複数請求される場合が多い。この場合，その内容がおおむね同じであれば，すべてを取り調べるのは訴訟経済上無駄であるばかりか，裁判員が周辺部分の些細な違いに関心を向けてしまい本質部分の判断を誤る危険性が生じる。

2 証拠調べの前提となる争点・証拠の整理及び証拠調方法の検討の必要性

　裁判員裁判においては，裁判員が「目で見て耳で聞いて分かる」審理を実践することが必要となるが，上記のような問題点を抱える従前の証拠調べでは，その実践は不可能である。それでは，「目で見て耳で聞いて分かる」審理を実践するためにはどうすればよいのであろうか。

　まず，当事者の訴訟活動が争点をめぐってかみ合ったものになることが必要不可欠である（的確な争点の整理の必要性）。単に争点を把握しただけで当事者の

主張がかみ合うわけではないので，公判前整理手続において争いのあるところとないところを明確にして，双方の主張がかみ合うように整理する必要がある。具体的には，**講義5「公判前整理手続」**で述べたとおりである。

また，「目で見て耳で聞いて分かる」審理を実践するためには，裁判員が公判廷で受容する情報の量と質について考慮することが必要不可欠である。すなわち，①公判廷で受容する情報量を絞る必要があるし，②情報の質を平易で分かりやすいものにする必要がある（的確な証拠の整理の必要性）。

更に，公判中心主義の実質化という観点から，証拠調べの具体的な方法についても検討しておく必要がある。従前の刑事裁判実務における書証の取調べは，要旨を告げる方法（規則203条の2。要旨の告知）で行われることがほとんどであったが，このような方法は後に書証の内容を精査することを前提にしたものであるから，裁判員が公判廷において証拠の内容を十分に把握して心証を形成することは極めて困難である。そのため，裁判員裁判における書証の取調べは，原則どおり，朗読（法305条1項）によるべきとされている。しかし，取り調べる書証が大部である場合には，朗読されても，書証全体の内容を十分理解することは困難であり，記憶にも残りにくい。また，1通の書証について細切れに一部同意がされる場合には，同意部分のみが朗読されても，書証の内容を的確に把握することは困難である。したがって，裁判員裁判では，争いのない事実について，それを立証する書証を弁護人が同意している場合であっても，裁判員らの的確な心証形成のためには，同書証を漫然と取り調べるのではなく，その内容や性質等を考慮して，内容を整理した新たな書証を作成して取り調べたり，その書証が実況見分調書等であれば作成者・見分者を，供述調書であれば供述者本人を証人として尋問したりすることも検討しなければならないのである。

3　裁判員裁判における在るべき証拠調べの姿

それでは，「参考記録」の事案における証拠調べの方法等を参照しつつ，具体的に検討してみたい。「参考記録」の証拠等関係カード（「参考記録」33頁以下）によれば，弁護人が同意又は一部同意との意見を述べたにもかかわらず，最終的に検察官が証拠調請求を撤回している書証が複数あるので，個別にその

理由等につき考察する。

(1) **争いのない事実についての立証**

　(ア)　総　説　　前述したように，争いのない事実については，当該事実並びに証拠の内容及び性質に応じた適切な証拠調べが行われる必要がある。具体的には，①争点を踏まえて立証に不必要な部分は削除した抄本を作成し，これを取り調べる，②捜査段階で作成された書類の内容を整理統合した新たな捜査報告書（統合捜査報告書）を作成し，これを取り調べる，③書証の中の図面や写真だけを証拠として採用した上で，作成者や供述者を証人として尋問し，図面や写真を示しながら，その内容をかみ砕いて証言してもらうという方法がとられている（この点については，**講義2「公判手続」Ⅴ7**を参照）。

　「参考記録」において，捜査報告書（甲15号証）及び実況見分調書（甲18号証）は，いずれも弁護人が同意したにもかかわらず，検察官は，元の証拠から必要な部分を取り出して，新たに捜査報告書としてとりまとめ（甲15号証は甲27号証へ，甲18号証は甲25号証へ），これらが証拠として採用され，甲15号証及び18号証については証拠調請求が撤回されている（参考記録35頁，36頁）。これは，甲15号証及び18号証により立証しようとする事実については争いがなく，同事実を立証するのに元の証拠をすべて取り調べることは，争点との関係で過剰で必要性に乏しいことから，検察官は，立証するのに必要な範囲に限定した内容の捜査報告書を新たに作成して，これを証拠として請求したのである（この点については，**講義5「公判前整理手続」Ⅳ2**を参照）。

　(イ)　犯行現場等の状況についての立証　　実務では，実況見分調書等によって犯行現場等の状況が立証されるが，これらの書面には立会人の指示説明もあわせて記載されているのが通常である。このような書面がそのまま法廷で朗読されると，裁判員は立会人の指示説明の内容を聞いて，その内容がそのまま真実であるとの心証を形成してしまうおそれがある。そこで，実況見分調書等について，弁護人が指示説明部分の証拠能力を争う趣旨で不同意の意見を述べることが多い。しかし，検察官としては，実況見分調書等によって犯行現場等の客観的状況を立証できれば足りるのであるから，立会人の指示説明部分を除いたものでも十分なはずである。そこで，裁判員裁判においては，実況見分調書

等から立会人の指示説明部分等を除いた捜査報告書を新たに作成して証拠調請求することが広く行われている。

「参考記録」において，実況見分調書（甲1号証）は，「犯行現場及び焼損の状況等」を立証趣旨としているが，現場に遺留された血こんの状況や立会人の指示説明の記載があることから，弁護人がこれらの部分を不同意としている（「参考記録」44頁の証拠意見記載書参照）。そもそも上記のような立証趣旨からすれば，検察官としては，甲1号証によって「犯行現場及び焼損の状況」が明らかになれば足りるのであって，血こんの状況等は現場に臨場した警察官田村信夫の証人尋問の中で立証することが可能である。そこで，検察官において，犯行現場の客観的な状況に内容を絞り込んだ捜査報告書（甲23号証）を新たに作成し，これが証拠として採用され，甲1号証については弁護人が同意した部分も含めて証拠調請求を撤回し，血こんの状況等については，田村の証人尋問の中で立証している（「参考記録」81頁以下）。

また，実況見分調書（甲11号証）は，「菅野麻里子が放火犯人を目撃した状況」を立証趣旨としているところ，立会人である菅野の指示説明部分について，弁護人が不同意としている（「参考記録」44頁の証拠意見記載書参照）。この実況見分調書についても，その立証趣旨からすれば，検察官としては，目撃状況に関する客観的な状況が明らかになればよいのであるから，そのような内容に絞り込んだ実況見分調書（甲24号証）を甲11号証の作成者である田村に作成してもらい，これが証拠として採用され，取り調べられている。検察官は，甲11号証については弁護人が同意した部分も含めて証拠調請求を撤回し，菅野の指示説明の具体的な内容については，菅野の証人尋問の中で立証している（「参考記録」86頁以下）。

これらの実況見分調書については，検察官において，作成者を証人として尋問して法321条3項の真正立証をして，指示説明部分を含めて証拠採用を求めることも考えられるところである。しかしながら，裁判員に，そこに記載されている立会人の指示説明はあくまでも「現場指示」であって，その内容の真実性を立証するものではないことを理解してもらうのは非常に困難であろう（この点については，**講義3「証拠法（実況見分調書）」V**参照）。そこで，検察官は，これらの実況見分調書によって立証したい事項に絞り込んだ内容の捜査報告書や

実況見分調書を新たに作成して、争点判断の前提となる現場の客観的な状況が裁判員にも明らかになるようにした上で、争点との関係で重要な血こんの状況や菅野が目撃した具体的な内容については、それを実際に目撃した田村や菅野を証人として尋問して、裁判員らの的確な心証形成が容易になるような証拠調べの方法を実践したのである。

　(ウ)　一連の事実が複数の証拠によって立証される場合の立証　　争いのない事実であっても複数の証拠によって立証されるとなると、情報が分散されているために分かりにくい場合がある。関連する情報は統合して一つの証拠にまとめて立証された方がはるかに分かりやすい。そこで、裁判員裁判においては、関連する証拠を統合した書面（統合捜査報告書）が作成される場合が非常に多い。

　「参考記録」において、現場で採取された血こんと被告人の血液の鑑定に関する書類（甲2号証ないし6号証）に関し、まず、現場資料採取報告書（甲2号証）、身体検査調書（甲3号証）及び鑑定嘱託書謄本（甲4号証）は、いずれも鑑定のための手続的な書類であり、鑑定に至る手続に争いがなければ独立した証拠として取り扱うまでの必要はなく、必要な範囲の情報を鑑定結果と一体のものとして整理すべきである。また、鑑定書（甲5号証）及び捜査報告書（甲6号証）は、DNA型の一致のみではなく、型がすべて一致する人物が存在する確率と合わせた方が証拠としての価値を適切に評価できるから、それぞれの内容を一体のものとして整理すべきである。そのような観点から、鑑定嘱託書謄本（甲4号証）のみならず、鑑定書（甲5号証）や鑑定結果の評価に関する捜査報告書（甲6号証）を一体のものとして、公判審理に必要な情報に絞った捜査報告書（甲26号証）が作成され、これが証拠として請求され、取り調べられている。それに合わせて、検察官は、甲2号証ないし6号証については、弁護人から同意があったものを含めて証拠調請求を撤回している。

　(エ)　被告人の供述内容についての立証　　被告人の供述調書の内容に争いがない場合、弁護人はその証拠調請求に対し同意することが多いが、仮にこの被告人の供述調書が証拠として採用されて取り調べられた後、更に、被告人質問において被告人がほぼ同内容の供述を行うとすれば、訴訟経済上無駄であるばかりか、裁判員が被告人の供述調書の内容と被告人質問の内容との些細な違い

に関心を向けてしまうおそれがある。

　「参考記録」において，被告人の検察官調書（乙2号証ないし4号証）は，いずれも弁護人から同意されているものの，採否の判断が留保されている。これらの内容と被告人質問における供述内容との間に違いがなければ，公判廷における被告人の供述のみを検討対象とすればよいのであって，その内容が捜査段階の供述調書の内容と異なった場合に初めて，捜査段階の供述を検討対象とすべきであろう。そのため，「参考記録」においても採否の判断が留保されたものと考えられる。そして，最終的には供述内容に差異はなく，いずれの供述調書も取り調べる必要はないとして被告人質問実施後にその証拠調請求が却下されたものと考えられる（「参考記録」39頁）。

(2) 争いのある事実についての立証

　㋐　総　説　　公訴事実について争いがある場合，検察官としては，その事実について証人尋問によって立証することになる。従前の刑事裁判実務においては，証人の捜査段階での供述内容のすべてを公判廷において再現するかのような詳細な尋問がなされることが多かったが，裁判員への分かりやすさの観点から，争点に絞った尋問が端的になされるべきである。そのほか，従前の刑事裁判実務において見られたような主尋問と反対尋問が別期日に実施される事態を避けるために，反対尋問は原則として主尋問終了後直ちに行われなければならない（規則199条の4第2項）。また，冗長な尋問を防止するために，「できる限り個別的かつ具体的で簡潔な尋問によらなければならない」（規則199条の13第1項）。更に，検察官及び弁護人等は，立証事項等について尋問する場合には，その関連性が明らかになるような尋問をすることなどによって，裁判官・裁判員にその関連性を明らかにしなければならない（規則199条の14）。

　「参考記録」においても，現場に遺留された血こんの状況や犯行時刻頃に目撃された人物の特徴等について争いがあるが，これらについて，検察官は，証人田村及び証人菅野の尋問によって立証している。その尋問内容は，基本的に個別的，具体的で簡潔なものといえよう。

　㋑　法321条1項2号後段該当性の立証　　証人尋問を行ったところ，証人が捜査段階の供述とは異なる供述（相反供述）をする場合，法321条1項2

号後段によって当該証人の検察官調書が証拠能力を取得し得る。前述したように，その該当性の判断に際して裁判員に意見を聴くことが多いが，同一人の相反する供述についてその信用性を比較することは，裁判員にとって慣れない作業であって負担が大きいといえよう。したがって，検察官としては，証人が捜査段階と異なる供述を始めたからといって，すぐに捜査段階の検察官調書による立証を目指すのではなくて，まずは，誘導尋問や書面を示した尋問（規則199条の11）を行って記憶喚起を行う必要がある。

　それでもなお証人が捜査段階の供述と異なる供述をする場合には，検察官において，捜査段階の供述を公判廷でしない又はし得ない事情をできるだけ明らかにして「特信性」の要件の立証に努め，「相反性」についても明確に立証することが求められる。他方，弁護人においても，特信性がないことを明らかにするとともに，相反する公判供述の合理性に関する供述も証人から引き出すように努めることが求められる。このような当事者双方のかみ合った立証活動が行われて初めて，裁判員が証言内容とその信用性を十分に理解することが可能になるのである。

　(ウ)　**被告人の供述調書の任意性の立証**　　弁護人が被告人の供述調書につき不同意とし，その任意性を争う場合，任意性に関する立証はどのようになされるべきであろうか。

　被告人供述の任意性と信用性とは密接に関連していることから，任意性に関しても裁判員の立ち会った公判廷において立証させるのが一般的であり，その判断に際して裁判員の意見を求める例が多いことは前述したとおりである。従前の刑事裁判実務における自白（不利益事実の承認）の任意性・信用性に関する判断は，取調べの経緯等に関して，被告人自身のほか取調官等の証人尋問によってもたらされる大量の情報に基づいてなされていたが，それらの情報の多くが客観的証拠による裏付けのないものであったため，自白の任意性・信用性の評価は裁判官にとっても難しいものであった。裁判員裁判においてこのような立証を行っても，裁判員が適正に評価・判断することは極めて困難である。そのため，任意性に関する立証についても裁判員が的確な心証を持つことができるものでなくてはならない。そこで，「検察官は，被告人又は被告人以外の者の供述に関し，その取調べの状況を立証しようとするときは，できる限り，

取調べの状況を記録した書面その他の取調べ状況に関する資料を用いるなどして，迅速かつ的確な立証に努めなければならない」とされている（規則198条の4）。この規定を受けて，平成16年4月1日から，身柄拘束中の被疑者（被告人）を取り調べた際は，その都度「取調べ状況報告書」の作成が義務付けられ，その書面には取調べの年月日・場所，取調べ担当者，取調べ時間，被疑者の氏名・生年月日，逮捕・勾留罪名，調書作成の有無等を記載することとなっている。この取調べ状況報告書が類型証拠開示の対象となっており（法316条の15第1項8号），これによって前記の取調べの外形的状況については，ほぼ明らかにすることができるようになった。

しかしながら，最も重要な実際の取調べの状況は，取調べ状況報告書からでは必ずしも明らかではない。この点に関しては，取調べ状況を録音・録画したDVD（取調べDVD）により立証する方法が最も簡明であり，また，取調べDVDによって任意性の争い自体が減少することが期待される。実務において，裁判員裁判対象事件を中心に取調べの録音・録画の実施件数が増えており，実際の裁判員裁判証拠調べにおいても取調べDVDが取り扱われる例が増えている。

IV 最後に──講義を終えるに当たって

以上で刑事裁判実務に関する講義を終えることとしたい。我々がこの講義で述べてきたことは，刑事裁判実務を理解するための基本的な事項にすぎない。学生諸君には，この講義を足がかりに刑事裁判実務の学修をより深めていってもらいたい。

本講義でも触れたとおり，現在の刑事裁判実務においては，裁判員制度の導入を契機に，証拠調べのほか，保釈の判断の在り方，判決書の在り方，控訴審の在り方等，刑事手続の様々な場面で見直しが検討され，日々新たな試みがなされているといっても過言ではない。法曹を目指して本書を読んでいる皆さんにもこれからの刑事裁判実務がどうあるべきか自分の頭で考えてみてもらいたい。そして，新しい刑事裁判実務を作り上げていくために，是非とも積極的に刑事裁判に関与してもらいたい。

意欲あふれる皆さんと同じ法廷で仕事ができる日を心より楽しみにしている。

索　引

あ　行

異　議 …………………………………… 169
「疑わしきは被告人の利益に」の原則 …… 198
乙号証 …………………………………… 164

か　行

間接事実 ………………………………… 193
間接証拠 ………………………………… 194
鑑定手続実施決定 ……………………… 233
起訴状の朗読 …………………………… 161
求釈明 …………………………………… 161
求令状 …………………………………… 150
狭義の証明力 …………………………… 195
供述証拠 ………………………………… 201
　　──の信用性判断 ………………… 201
経験則 …………………………………… 193
刑事訴訟記録 …………………………… 158
厳格な証明 ……………………………… 193
現行犯人逮捕 …………………………… 147
検　証 …………………………………… 177
検証調書 ………………………………… 177
現場供述 ………………………………… 183
現場指示 ………………………………… 183
権利保護事項の告知 …………………… 161
権利保釈 ………………………………… 151
甲号証 …………………………………… 164
交互尋問 ………………………………… 167
構成裁判官 ……………………………… 232
公判前整理手続 ………………………… 210
　　──の結果の顕出 ……………… 218
公判手続の更新 ………………………… 232

勾留請求の却下 ………………………… 148
勾留の必要性 …………………………… 145
勾留の理由 ……………………………… 140

さ　行

最終陳述 ………………………………… 172
再主尋問 ………………………………… 168
罪証隠滅のおそれ ……………………… 142
罪状認否 ………………………………… 162
裁定合議事件 …………………………… 156
裁定請求 ………………………………… 227
裁判員裁判 ……………………………… 230
裁判員制度 ……………………………… 230
裁量保釈 ………………………………… 153
事前準備手続 …………………………… 211
実況見分 ………………………………… 181
実況見分調書 …………………………… 181
自　白 …………………………………… 193
住居不定 ………………………………… 141
自由心証主義 …………………………… 196
重要性（証拠開示） …………………… 215
主尋問 …………………………………… 168
受訴裁判所 ……………………………… 150
主張関連証拠 …………………………… 226
　　──の開示 ……………………… 226
主　文 …………………………………… 173
主要事実 ………………………………… 193
情況証拠 ………………………………… 194
　　──による認定 ………………… 205
証拠意見 ………………………………… 165
証拠開示制度 …………………………… 223
証拠開示の裁定 ………………………… 227

証拠決定	165
証拠構造	200
証拠書類	166
証拠調請求	164
──の制限	218
証拠調手続	163
証拠等関係カード	159
証拠の信用性	195
証拠の整理	221
証拠物	166
証人尋問	167
証明の程度	196
証明予定事実記載書	214
証明力	195
真正立証	179
人定質問	160
推認力	206
請求証拠の開示	225
争　点	198
──の整理	219
相反供述	242
相反性	242
訴訟法上の裁判所	150

た　行

第一回の公判期日	150, 162
逮捕前置主義	147
逮捕手続の適法性	147
立会人の指示説明	183
直接証拠	193
提示命令	221
展　示	166
伝聞証拠	175
同意（法326条）	188
逃亡のおそれ	144
特信性	242
取調べDVD	243

な行・は行

任意性	242

判　決	173
判決宣告	173
犯罪事実	193
犯罪の嫌疑	140
反対尋問	168
犯人性	193
被害者参加	173
被害者参加人等による意見陳述	173
被害者等の意見の陳述	172
被疑者の勾留	140
被告事件についての陳述	162
被告人質問	171
被告人の勾留	149
評　議	234
評　決	234
弁　論	172
法定合議事件	151
冒頭陳述	163
冒頭手続	160
補強法則	193
保　釈	151
保釈条件	154
補充裁判員	232
補充尋問	168
保証金額	154
補助事実	195
補助証拠	195

や　行

誘導尋問	168
要旨の告知	166
要証事実（刑事裁判において一定の判断をする際に必要な事実のうち証明を要するもの）	192
要証事実（当事者がその証拠によって立証しようとしている事実）	165
予定主張記載書面	215

ら　行

立証（挙証）責任	197

形式的――……………………………… 198
　実質的――……………………………… 197
立証趣旨…………………………………… 165
領　置……………………………………… 167

類型証拠…………………………………… 225
　――の開示……………………………… 225
朗　読……………………………………… 166
論　告……………………………………… 172

民事裁判実務の基礎／刑事裁判実務の基礎

2014年6月25日　初版第1刷発行
2022年1月20日　初版第2刷発行

著　者	渡辺　弘史 谷口　安史 谷口　安心 中村　知明 髙原　健司 下津　健伸 江口　和治
発行者	江草　貞治
発行所	株式会社　有斐閣

郵便番号 101-0051
東京都千代田区神田神保町2-17
http://www.yuhikaku.co.jp/

印刷・株式会社暁印刷／製本・大口製本印刷株式会社
©2014, WATANABE Hiroshi, TANIGUCHI Yasushi, NAKAMURA Kokoro,
TAKAHARA Tomoaki, SIMOTSU Kenji, EGUCHI Kazunobu. Printed in Japan
落丁・乱丁本はお取替えいたします。

★定価はカバーに表示してあります。

ISBN 978-4-641-12570-4

JCOPY　本書の無断複写（コピー）は、著作権法上での例外を除き、禁じられています。複写される場合は、そのつど事前に（一社）出版者著作権管理機構（電話03-5244-5088、FAX03-5244-5089、e-mail:info@jcopy.or.jp）の許諾を得てください。

本書のコピー，スキャン，デジタル化等の無断複製は著作権法上での例外を除き禁じられています。本書を代行業者等の第三者に依頼してスキャンやデジタル化することは，たとえ個人や家庭内での利用でも著作権法違反です。